O.K.

Übungsbuch zu Varian Mikroökonomie 2. Auflage

Von
Professor Gary W. Yohe Ph. D.
Wesleyan University
Aus dem Englischen von
Dipl.-Volkswirt Martin M. Weigert

R. Oldenbourg Verlag München Wien

Titel der Originalausgabe: Exercises and Applications for Microeconomic Analysis, Second Edition by Gary W. Yohe.
Especially designed to accompany Varian – Microeconomic Analysis, Second Edition.

Die deutschsprachige Ausgabe wurde in der Zahl der Übungsaufgaben gekürzt.

CIP-Kurztitelaufnahme der Deutschen Bibliothek

Varian, Hal R.:
Mikroökonomie / von Hal R. Varian. Übers. von Martin Weigert. - München ; Wien : Oldenbourg
Einheitssacht.: Microeconomic analysis ⟨dt.⟩
Übungsbuch u.d.T.: Yohe, Gary W.: Übungsbuch zu Varian, Mikroökonomie

NE: Yohe, Gary W.: Übungsbuch zu Varian, Mikroökonomie

Übungsbuch [zur 2. Aufl.] / von Gary W. Yohe. - 1987.
ISBN 3-486-20164-6

Gesamtherstellung: R. Oldenbourg Graphische Betriebe GmbH, München

ISBN 3-486-20164-6

Inhaltsverzeichnis

Vorwort

Die auf die einzelnen Kapitel in Varian's Mikroökonomie, zweite Auflage, bezogenen Aufgaben wurden aus der wirtschaftswissenschaftlichen Literatur heraus entwickelt.

Jede Aufgabe enthält eine kurze Einführung, eine in sich geschlossene Modellbildung für die Aufgabe, einen kurzen Hinweis auf den Lösungsweg, die Lösung selbst und eine Schlußbemerkung, welche die Lösung in den je eigenen Kontext stellt. Am Schluß jeder Aufgabe findet sich eine knappe Literaturauswahl.

Hinweise auf Varian's Mikroökonomie, zweite Auflage, sind im gesamten Text durchgezählt enthalten. Sie lassen sich am Ende des Buches mit Hilfe einer Hinweisliste eindeutig zuordnen.

Die deutschsprachige Ausgabe des Übungsbuches ist gegenüber der Originalausgabe jeweils um einige Aufgaben je Kapitel gekürzt worden. Damit kann es seinen Zweck als begleitendes Studienbuch zum Lehrwerk in jeder Hinsicht, d.h. unter anderem auch preisgünstiger, erfüllen.

Kapitel 1
Theorie der Unternehmung

1.1 Die Substitutionselastizität

Die Definition der Substitutionselastizität reflektiert das Reaktionsverhalten der Faktoreinsatzverhältnisse auf Änderungen der entsprechenden Faktorpreisverhältnisse:

$$\sigma \equiv \frac{\partial \frac{x_1(\vec{w},y)}{x_2(\vec{w},y)}}{\partial (w_1/w_2)} \cdot \frac{(w_1/w_2)}{(x_1/x_2)} .$$

Für CES-Produktionsfunktionen der Form

$$y = f(x_1,x_2) = (ax_1^{\rho} + (1-a)x_2^{\rho})^{1/\rho}, \qquad (1)$$

wurde gezeigt, daß gilt

$$\sigma = 1/(\rho-1). \qquad (2)$$

Der Cobb-Douglas-Fall erfordert, daß aus Gleichung (1) wird:

$$f(x_1,x_2) = x_1^{a} x_2^{1-a},$$

jedoch $\sigma = 1$ konsistent ist mit (2), wenn $\rho = 0$. Über den speziellen Fall der Elastizität eins hinaus kann man häufig beobachten, daß der Cobb-Douglas-Fall eine beschränkende Bedingung von theoretischer Bedeutung darstellt. Die letzten beiden Teile der nachstehenden Aufgabe werden die beschränkende Eigenschaft in Beispielen des Wachstums und der technischen Änderung aufzeigen; sie folgen auf eine wenig aufwendige geometrische Darstellung, die eine weitere beschränkende Eigenschaft offenbart:

Cobb-Douglas-Isoquanten sind die ersten, welche die Koordinatenachsen nicht schneiden. Aufgabe 1.2 liefert dafür ein weiteres Beispiel, und Aufgabe 4.1 gibt eine empirische Folgerung dazu.

(a) Zeichne Isoquanten durch $x_1=x_2=\bar{x}$, welche die folgenden aufgrund von Gleichung (1) möglichen Fälle illustrieren:
(aa) $\rho = -\infty$, somit $\sigma = 0$ (die Leontief-Technologie)
(ab) $-\infty < \rho < 0$, somit $-1 < \sigma < 0$ (geringe Substitution)
(ac) $\rho = 0$, somit $\sigma = -1$ (der Cobb-Douglas-Fall)
(ad) $0 < \rho < 1$, somit $-\infty < \sigma < -1$ (weitgehende Substitution)
(ae) $\rho = 1$, somit $\sigma = -\infty$ (vollständige Substitution).

(b) Zeige, daß der relative Anteil, den eine Unternehmung bei Konkurrenz für x_2 bezahlt, zu- oder abnimmt mit einem Anstieg der Verfügbarkeit von x_2, die abhängt davon, ob $\sigma \gtrless -1$.

(c) Angenommen, daß sich die Produktion von y in der Periode t durch

$$y(t) = [a(E_1(t)x_1(t))^\rho + (1-a)(E_2(t)x_2(t))^\rho]^{1/\rho},$$

zusammenfassen läßt, wobei die $x_i(t)$ die Beschäftigung von x_i in der Periode t und die $E_i(t)$ Effizienzeinheiten für x_i repräsentieren. Die $E_i(t)$ reflektieren die technologische Änderung und werden als die benötigte Anzahl von alten x_i-Einheiten (in einer beliebigen Basisperiode) zum Ersatz einer laufenden Einheit $x_i(t)$ ausgedrückt. Zeige, daß das Faktorpreisverhältnis (w_1/w_2) im Zeitverlauf zu- oder abnimmt entlang eines gleichgewichtigen Wachstumspfades

(a)

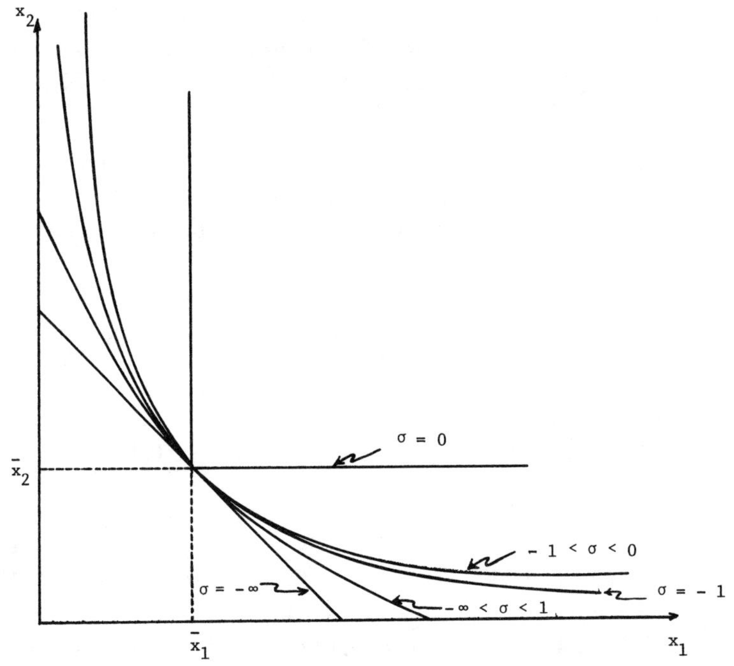

Abbildung 1.1

(d.h., ein Pfad derart, daß (x_2/x_1) fixiert ist, somit $\partial (x_2/x_1)/\partial t = (x_2/x_1 = 0)$, abhängig davon, ob $\sigma \gtrless -1$ und welcher Art das Vorzeichen von $\left(\frac{\dot{E}_1}{E_1} - \frac{\dot{E}_2}{E_2} \right)$. Die Punktnotation weist auf Ableitungen nach der Zeit hin und somit zeigt das Vorzeichen von $\left(\frac{\dot{E}_1}{E_1} - \frac{\dot{E}_2}{E_2} \right)$, ob arbeitssparender oder kapitalsparender technologischer Fortschritt stärker ist.

(a) Siehe Seite 4.

(b) Der relative Anteil von x_2 sei

$$R_2 \equiv \frac{w_2 x_2}{w_1 x_1};$$

der relevante Partialausdruck lautet dann

$$\frac{\partial R_2}{\partial (x_2/x_1)} = \left[\frac{x_2}{x_1} \frac{\partial (w_2/w_1)}{\partial (x_2/x_1)} + \frac{w_2}{w_1}\right]$$

$$= \left\{\left[\frac{\partial (w_2/w_1)}{w_2/w_1} \quad \frac{\partial (x_2/x_1)}{x_2/x_1}\right] + 1\right\} \frac{w_2}{w_1}$$

$$= \left[\frac{1}{\sigma} + 1\right] \frac{w_2}{w_1}. \tag{3}$$

Das Vorzeichen von (3) hängt deshalb von $|\sigma|$ ab; d.h.,

$$\frac{\partial R_2}{\partial(x_2/x_1)} \begin{cases} > 0 & \sigma < -1;\ \rho > 0 \\ = 0 & \sigma = -1;\ \rho = 0 \\ < 0 & \sigma > -1;\ \rho < 0 \end{cases}$$

Je geringer die Substitutionsmöglichkeit ist, umso stärker bewirkt eine Abnahme derrelativen Faktorknappheit eine Reduktion seines Anteils durch Verringerung seines Relativpreises. Substitution darüberhinaus, was der Cobb-Douglas-Fall erlaubt, verursacht dann tatsächlich eine Reduktion im relativen Anteil, weil (w_2/w_1) so stark fällt.

(c) Betrachte

$$\left.\frac{\partial(w_1/w_2)}{\partial t}\right|_{\frac{x_2}{x_1}\ \text{constant}} = \frac{a}{1-a} \left.\frac{\partial \dfrac{E_1^{\rho} x_1^{\rho-1}}{E_2^{\rho} x_2^{\rho-2}}}{\partial t}\right|_{\frac{x_2}{x_1}\ \text{constant}} \tag{4}$$

da dann, wenn der Gewinn maximiert wird,

$$\frac{w_1}{w_2} = \frac{\dfrac{\partial f(x_1,x_2)}{\partial x_1}}{\dfrac{\partial f(x_1,x_2)}{\partial x_2}} = \frac{a}{1-a} \; \frac{E_1^{\rho} x_1^{\rho-1}}{E_2^{\rho} x_2^{\rho-1}} .$$

Das Vorzeichen von (4) hängt lediglich vom Vorzeichen des Terms in eckigen Klammern ab. Damit achte man darauf, ohne Rücksicht auf die Beschränkung, daß

$$\{--\} = (E_2^{\rho} x_2^{\rho-1})^{-2}[(E_2^{\rho} x_2^{\rho-1})(E_1^{\rho}(\rho-1)x_1^{\rho-2}\dot{x}_1 + x_1^{\rho-1} E_1^{\rho-1}\dot{E}_1)$$

$$-(E_1^{\rho} x_1^{\rho-1})(E_2^{\rho}(\rho-1)x_2^{\rho-2}\dot{x}_2 + x_2^{\rho-1}\rho E_2^{\rho-1}\dot{E}_2)]$$

$$= (E_2^{\rho} x_2^{\rho-1})^{-2}[E_2^{\rho}E_1^{\rho}(\rho-1)x_2^{\rho-2}x_1^{\rho}\left(\frac{x_2\dot{x}_1}{x_1^2} - \frac{x_1\dot{x}_2}{x_1^2}\right)$$

$$+E_2^{\rho}E_1^{\rho}\rho x_2^{\rho-1}x_1^{\rho-1}\left(\frac{\dot{E}_1}{E_1} - \frac{\dot{E}_2}{E_2}\right)]. \tag{5}$$

Die Beschränkung verlangt freilich, daß (w_2/w_1) fix bleibt; somit

$$\dot{\left(\frac{x_2}{x_1}\right)} = \frac{x_1\dot{x}_2 - x_2\dot{x}_1}{x_1^2} = 0$$

und das Ergebnis ist, daß der gesamte erste Term von (5) verschwindet. Das Vorzeichen von (4) hängt somit vom Vorzeichen von

$$\rho\left(\frac{\dot{E}_1}{E_1} - \frac{\dot{E}_2}{E_2}\right) \begin{cases} > 0 & \rho > 0 \;\&\; \frac{\dot{E}_1}{E_1} > \frac{\dot{E}_2}{E_2} \quad \text{oder} \quad \rho < 0 \;\&\; \frac{\dot{E}_1}{E_1} < \frac{\dot{E}_2}{E_2} \\ < 0 & \rho < 0 \;\&\; \frac{\dot{E}_1}{E_1} > \frac{\dot{E}_2}{E_2} \quad \text{oder} \quad \rho > 0 \;\&\; \frac{\dot{E}_1}{E_1} < \frac{\dot{E}_2}{E_2} \end{cases}$$

ab, weil E_2; E_1; x_2 & $x_1 \neq 0$. Wenn die technologische Änderung bei x_1 schneller voranschreitet als bei x_2, dann erhöhen sich die relativen Faktorpreise (w_1/w_2) entlang eines gleichgewichtigen Wachstumspfades, wenn und nur wenn die Substitution in erheblichem Umfang möglich ist (d.h., $\sigma < -1$). Das Umgekehrte trifft zu: wenn die Änderung x_2 begünstigt, dann fällt (w_1/w_2), wenn und nur wenn die Substitution ähnlich leicht ist. Da die Wirkung dieses Typs der technologischen Änderung darin besteht, die "effektive" Verfügbarkeit eines Produktionsfaktors zu erhöhen, so läßt sich leicht erkennen, daß diese Beobachtungen mit denen, die in (b) angegeben wurden, konsistent sind.

Jenseits ihres akademischen Interesses sind diese Ergebnisse in der Theorie des Wirtschaftswachstums und der technologischen Änderung von Bedeutung. Allen (1) erfaßt ihren Gehalt in einem Katalog von Wachstumsmodellen und verschiedenen Fassungen des faktorsparenden technischen Fortschrittes. Unsere Argumentation ist dagegen eher grundlegend; wann immer es Wirtschaftsakteuren erlaubt ist, auf Wachstum oder andere Veränderungen zu reagieren, können sie die Wirkung, die am deutlichsten zu erwarten ist, unterlaufen. Zum Beispiel kann hier ein Anstieg in der relativen Arbeitsproduktivität (sagen wir x_1) den Lohnsatz in jede Richtung bewegen. Die gleichen Beobachtungen lassen sich zudem heranziehen, um empirische Schätzgrößen für die Substitutionselastizität, abgeleitet aus Zeitreihen (Aufgabe 4.1), zu überprüfen.

LITERATURHINWEISE

(1) Allen, R.G.D., *Macro-Economic Theory - A Mathematical Treatment*, New York, St. Martin's Press, 1966 (Chapter 5).

(2) Arrow, K.J., H.B. Chenery, B.S. Minhas, and R.M. Solow, "Capital-Labor Substitution and Economic Efficiency," *Review of Economics and Statistics* 43:225-250, August 1961.

(3) Fellner, W., Lecture notes on microeconomic theory, mimeo at Yale University, 1971.

(4) Uzawa, H., "Production Functions with Constant Elasticities of Substitution," *Review of Economic Studies* 29:291-299, October 1962.

1.2 Pro-Kopf-Produktionsfunktionen

Recht häufig werden linear-homogene Produktionsfunktionen in "Pro-Kopf"-Größen ausgedrückt, und zwar der Einfachheit halber durch Abstellen auf den Input eines Faktors (und da dieser Faktor üblicherweise Arbeit ist, deshalb der Ausdruck "Pro-Kopf"). Betrachte zum Beispiel:

$$y = f(x_1, x_2)$$

wobei $f(x_1, x_2)$ homogen vom Grade eins ist. Es ist nun möglich, eine Funktion $\phi(\chi)$ derart zu definieren, daß

$$y = x_2 f((x_1/x_2), 1) \equiv x_2 \phi(\chi), \qquad (1)$$

wobei $\chi \equiv (x_1, x_2)$. Andererseits gilt

$$(y/x_2) = \phi(\chi),$$

welches die Pro-Kopf-Produktionsfunktion darstellt. Die vorliegende Aufgabe untersucht einige Eigenschaften von $\phi(\chi)$ und schließt ab mit einer Illustration dessen, wie Pro-Kopf-Funktionen angewendet werden (ein wachstumstheoretisches Beispiel).

(a) Gebe die Gewinnmaximierungsbedingungen *(Varian, Hinweis-Nr. 1)* ausgedrückt in w_1, w_2, $\phi(\chi)$ an unter der Annahme, daß $p = 1$.

(b) Zeige, daß

$$\sigma = \frac{\phi'(\chi)\,[\phi(\chi) - \chi\phi'(\chi)]}{\chi\phi(\chi)\phi''(\chi)}. \qquad (2)$$

(c) Zeige, daß dann, wenn $f(x_1, x_2)$ eine Standard-CES-Funktion ist,

$$y = (ax_1^\rho + (1-a)x_2^\rho)^{1/\rho},$$

(2) konsistent ist mit

$$\sigma = \frac{1}{\rho-1}.$$

(d) Kehren wir nun zu der allgemeineren Funktion, die in (1) definiert wurde, zurück. Angenommen, daß x_1 Kapital repräsentiert und x_2 Arbeit, so daß die Investition einfach mit einem Anstieg des Bestandes von x_1 korrespondiert. Angenommen sei ferner, daß Arbeit kein Kapital "besitzt" und $s_2 \cdot 100$ % ihres Lohneinkommens $w_2 x_2$ spart. Die Kapitalisten indesssen arbeiten selbst nicht und sparen $s_1 \cdot 100$ % ihres Kapitaleinkommens $w_1 x_1$.

Betrachte jetzt eine Wirtschaft im makroökonomischen Gleichgewicht, so daß die Ersparnis der Investition gleich ist und sie entlang eines "steady state" Gleichgewichtswachstumspfades voranschreitet, wobei insbesondere angenommen sei, daß

$$\text{(Investition)} \quad \dot{x}_1 = s_1 w_1 x_1 + s_2 w_2 x_2 \quad \text{(Ersparnis)}.$$

Dabei wird gefordert, daß (x_1/x_2) fix bleibt, obwohl x_2 mit einer Rate von n wachsen soll. Die Punktnotation kennzeichnet wiederum Ableitungen nach der Zeit, so daß sich die "steady state"-Erfordernis wie folgt kennzeichnen und angeben läßt:

$$(\dot{x_1/x_2}) = 0.$$

Sollten die Arbeiter die Kapitalisten dazu ermuntern, s_1 zu erhöhen? Zeige, daß die Antwort auf diese Frage sowohl vom Betrag von $|\sigma|$ als auch vom Vorzeichen von $(s_2 - s_1)$ abhängt.

(a) Werden die Preise in geeigneter Weise normalisiert, so daß p = 1, dann gilt

$$w_2 = \frac{\partial f(x_1,x_2)}{\partial x_2} = \frac{\partial(x_2\phi(\chi))}{\partial x_2}$$

$$= -\phi'(\chi)(x_1/x_2) + \phi(\chi)$$

$$= \phi(\chi) - \chi\phi'(\chi) \qquad (3)$$

während
$$w_1 = \frac{\partial f(x_1, x_2)}{\partial x_1} = \frac{\partial(x_2\phi(\chi))}{\partial x_1}$$

$$= x_2\phi'(\chi)x_2^{-1}$$

$$= \phi'(\chi). \qquad (4)$$

Dann kann man für beliebiges χ (w_1, w_2) graphisch darstellen. Beachte in Abb. 1.3, daß w_1 abnimmt und w_2 zunimmt, wenn χ ansteigt.

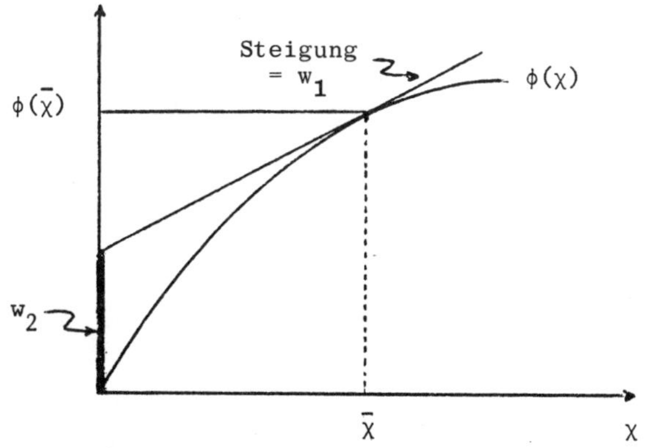

Abbildung 1.3

(b) Angesichts von (3) und (4) ist es bequemer, wenn man betrachtet

$$\sigma^{-1} = \frac{\partial(w_1/w_2)}{\partial\chi} \quad \frac{\chi}{w_1/w_2}$$

$$= \frac{(\phi-\chi\phi')\phi'' + \chi\phi'\phi''}{(\phi - \chi\phi')^2} \quad \frac{\chi(\phi - \chi\phi')}{\phi'}$$

$$= \frac{\chi\phi\phi''}{\phi'(\phi - \chi\phi')}.$$

Klarerweise ist dann

$$\sigma = \frac{\phi'(\chi)\,[\phi(\chi) - \chi\phi'(\chi)]}{\chi\phi(\chi)\phi''(\chi)}\,. \tag{5}$$

(c) Für die Standard-CES-Funktion schreiben wir

$$\phi(\chi) = [a\chi^{\rho} + (1-a)]^{1/\rho}. \tag{6}$$

Aus (3) und (4) folgt dann

$$w_1 = a(\phi(\chi)/\chi)^{1-\rho}$$

und

$$w_2 = \phi(\chi) - a\chi(\phi(\chi)/\chi)^{1-\rho},$$

so daß

$$\frac{w_2}{w_1} = \frac{\phi - a\chi(\phi/\chi)^{1-\rho}}{a(\phi/\chi)^{1-\rho}}$$

$$= \left(\frac{\chi^{1-\rho}}{a}\right)\phi^{\rho} - \chi\ .$$

Zieht man (6) heran, dann kann man sehen, daß

$$\frac{w_2}{w_1} = \left(\frac{\chi^{1-\rho}}{a}\right)a\chi^{\rho} + \left(\frac{\chi^{1-\rho}}{a}\right)(1-a) \ - x$$

$$= \frac{(1-a)}{a}\ \chi^{1-\rho}, \tag{7}$$

und (7) repliziert (3) aus Aufgabe 1.2(a). Darüberhinaus, weil

$$\phi'' = a\left(\frac{\phi}{\chi}\right)^{-\rho} \left(\frac{\chi\phi' - \phi}{\chi^2}\right) \quad (1-\rho),$$

beachte, daß

$$\phi\phi''\chi = a(\phi/\chi)^{1-\rho}(\phi - \chi\phi') \ (\rho-1)$$

und (2) offenbart, wie erwartet, daß

$$= \frac{\phi'(\phi) - \chi\phi')}{\phi\phi''\chi} = \frac{1}{\rho-1} \ .$$

(d) Die Bedingung des makroökonomischen Gleichgewichts verlangt die Gleichheit von Ersparnis und Investition; in unserer Notation:

$$\dot{x}_1 = S = s_1 w_1 x_1 + s_2 w_2 x_2 .$$

Mit dem Ergebnis:

$$\frac{\dot{x}_1}{x_1} = s_1 w_1 + s_2 w_2 (1/\chi).$$

"Steady state" Wachstum im Gleichgewicht verlangt daher:

$$\left(\frac{\dot{x}_1}{x_2}\right) = \left(\frac{x_1}{x_2}\right) \left(\frac{\dot{x}_1}{x_1} - \frac{x_2}{x_2}\right)$$

$$= s_1 w_1 \chi + s_2 w_2 - n\chi = 0. \tag{8}$$

Erinnern wir uns an (3) und (4), so verlangt Gleichung (8), daß die Wirkung einer Änderung von s_1 auf w_2 derart auf einem Wachstumspfad verfolgt werden muß, daß

$$s_1\phi'\chi + s_2(\phi - \chi\phi') - n\chi = 0. \tag{8'}$$

Betrachte dann

$$\frac{dw_2}{ds_1} = \frac{dw_2}{d\chi}\;\frac{d\chi}{ds_1} \tag{9}$$

entlang einem solchen Pfad. Es ist unmittelbar klar, daß

$$\frac{dw_2}{d\chi} = \phi' - \phi' - \chi\phi'' > 0.$$

Der zweite Term in (9) ist somit der entscheidende Ausdruck, weil er sich errechnen läßt durch implicite Differentiation (8′) nach s_1 :

$$-s_2\chi\phi''\left(\frac{d\chi}{ds_1}\right) + \phi'\chi + s_1(\phi' + \chi\phi'')\frac{d\chi}{ds_1} - n\,\frac{d\chi}{ds_1} = 0.$$

Klarerweise dann:

$$\frac{d\chi}{ds_1} = \frac{\chi\phi'}{[\chi\phi''(s_2 - s_1) - (s_1\phi' - n)]}. \tag{10}$$

Zwei Beobachtungen erlauben jetzt die Berechnung von (10). Zuallererst

$$\frac{\chi\phi''}{\phi} = \left(\frac{\phi - \chi\phi'}{\phi}\right)\left(\frac{\phi\phi''\chi}{\phi'(\phi - \chi\phi')}\right) = \frac{w_2}{\phi\sigma} < 0.$$

Zudem läßt sich aus (8′) erkennen, daß

$$s_1\phi' - n = - s_2 w_2/\chi < 0;$$

d.h., $(s_1\phi' - n)/f' < 0$.
Das Vorzeichen von (9) ist deshalb das Vorzeichen von

$$\frac{d\chi}{ds_1} = \frac{\chi}{[(s_2-s_1)w_2/\phi\sigma - (s_1\phi' - n)/f']}$$

und kann nur negativ sein, wenn $s_1 < s_2$ und $|\sigma|$ klein ist. Sonst dominiert entweder der zweite Ausdruck im Nenner oder er trägt für $s_1 > s_2$ zusätzlich dazu bei, daß garantiert der Gesamteffekt positiv ist. Dann kann wie folgt geschlossen werden:

$$\frac{dw_2}{ds_1} \begin{cases} > 0 & s_1 > s_2 \text{ oder } s_1 < s_2 \text{ und } |\sigma| \text{ groß} \\ < 0 & s_1 < s_2 \text{ und } |\sigma| \text{ klein.} \end{cases} \qquad (11)$$

Der sorgfältige Leser wird bemerken, daß selbst dann, wenn $\sigma = -1$, nicht der kritische Punkt ist, an dem das Vorzeichen in (11) wechselt, das qualitative Ergebnis mit denen in Aufgabe 1.1 konsistent ist. Die Verfügbarkeit der Substitution bleibt nach wie vor entscheidend und erhöhtes Angebot eines Faktors (x_1) durch vermehrte Investition drückt den Lohn des anderen Faktors nach oben, außer dem Fall, daß die Substitution stark eingeschränkt ist.

Die Überführung von linear-homogenen Produktionsfunktionen in Pro-Kopf-Funktionen ist ein gebräuchliches Verfahren, mit dem Theoretiker eine Vielzahl von Problemen angepackt haben. Die Wachstumstheorie ist nur ein Gebiet, auf dem es extensiv genutzt wird (siehe Posinetti (2), Solow(3) und Stiglitz (4,5), um nur einige Beispiele zu nennen). Die Idee besteht darin, den mathematischen Aufwand zu vereinfachen, indem man die Zahl der Variablen um eine senkt. Außerordentliche Sorgfalt ist jedoch angebracht, wenn die Mathematik endet und die ökonomische Interpretation letztlich bei den vereinfachten Ausdrücken ansetzt. Es darf erwartet werden, daß die einfache wachstumstheoretische Übung, die in (d) skizziert wurde, diesen Punkt verdeutlicht, obgleich sie etwas außerhalb der traditionellen Grenzen der Mikroökonomik liegt. Eine gründlichere Darstellung der Pro-Kopf-Präsentation findet man bei Allen (1); Teil (d) wurde zum Teil von Stiglitz (4) übernommen.

LITERATURHINWEISE

(1) Allen, R.G.D., *Macro-Economic Theory - A Mathematical Treatment*, New York, St. Martin's Press, 1966 (Chapter 3).

(2) Posinetti, L.L., "Rate of Profit and Income Distribution in Relation to the Rate of Economic Growth," *Review of Economic Studies* 29:267-279, 1962.

(3) Solow, R.M.,"A Contribution to the Theory of Economic Growth," *Qyarterly Journal of Economics* 70: 65 - 94, 1956.

(4) Stiglitz, J.E., "A Two-Sector Two Class Model of Economic Growth," *Review of Economic Studies* 34:227-234, 1967.

(5) ____________, "Distribution of Income and Wealth Among Individuals," *Econometrica* 37:382-397, 1969.

1.3 Konstante Substitutionselastizität mit mehr als zwei Produktionsfaktoren

Die Substitutionselastizität zwischen zwei Inputs ist, wie gezeigt wurde, von erheblicher Bedeutung. Für den Fall der Zwei-Faktoren-Produktionsfunktion finden sich Illustrationen ihrer Bedeutung in jeder der beiden vorangegangenen Aufgaben. Wenn drei oder mehr Faktoren jedoch vorkommen, werden die Dinge komplizierter. Zuerst einmal gibt es keine traditionellen Definitionen; lediglich drei wurden bisher in der Literatur vorgeschlagen. Die bekannteste ist eine logische Erweiterung der Zwei-Faktoren-Definition, die zuerst von Hicks vorgeschlagen wurde, dann von Allen (1) erweitert und später von Uzawa (8) analysiert wurde:

$$\sigma_{ij} \equiv \frac{x_1 f_1 + \dots + x_n f_n}{x_i x_j} \frac{F_{ij}}{F}, \qquad (1)$$

wobei $y = f(x_1, \dots, x_n)$,

$$F = \begin{bmatrix} 0 & f_1 & \dots & f_n \\ f_1 & f_{11} & \dots & f_{1n} \\ \vdots & \vdots & & \vdots \\ f_n & f_{n1} & \dots & f_{nn} \end{bmatrix} .$$

$f_i \equiv \partial f / \partial x_i$, $f_{ij} \equiv \partial^2 f / \partial x_i \partial x_j$; F_{ij} ist der Ko-Faktor in F, der mit f_{ij} assoziiert ist. Glücklicherweise hat dies Allen ((1), Seite 508) vereinfacht (1):

$$\sigma_{ij} = \frac{\lambda(\vec{w})\,\partial x_i/\partial w_j}{x_i x_j}, \tag{2}$$

Wobei $\vec{w} = (w_1, \ldots, w_n)$ der Faktorpreisvektor ist für $\vec{x} = (x_1, \ldots, x_n)$ und $\lambda(\vec{w})$ die Einheitskostenfunktion ist, die mit $f(x_1, \ldots, x_n)$ korrespondiert; d.h., $\lambda(\vec{w}) \equiv c(\vec{w}, 1)$. Eine zweite Definition, die direkte, partielle Substitutionselastizität genannt wird (Direct Partial Elasticity of Substitution = DES in McFaddens Terminologie (6)), gilt für jedes Faktorenpaar (1), das dabei die Beschäftigung der verbleibenden Faktoren fix hält. Schließlich gilt die Schatten-Partialelastizität (SES) paarweise (1), wobei die zugeordneten Preise und die Gesamtkosten der anderen Faktoren fix bleiben.

Die vorliegende Aufgabe untersucht Produktionsfunktionen mit konstanter Substitutionselastizität unter der Allen-Uzawa-Definition für mehr als zwei Faktoren. Da diese Elastizitäten potentiell wichtig sind, erlauben solche Funktionen mit konstanter Elastizität dem Theoretiker, ihre Auswirkung in einem bequemen Umfeld zu untersuchen. Insbesondere können Elastizitäten geändert werden, indem die entsprechenden Parameter bewegt werden (ähnlich wie in 1.2(b)). Trotz der strukturellen Restriktionen, die ihre Anwendbarkeit für viele empirische Untersuchungen sehr stark einengen (wie in Kapitel 4 vermerkt und hier in Aufgabe 4.2 untersucht), ist die theoretische Kraft dieser Funktionen mit konstanter Elastizität potentiell sehr groß.

(a) Definiere

$$\Lambda(\vec{w}) = \log \lambda(\vec{w}).$$

Zeige unter Verwendung von Shepards Lemma und (2), daß

$$\frac{\partial^2 \Lambda}{\partial w_i \partial w_j} = -(1+\sigma_{ij}) \frac{\partial \Lambda}{\partial w_i} \frac{\partial \Lambda}{\partial w_j}. \tag{2}$$

(b) Betrachte

$$y=f(x_1,x_2,x_3,x_4) = (ax_1^\rho+(1-a)x_2^\rho)^{\alpha/\rho}(bx_3^r+(1-b)x_4^r)^{(1-\alpha)/r}. \tag{3}$$

Zeige, daß

$$\sigma_{12} = \sigma = 1/\rho - 1.$$

$$\sigma_{34} = \sigma' = 1/r - 1 \quad \text{und}$$

$$\sigma_{13} = \sigma_{14} = \sigma_{23} = \sigma_{24} = -1$$

Die Lösung für (a) gelingt einfach durch Umformung; Shepards Lemma sorgt für eine bequeme Substitution. Nimmt man die spätere Gleichung (7) als gegeben an, dann läßt sich (b) durch direkte Umformung lösen. Die hier vorgeführte Lösung freilich zerlegt die Aufgabe in Teile, die sowohl die Algebra vereinfachen als auch die Basis bilden für die Diskussion, die in 4.2 entwickelt wird. Es gibt insbesondere eine natürliche Dichotomie der Faktoren, welche es erlaubt, bekannte Kostenfunktionen direkt anzuwenden.

(a) Die Einheitskostenfunktion $\lambda(\vec{w})$ löst das Problem

$$\min \sum_{i=1}^{n} w_i x_i \qquad \text{so daß} \quad f(x_1, \ldots, x_n) = 1. \tag{4}$$

Es ist deshalb klar, daß $\lambda(\vec{w}) = c(\vec{w}, 1)$; Shepards Lemma (Varian, *Hinweis-Nr. 2)* ist dann unmittelbar anwendbar für jedes $i = 1, \ldots, n$.

$$\frac{\partial\lambda(\vec{w})}{\partial w_i} = \frac{\partial c(\vec{w}, 1)}{\partial w_i} = x_i\,(\vec{w}, 1).$$

Gleichung (2) wird somit zu

$$\sigma_{ij} = -\frac{\lambda \frac{\partial x_i}{\partial w_j}}{x_i x_j} = -\frac{\lambda \frac{\sigma^2\lambda}{\partial w_i \partial w_j}}{\frac{\partial\lambda}{\partial w_i}\,\frac{\partial\lambda}{\partial w_j}} \tag{5}$$

für jedes $i \neq j$, weil

$$\frac{\partial x_i(\vec{w}, 1)}{\partial w_j} = \frac{\partial\left(\frac{\partial\lambda}{\partial w_i}\right)}{\partial w_j} = \frac{\partial^2\lambda}{\partial w_i \partial w_j}.$$

Wenden wir uns jetzt der Identitätsgleichung $\Lambda(\vec{w}) \equiv \log\,(\lambda(\vec{w}))$ zu und beobachten, daß

$$\frac{\partial\Lambda}{\partial w_i} = \frac{1}{\lambda}\,\frac{\partial\lambda}{\partial w_i}, \tag{6a}$$

$$\frac{\partial\Lambda}{\partial w_j} = \frac{1}{\lambda}\,\frac{\partial\lambda}{\partial w_j}, \tag{6b}$$

$$\frac{\partial^2\Lambda}{\partial w_i \partial w_j} = \frac{1}{\lambda}\,\frac{\partial^2\lambda}{\partial w_i \partial w_j} - \frac{1}{\lambda^2}\,\frac{\partial\lambda}{\partial w_i}\,\frac{\partial\lambda}{\partial w_j} \tag{6c}$$

für beliebiges $i \neq j$. Schließlich läßt sich durch Kombination von (6a), (6b), (6c) und (5) erkennen, daß

$$\frac{\dfrac{\partial^2 \Lambda}{\partial w_i \partial w_j}}{\dfrac{\partial \Lambda}{\partial w_i}\dfrac{\partial \Lambda}{\partial w_j}} = \frac{\dfrac{1}{\lambda}\dfrac{\partial^2 \lambda}{\partial w_i \partial w_j} - \dfrac{1}{\lambda^2}\dfrac{\partial \lambda}{\partial w_i}\dfrac{\partial \lambda}{\partial w_j}}{\dfrac{1}{\lambda^2}\dfrac{\partial \lambda}{\partial w_i}\dfrac{\partial \lambda}{\partial w_j}} = -(1+\sigma_{ij})$$

und, wie gefordert,

$$\frac{\partial^2 \Lambda}{\partial w_i \partial w_j} = -(1+\sigma_{ij})\frac{\partial \Lambda}{\partial w_i}\frac{\partial \Lambda}{\partial w_j}. \tag{7}$$

(b) Die Berechnung der Einheitskostenfunktion für (3) läßt sich brutal durch direkte Lösung von (7) durchführen. Es gibt jedoch einen einfacheren Weg, der einige Ergebnisse des Lehrbuches heranzieht. Betrachte die Darstellung von (3) durch

$$y = z_1^{\alpha} z_2^{1-\alpha},$$

wobei

$$z_1 = (ax_1^{\rho} + (1-a)x_2^{\rho})^{1/\rho} \tag{8a}$$

$$z_2 = (bx_3^{r} + (1-b)x_4^{r})^{1/r}. \tag{8b}$$

Die Einheitskostenfunktion für y ausgedrückt in Einheitskosten für z_i (mit ω_i bezeichnet) lautet dann (siehe Varian, *Hinweis-Nr. 3)* :

$$\lambda(\omega_1, \omega_2) = K\omega_1^{\alpha}\omega_2^{1-\alpha} = c(\omega_1, \omega_2, 1). \tag{9}$$

Da K eine positive Konstante ist, bedarf es jetzt lediglich der richtigen Spezifikation der ω_i. Zu diesem Zweck betrachte

$$\min \quad \omega_1 z_1 + \omega_2 z_2$$

$$\text{so daß } 1 = z_1^{\alpha} z_2^{1-\alpha} \equiv g(z_1, z_2); \tag{10}$$

Die sich ergebende Bedingung erster Ordnung ist uns bekannt:

$$\frac{\frac{\partial g}{\partial z_1}}{\frac{\partial g}{\partial z_2}} = \frac{\omega_1}{\omega_2}. \tag{11}$$

Andererseits sei angenommen, daß die Unternehmung z_i produzieren würde mit den Kostenfunktionen $c_i(z_i)$; das (10) entsprechende Problem lautete dann

$$\min \quad c_1(z_1) + c_2(z_2)$$

$$\text{so daß } 1 = z_1^{\alpha} z_2^{1-\alpha} \equiv g(z_1, z_2).$$

Die Bedingung erster Ordnung, daß

$$\frac{\frac{\partial g}{\partial z_1}}{\frac{\partial g}{\partial z_2}} = \frac{\frac{\partial c_1}{\partial z_1}}{\frac{\partial c_2}{\partial z_2}} \quad , \tag{12}$$

verlangt dann folglich, daß das Verhältnis der Grenzprodukte dem Verhältnis der Grenzkosten anstelle der Faktorpreise gleich ist.

Gleichung (12) wäre erfüllt natürlich, wenn

$$\frac{\partial c_i(z_i)}{\partial z_i} = \omega_i, \tag{13}$$

so daß sich die Suche nach den geeigneten ω_i auf die Suche nach $c_i(z_i)$ reduziert hat.

Diese Funktionen sind freilich wohlbekannt. Ziehen wir den Schluß von Beispiel 1.13 *(Varian, Hinweis-Nr. 4)* heran und passen wir die Notation etwas an, damit sie (8) entspricht, dann erkennen wir zum Beispiel, daß

$$c_1(w_1, w_2, z_1) = [a^{-1/\rho-1} w_1^{\rho/\rho-1} + (1-a)^{-1/\rho-1} w_2^{\rho/\rho-1}]^{\rho-1/\rho} z_1$$

$$= [a^{-\sigma} w_1^{1+\sigma} + (1-a)^{-\sigma} w_2^{1+\sigma}]^{1/1+\sigma} z_1;$$

d.h.,

$$\frac{\partial c_1}{\partial z_1} = [a^{-\sigma} w_1^{1+\sigma} + (1-a)^{-\sigma} w_2^{1+\sigma}]^{1/1+\sigma}. \tag{14a}$$

Wegen Symmetrie gilt dann

$$\frac{\partial c_2}{\partial z_2} = [b^{-\sigma'} w_3^{1+\sigma'} + (1-b)^{-\sigma'} w_4^{1+\sigma'}]^{1/1+\sigma'}. \tag{14b}$$

Substituiert man (14a) und (14b) in (13) und dann in (9), dann offenbart sich schließlich die Einheitskostenfunktion ausgedrückt in (w_1, w_2, w_3, w_4):

$$\lambda(\vec{w}) = K[a^{-\sigma} w_1^{1+\sigma} + (1-a)^{-\sigma} w_2^{1+\sigma}]^{\alpha/1+\sigma} [b^{-\sigma'} w_3^{1+\sigma'} + (1-b)^{-\sigma'} w_4^{1+\sigma'}]^{1-\alpha/1+\sigma'}.$$

Die logarithmische Form von $\lambda(\vec{w})$ lautet dann

$$\Lambda(\vec{w}) = \log K + \frac{\alpha}{1+\sigma} \log [a^{-\sigma} w_1^{1+\sigma} + (1-a)^{-\sigma} w_2^{1+\sigma}]$$

$$+ \frac{1-\alpha}{1+\sigma'} \log [b^{-\sigma'} w_3^{1+\sigma'} + (1-b)^{-\sigma'} w_4^{1+\sigma'}]. \qquad (15)$$

Gleichung (7) kann nun dazu verwendet werden, die Substitutionselastizitäten zwischen den Faktoren zu berechnen. Man betrachte zuerst über die additiven Blöcke von (15) hinweg die Elastizitäten. Da die linke Seite von (7) gewiß Null beträgt, gilt in diesen Fällen

$$\sigma_{13} = \sigma_{23} = \sigma_{14} = \sigma_{24} = -1.$$

Innerhalb der Blöcke jedoch ist noch einige Rechenarbeit vonnöten. Bei der Berechnung von σ_{12} zum Beispiel braucht man folgende Partialausdrücke:

$$\frac{\partial \Lambda}{\partial w_1} = \alpha [a^{-\sigma} w_1^{1+\sigma} + (1-a)^{-\sigma} w_2^{1+\sigma}]^{-1} a^{-\sigma} w_1^{\sigma},$$

$$\frac{\partial \Lambda}{\partial w_2} = \alpha [a^{-\sigma} w_1^{1+\sigma} + (1-a)^{-\sigma} w_2^{1+\sigma}]^{-1} (1-a)^{-\sigma} w_2^{\sigma},$$

$$\frac{\partial \Lambda}{\partial w_1 \partial w_2} = -\alpha^2 [a^{-\sigma} w_1^{1-\sigma} + (1-a)^{-\sigma} w_2^{1+\sigma}]^{-2} [a(1-a)]^{-\sigma} (w_1 w_2)^{\sigma}.$$

Aus diesen Partialgleichungen und aus (7) läßt sich erkennen, daß $\sigma_{12} = \sigma$. Ähnlich gilt $\sigma_{34} = \sigma'$.

Die Allen-Uzawa-Definition wurde hier deshalb gewählt, weil sie die bekannteste unter denen ist, deren Arbeit drei oder mehr Faktoren verlangt (siehe zum Beispiel Batra und Casas (2),

Binswanger (3), Brendt und Wood (4) und Casas (5)). Die Funktional-Form von (3) ist darüberhinaus ein Beispiel für die allgemeinste Produktionsfunktion konstanter (Allen-)Substitutionselastizität. Uzawa (8) hat in der Tat bewiesen, daß eine Funktion

$$y = f(x_1, \ldots, x_n)$$

konstante Substitutionselastizitäten zwischen jedem Faktorenpaar aufweist, wenn und nur wenn eine Aufteilung der Faktoren und ihrer Preise existiert, $(\vec{x}^{(1)}, \ldots, \vec{x}^{(s)})$ und $(\vec{w}^{(1)}, \ldots, \vec{w}^{(s)})$, für die $f(x_1, \ldots, x_n)$ geschrieben werden kann

$$y = \prod_{k=1}^{s} \{ \sum_{x_i \varepsilon x^{(k)}} a_i^k x_i^{\rho_k} \}^{\alpha k/\rho k} = f(\vec{x}^{(1)}, \ldots, \vec{x}^{(s)}) , \qquad (16)$$

wobei $\sum_i a_i^k = 1$, $\sum_k \alpha_k = 1$ und $1 > \rho_k > -\infty$ für alle k. Es sei (16) gegeben und zudem

$$\sigma_{ij} = \begin{cases} 1/\rho_s - 1 & x_i \varepsilon x^{(k)} \text{ und } x_j \varepsilon x^{(k)} \\ 1 & x_i \varepsilon x^{(k)} \text{ und } x_j \varepsilon x^{(k')};\ k' \neq k. \end{cases} \qquad (17)$$

Der Leser sollte zumindest das Gefühl haben, daß dieses Theorem vernünftig ist, weil die Beweismethode durch Uzawa in Richtung auf ein Hinreichend den Ansatz für die Aufgabenstellung abgegeben hat. Notwendigkeit ließ sich zeigen durch Schaffung einer Äquivalenzrelation, welche auf einer mehrfachen Verwendung von (7) beruht.

Ein ähnliches Theorem entsteht, wenn Funktionen mit konstanter (DES und SES) Substitutionselastizität betrachtet werden. McFadden (6) hat gezeigt, daß die allgemeinste Formulierung dieser Funktionen lautet

$$y = \sum_{k=1}^{s} a_k \left[\Pi_{x(k)} x_i^{\alpha_i^k}\right]^{\rho} \}^{1/\rho} \tag{18}$$

für die gleiche Aufteilung wie oben und $\sum_i \alpha_i^k = 1$. Die Elastizität beträgt dann $(1/\varrho - 1)$ über die Teilausdrücke hinweg und -1 innerhalb derselben. Die Aussage beider Theoreme liegt darin, daß ein Forscher, wenn er konstante Elastizität hat, sich mit einem von zwei Fällen begnügen muß:

(a) Die Elastizitäten zwischen allen Faktorenpaaren sind gleich.

(b) Die Elastizitäten sind unterschiedlich, aber es muß zumindest ein Paar geben, zwischen dem die Elastizitat -1 beträgt.

Der Effekt dieser Feststellung auf theoretische Studien ist offenkundig. Die Restriktionen, den dieser empirischen Untersuchungen auferlegt, werden in 4.2 erkundet.

LITERATURHINWEISE

(1) Allen, R.G.D., *Mathematical Analysis for Economists,* London, Macmillan, 1938 (pages 503-509).

(2) Batra, R.N. and Casas, F.R., "A Synthesis of the Hecksher-Ohlin and the Neoclassical Models of International Trade," *Journal of International Economics* 6:27-38, February 1976.

(3) Binswanger, H.P., "The Measurement of Technical Change Biases with Many Factors of Production," *American Economic Review* 64:964-976, December 1974.

(4) Berndt, E.R. and Wood, D.O., "Technology, Prices and the Derived Demand for Energy," *Review of Economics and Statistics* 57:259-268, August 1975.

(5) Casas, F.R., "The Theory of Intermediate Products, Technical Change and Growth," *Journal of International Economics* 2:189-200, May 1972.

(6) McFadden, D., "Constant Elasticity of Substitution Production Functions," *Review of Economic Studies* 30:73-83, February 1963.

(7) Murota, T., "On the Symmetry of Robinson Elasticities of Substitution: A Three Factor Case," *Review of Economic Studies* 41:173-176, February 1974.

(8) Uzawa, H., "Production Functions with Constant Elasticities of Substitution," *Review of Economic Studies* 29:291-299, October 1962.

1.4 Näherungsergebnisse für CES-Produktionsfunktionen

Diese Aufgabe untersucht zwei Approximationsergebnisse, welche den angewandten Forschern hilfreich sind. Zuerst können die funktionalen Formen der CES-Produktionsfunktionen, wie sie durch das Uzawa-McFadden-Theorem spezifiziert werden, der angewandten Forschung Restriktionen auferlegen, die der Praktiker gar nicht schätzt. Die Einfachheit der Spezifikation einer CES-Funktion wird insbesondere durch das Erfordernis aufgehoben, daß alle Substitutionselastizitäten gleich sein müssen oder daß die Elastizität zwischen zumindest einem Faktorenpaar gleich -1 betragen muß. In einigen Fällen betragen die unvermeidlichen Kosten für den Verlust von Einfachheit, wenn man zu Funktionen mit variabler Elastizität übergeht, die eingehende Betrachtung eines komplizierten Systems. In anderen Fällen jedoch können die Kosten erheblich größer sein: Die Nützlichkeit der Forschung kann verloren gehen, wenn die Produktionsfunktion so kompliziert wird, daß der Forscher die beobachteten Effekte nicht bis zu ihren letzten Ursachen zurückverfolgen kann oder wenn die Variabilität den gewünschten Effekt überhaupt verschwinden macht. Die ersten beiden Teile der vorliegenden Aufgabe untersuchen einen Weg aus diesem Dilemma heraus. Zweitens ist es häufig leichter, Schätzgrößen für die Preiselastizitäten der abgeleiteten Faktornachfrage als Schätzgrößen für Substitutionselastizitäten zu erhalten. Im letzten Teil der Aufgabe wird unterstellt, daß sich beide annähernd gleich sind.

(a) Betrachte eine allgemeine Produktionsfunktion im Zeitverlauf:

$$Y(t) = f[x_1(t), x_2(t), x_3(t)] .$$

Angenommen, die Substitutionselastizität zwischen $x_2(t)$ und $x_3(t)$ ist gleich $(1-\rho)^{-1}$ und die Substitutionselastizität zwischen $x_1(t)$ und einem Aggregat $x(t) = x_2(t) + x_3(t)$ betrage $(1-r)^{-1}$. Betrachte eine CES-CD-Funktion, die mit einer der Optionen des Uzawa-Ergebnisses übereinstimmt, um eine Methode zu bestimmen, welche die gewünschte Anpassung des Anteils von Y zur Bezahlung von $x_1(t)$ im Zeitverlauf erlaubt.

(b) Betrachte die Vereinfachung von f(-,-,-) für zwei Inputs, um eine geometrische Vorstellung von der Lösung zu (a) hervorzubringen einschließlich der technischen Gründe für ihre Konvergenz.

(c) Zeige, daß für

$$Y = (bx_1^{\rho} + (1-b)x_2^{\rho})^{1/\rho},$$

die Substitutionselastizität zwischen x_1 und x_2 approximiert werden kann durch den Absolutwert der Preiselastizität der abgeleiteten Nachfrage für x_1, wenn der für x_1 bezahlte Anteil relativ klein ist.

(a) Die Vorstellung besteht darin,

$$Y(t) = x_1(t)^{a(t)} \{bx_2(t)^{\rho} + (1-b)\, x_3(t)^{\rho}\}^{[1-a(t)]/\rho} \qquad (1)$$

wiederzugeben während einer einzigen Zeitperiode, während a(t), der für $x_1(t)$ bezahlte Anteil, im Zeitverlauf derart angepasst wird, daß die Substitutionselastizität zwischen $x_1(t)$ und $x(t) = x_2(t) + x_3(t)$ über die Zeit gleich $(1-r)^{-1}$ ist. Aus *Varian(Hinweis-Nr. 5)* ist natürlich klar, daß die Substitutionselastizität zwischen $x_2(t)$ und $x_3(t)$ für jede Zeitperiode gleich $(1-\rho)^{-1}$. Betrachte deshalb

$$Y(t) = \{bx_1(t)^r + (1-b)\ x(t)^r\}^{1/r} .$$

Wendet man die Analysis *(Varian, Hinweis-Nr. 6)* an, dann wird nach einigem Rechnen klar, daß

$$\frac{x(t)}{x_1(t)} = \{\frac{(1-b)}{b}\}^{1/(r-1)} \{\frac{w(t)}{w_1(t)}\}^{1/(r-1)} .$$

Konsequenterweise

$$\frac{w(t)\ x(t)}{w_1(t)\ x_1(t)} = \{\frac{(1-b)}{b}\}^{1/(r-1)} \{\frac{w(t)}{w_1(t)}\}^{r/(r-1)} . \qquad (2)$$

Beachte jedoch, daß die linke Seite von (2) einfach das Verhältnis ist des Anteils von Y(t), der an x(t) gezahlt wird, und des Anteils von y(t), der an $x_1(t)$ bezahlt wird; d.h.,

$$\frac{(1-a(t))}{a(t)} = \{\frac{(1-b)}{b}\}^{1/r-1)} \{\frac{w(t)}{w_1(t)}\}^{r/(r-1)} \qquad (3)$$

und

$$a(t) = \frac{1}{\{\frac{(1-b)}{b}\}^{1/r-1} \{\frac{w(t)}{w_1(t)}\}^{r/r-1} + 1} .$$

Die Prozedur ist jetzt definiert. Wird a(t) über die Zeit entsprechend (3) manipuliert, dann ist eine implizite Substitutionselastizität zwischen $x_1(t)$ und der aggregierten Beschäftigung von $x_2(t)$ und $x_3(t)$ gleich dem gewünschten $\sigma' = (1-r)^{-1}$ gewährleistet.

Es soll betont werden, daß die gesamte Konstruktion auf Gleichgewichtsinputpreisen $w_i(t)$ beruht. Deshalb muß es eine Angebotsstruktur geben, die im Hintergrund operiert, und gegenüber dieser können dann die entwickelten abgeleiteten Nachfragefunktionen reagieren. Mit der Installation einer solchen Struktur freilich ist der Approximationsprozeß ein iterativer Prozeß, der in Periode t mit a(t) in (1) beginnt, $w_i(t)$, $x_i(t)$ und somit y(t) generiert und dann mit der Berechnung eines neuen a(t+1) endet. Natürlich muß am Beginn das Vorhandensein der Anfangsbedingungen sowohl für den Anteil von x_1 (d.h., a(0)) als auch für die (x_1, w_1) gegeben sein. Zur Erfüllung von Gleichung (3) müssen darüberhinaus die Anfangswerte

$$a(0) = \frac{1}{\{\frac{(1-b)}{b}\}^{1/r-1} \{\frac{w(0)}{w_1(0)}\}^{r/r-1} + 1}$$

genügen; dies läßt sich aber auch leicht sicherstellen, indem man b manipuliert.

(b) Die allgemeine CES-Funktion sei durch ihre abgeleiteten Nachfragen repräsentiert:

$$\ln \{\frac{x_1}{x_2}\} = \frac{1}{\rho-1} \ln \{\frac{1-b}{b}\} + \frac{1}{\rho-1} \ln \{\frac{w_1}{w_2}\} , \qquad (4)$$

und ganz ähnlich sei der Cobb-Douglas-Spezialfall repräsentiert durch:

$$\ln \{\frac{x_1}{x_2}\} = \ln \{\frac{a}{1-a}\} - \ln \{\frac{w_1}{w_2}\} \quad (5)$$

Abbildung 1.4 zeigt beide in Verbindung mit dem Cobb-Douglas-Fall, wobei wegen $\rho > 0$ größere Steigungen zu erkennen sind.

Beginnen wir mit C, dann ist klar, daß die Beschäftigungsreaktion, die entlang der CES-Funktion definiert ist, approximiert werden kann durch Bewegung entlang der Cobb-Douglas-Funktion für kleine Änderungen von $\{w_1/w_2\}$. Die in (4) definierte Funktion kann mit anderen Worten dazu benutzt werden, die in (5) angegebene Funktion zu approximieren gemäß der strengen Konvergenzdefinition (d.h., innerhalb einer offenen Nachbarschaft des Punktes F). Das Problem ist nun deshalb, was man machen muß, wenn Änderungen von $\{w_1/w_2\}$ dieses Verhältnis ausserhalb dieses offenen Konvergenzbereiches bringen. Es sei zum Beispiel angenommen, daß $\{w_1/w_2\}$ auf ein Niveau ansteigt, das auf einer logarithmischen Skala durch den Punkt G angegeben wird. Das hier vorgeschlagene Verfahren verlangt eine Anpassung im Abschnitt der Cobb-Douglas-Formel, die sich durch Manipulation des Parameters α erreichen läßt. In diesem Fall kann man mit einer anderen Cobb-Douglas-Funktion (4) in der Umgebung von G approximieren. Eine solche Revision wird in Abb. 1.4 durch die Gerade HI gezeigt, mit dem Abschnitt $\{\ln(b/1-b)\}$, der erhöht wurde,um einen neuen Konvergenzbereich zu schaffen um G. Dazu bedarf es lediglich einer angemessenen Erhöhung von α, dem Anteil, der an x_1 gezahlt wird.

Dieser Approximationstyp setzt technische Bedingungen für die Konvergenz voraus, aber das ist durch die Kontinuität der Logarithmus-Funktion gewährleistet. Es sei zum Beispiel angenommen, daß es notwendig sei sicher zu stellen, daß die Approximationsfehler kleiner als ein willkürlich angenommenes $\varepsilon > 0$ sein sollten. Es gibt ein $\varepsilon' > 0$ derart, daß Abweichungen von weniger als $\varepsilon' > 0$ in $\ln \{x_1/x_2\}$ Abweichungen von weniger als $\varepsilon > 0$ in $\{x_1/x_2\}$ hervorbringen würden. Währenddessen existiert $\delta' > 0$ derart, daß Abweichungen bei $\ln \{w_1/w_2\}$ eine Bewegung garantieren von weniger als $\varepsilon' > 0$ in $\ln \{x_1/x_2\}$. Und schließlich existiert $\delta > 0$ derart, daß eine Bewegung bei $\{w_1/w_2\}$ von weniger als $\delta > 0$ eine Bewegung in $\ln \{w_1/w_2\}$ von weniger als $\delta' > 0$ bedeutet. Die technische Seite ist damit gemeistert.

(c) Es sei für die Standard-CES-Darstellung

$$Y = (bx_1^{\rho} + (1-b)\, x_2^{\rho})^{1/\rho} \quad ,$$

mit einer Einheits-Normalisierung der Outputpreise,

$$w_1 = b(Y/x_1)^{\rho-1}$$

eine kostenminimierende Bedingung erster Ordnung. In logarithmischer Form lautet diese dann

$$\ln w_1 = \ln b + (\rho-1)\, [\ln Y - \ln x_1] \; ;$$

$$\ln x_1 = \frac{-\ln w_1 + \ln \alpha}{\rho - 1} + \ln Y \; .$$

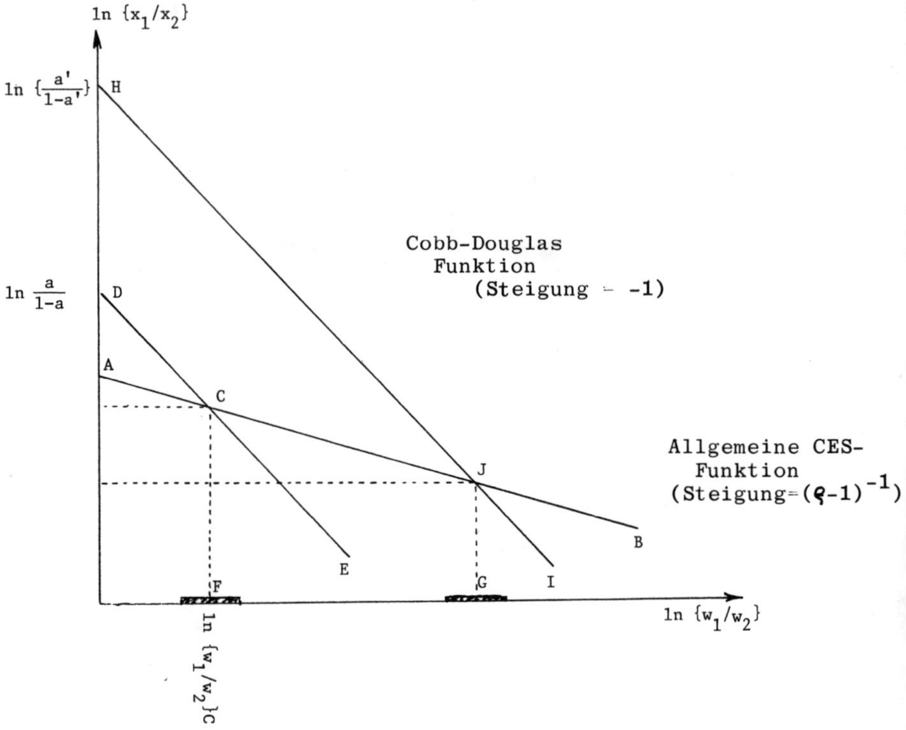

ln {x1/x2}
ln {a'/(1-a')}
H
ln a/(1-a)
D
A
C
Cobb-Douglas Funktion (Steigung = -1)
Allgemeine CES-Funktion (Steigung=(ρ-1)^-1)
J
B
E
F
G
I
ln {w1/w2}
ln {w1/w2}C

Abbildung 1

Ein Ergebnis ist, daß die Nachfrageelastizität für x_1 lautet:

$$\frac{\delta \ln x_1}{\delta \ln w_1} = - \frac{1}{\rho-1} + \frac{\ln Y}{\ln w_1} \quad . \tag{6}$$

Der Schlüssel zur Approximation liegt deshalb darin, daß $\{\delta \ln Y / \delta \ln w_1\}$ klein ist, wenn der Anteil von x_1 klein ist.

Um zu erkennen, warum das so ist, erinnere man sich an das Eulersche Theorem:

$$Y = w_1 x_1 + w_2 x_2 \quad .$$

Man beachte ferner, daß

$$\frac{\delta Y}{\delta w_1} = x_1 + w_2 \frac{\delta x_2}{\delta w_1} \simeq x_1 \quad ,$$

wenn x_2 fix ist. Klarerweise gilt demnach

$$\frac{\delta \ln Y}{\delta \ln w_1} = \frac{w_1}{Y} \frac{\delta Y}{\delta w_1} = \frac{x_1 w_1}{Y} \simeq 0 \quad ,$$

wenn der Anteil von Y, der x_1 gewidmet wird (d.h., $x_1 w_1 / Y$), klein ist. Verbindet man dies zurück mit (6), dann gilt

$$\frac{\delta \ln x_1}{\delta \ln w_1} \simeq - \frac{1}{\rho-1} = \sigma \quad .$$

Das in (a) skizzierte Verfahren wurde in einer Langzeitstudie eingesetzt, die Kohlendioxid- Emissionen und Konzentrationen in der Luft zum Gegenstand hatte (siehe Nordhaus und Yohe (3)). Eines der Ziele dieser Arbeit lag darin, den Beitrag verschiedener Quellen der Unsicherheit zum allgemeinen Unsicherheitsniveau für Konzentrationen in der Luft bis zum Jahr 2100 einzugrenzen. Die Beschränkung durch das Uzawa-McFadden-Theorem hätte das Vernachlässigen einer bedeutenden Unsicherheitsquelle bedeutet. Die Approximation in Teil (c) wurde in der genannten Arbeit und anderswo verwendet; die Arbeit von Hogan und Manne hat wesentlich zu ihrer Substantiierung beigetragen.

LITERATURHINWEISE

(1) Hogan, W. and A. Manne, "Energy-Economy Interactions" in C.J. Hitch (ed.), Modeling Energy-Economy Interactions, Resources for the Future, 1977.

(2) McFadden, D., "Constant Elasticity of Substitution Production Functions," Review of Economic Studies 30: 73-83, 1963.

(3) Nordhaus, W.M. and G. Yohe, "Future Carbon Dioxide Emissions from Fossil Fuels," chapter 2 in Changing Climate: Report of the Carbon Dioxide Assessment Committee, National Research Council, 1983.

(4) Uzawa, H., "Production Functions with Constant Elasticities of Substitution," Review of Economic Studies 29: 291-299, 1962.

1.5 Investitionstiming und Wirkung einer Steuervergünstigung

Pontryagin's Maximierungsprinzip ist ein immens wertvolles Instrument, wenn es darum geht, über die Zeit zu optimieren. Grob und in einer seiner einfachsten Formen dargestellt, läßt sich das Prinzip auf Probleme des folgenden Typs anwenden:

$$\max \int_0^\infty \alpha(t)u[z(t), y(t)]dt \qquad (1)$$

$$\dot{z}(t) = g[z(t), y(t)].$$

Punktnotation kennzeichnet wie üblich Änderungsraten, etwa $\dot{z}(t) \equiv z(t)/\partial t$. Das Lösungsverfahren verlangt eine Art Lagrange-funktion, die Hamilton-Funktion genannt wird und wie folgt definiert ist:

$$u[z(t), y(t)] - \lambda(t)g[z(t), y(t)],$$

wobei $\lambda(t)$, ökonomisch interpretiert, den "Schattenpreis" des zunehmenden $\dot{z}(t)$ ausgedrückt in u(---) angibt. Dies ist natürlich die Standardinterpretation solcher Multiplikatoren. In der gesamten Aufgabenstellung bedeutet üblicherweise $\alpha(t)$ den Diskontierungsfaktor. Die Dynamik jeder möglichen Lösung für (1) läßt sich wie folgt zusammenfassen:

$$\dot{z}(t) = g[z(t), y(t)], \qquad (2a)$$

$$\dot{\lambda}(t) = h[z(t), y(t)] \qquad (2b)$$

sowie eine Grenzbedingung auf z(t):

$$z(0) \equiv z_0.$$

Unterdessen verlangt Optimalität, daß jeglicher Pfad von z_o nicht nur die dynamischen Gleichungen (2a) und (2b) erfüllen muß, sondern auch die "Transversalitätsbedingungen", die wie folgt gegeben sind:

$$\lim_{t \to \infty} \alpha(t)\lambda(t) = 0 \qquad (3a)$$

$$\lim_{t \to \infty} \alpha(t)\lambda(t)z(t) = 0. \qquad (3b)$$

Der interessierte Leser sei auf Arrow und Kurz (1) verwiesen. Dort findet er eine gründliche Darstellung des Vorgehens (in Kapitel 2) und eine Fülle von Investitionsbeispielen (in den folgenden Kapiteln).

Die vorliegende Aufgabe konzentriert sich auf eine einfache Illustration des Verfahrens, die von der Grundlegung in 1.5 abgeleitet wird. Die technischen Aspekte der Pontryagin-Methode bilden keinen Schwerpunkt, vielmehr geht es um die ökonomische Vielfalt, die damit präsentiert werden kann. Ergebnisse, die Reaktionen auf steuerliche Investitionshilfen beinhalten, werden aus Phasendiagrammen, welche die dynamischen Gleichungen von (2) repräsentieren, hergeleitet. Diese Übung dient daher eher als Beispiel dafür, inwieweit sich durch Intuition einige Schlußfolgerungen ergeben, ohne sich mit überbordender Mathematik zu belasten.

(a) Man nehme an, daß

$$F(x_1) \equiv \max_{x_2} \{f(x_1, x_2) - w_2 x_2\}$$

den Produktionsprozeß einer gewinn-maximierenden Unternehmung mit $y = f(x_1, x_2)$ als Produktionsfunktion zusammenfasse.

Man nehme weiter an, daß x_1 mit einer Rate δ im Zeitverlauf abgeschrieben wird und daß Investition in jeder Periode Kosten verursacht; d.h., Investition in x_1 mit einem Betrag I kostet C(I). Man nehme an, daß $dc/dI > 0$ und $d^2c/dI^2 > 0$. Es sei $\rho > 0$ der Diskontierungsfaktor. Charakterisiere graphisch den Investitionsplan ausgedrückt in $x_1(t)$ und $\lambda(t)$, definiert durch eine geeignete Hamilton-Funktion, der den diskontierten Nettowert der Unternehmung maximiert

$$\int_0^\infty \{F[x_1(t)] - C[I(t)]\} e^{-\rho t} dt.$$

Bevor man beginnt, beachte man die folgende Modellspezifikation:

$$\dot{x}_1(t) = I(t) - \delta x_1(t);$$

d.h., daß die Bestandänderung von x_1 gleich der Investition vermindert um die Abschreibung ist.

(b) Der in (a) konstruierte Apparat kann nun dazu verwendet werden, eine proportionale, zeitlich begrenzte steuerliche Investitionshilfe zu betrachten, welche die Kosten der Investition um $\tau I(t)$ verringert. Zeige insbesondere, daß

(ba) wenn die Hilfe antizipiert und als zeitlich unbeschränkt angenommen wird, die Investition dann sofort nach oben schnellt, wenn die Hilfe gewährt wird, auf ein neues (höheres) langfristiges Gleichgewichtsniveau fällt, plötzlich absackt, wenn die Hilfe aufgehoben wird und schließlich sich wieder auf das alte Gleichgewichtsniveau erhöht.

(bb) wenn die Investitionshilfe voll antizipiert wird, die Investition vor ihrer Gewährung fallen wird, unmittelbar nach ihrer Gewährung ihren Höhepunkt erreicht und dann auf ein neues Gleichgewichtsniveau sinkt, aber wesentlich ansteigt, unmittelbar bevor sie wieder aufgehoben wird, absinkt, wenn sie aufgehoben ist, schließlich aber auf ihr altes Niveau ansteigt.

Die Verzerrungen, die durch eine temporäre Investitionshilfe entstehen, können sich deshalb über ihre Erstreckungsperiode hinaus ausdehnen.

Das angewandte Verfahren besteht darin, diese Investitionsentscheidungen als dynamisches Optimierungsproblem wie (1) zu formulieren. Kombiniert man graphisch $(z(t), \lambda(t))$ derart, daß $\dot{\lambda}(t) = \dot{z}(t) = 0$, dann kann man den positiven Orthanten in vier Teile aufteilen und die durch (2a) und (2b) erlaubten Pfade lassen sich zeichnen. Der Schnittpunkt der geometrischen Örter erfüllt (3), wie sich zeigen läßt derart, daß jeder Pfad in den Sektionen, der zum Schnittpunkt führt, optimal ist. Der Rest der Aufgabe verlangt die Manipulation dieser optimalen Pfade. Dies ist ein häufig benutztes Verfahren bei je verschiedenem dynamischen Kontext.

(a) Ganz präzise lautet das Anfangsproblem:

$$\max \int_0^\infty \{F[x_1(t)] - C[I(t)]\} e^{-\rho t} dt$$

so daß

$$\dot{x}_1(t) = I(t) - \delta x_1(t).$$

Die entsprechende Hamiltonsche Funktion lautet:

$$H \equiv F[x_1(t)] - C[I(t)] + \lambda(t)[I(t) - \delta x_1(t)], \tag{4}$$

welche der Nettowert der Unternehmung in jeder gegebenen Periode ist: die Verzinsung $(F(x_1) - C(I))$ plus dem Investitionswert $(\lambda(I - \delta x_1))$. Die Lagrange-Funktion $\lambda(t)$, welche den Schattenpreis der Investition darstellt, ist einfach der Gegenwartswert der Investitionserträge diskontiert sowohl mit dem Zinssatz als auch mit der Abschreibungsrate (beide reduzieren den künftigen Wert einer Vermögensanlage in formal ähnlicher Weise); d.h.,

$$\lambda(t) = \int_t^\infty \frac{\partial F(x_1)}{\partial x_1} e^{-\delta(v-t)} e^{-\rho(v-t)} dv = \int_t^\infty \frac{\partial F(x_1)}{\partial x_1} e^{-(\delta+\rho)(v-t)} dv,$$

da der Zinsertrag, welcher x_1 bezahlt wird, $\partial F(x_1)/\partial x_1$ ist (siehe die vorangegangene Aufgabe). Ist ein solcher Schattenpreis gegeben, wird die Unternehmung $I(t)$ wählen, um seinen Wert in einer Periode zu maximieren. Präziser formuliert wird die Unternehmung H, gegeben in (4), im Hinblick auf $I(t)$ maximieren und wird die resultierende Bedingung erster Ordnung lösen, daß

$$\frac{\partial C(I)}{\partial I} = \lambda(t). \tag{5}$$

In Anwendung des Ergebnisses von Pontryagin, das oben angegeben wurde, wird klar, daß (5) in Verbindung mit

$$\dot{x}_1(t) = I(t) - \delta x_1(t) \tag{6}$$

$$\dot{\lambda}(t) = [\delta+\rho]\lambda(t) - \partial f/\partial x_1 \tag{7}$$

das Unternehmungsverhalten beschreibt. Löst man diese dynamischen

Gleichungen nacheinander, so braucht man eine Grenzbedingung, $x_1(0) = x_{10}$, und die Existenz eines Investitionspfades, der die Transversalitätsbedingungen erfüllt:

$$\lim_{t \to \infty} \{\lambda(t)e^{-\rho t}\} = 0 \tag{8a}$$

$$\lim_{t \to \infty} \{\lambda(t)x_1(t)e^{-\rho t} = 0. \tag{8b}$$

Diese Ausdrücke stammen direkt aus (3) mit $\alpha(t) \equiv e^{-\rho t}$. Man beachte ferner, daß Gleichung (8b) einfach verlangt, daß der Begrenzungswert der Investition Null ist.

Ein Phasendiagramm erweist sich nun als nützliches Instrument, um dieses Verhalten zusammenzufassen und die optimale Politik zu charakterisieren. Abbildung 1.5 ist ein solches Diagramm. Die Kurven AA' und BB' sind geometrische Örter derart, daß jeweils $\dot{\lambda}(t) = 0$ und $\dot{x}_1(t) = 0$. Für gegebenes $\lambda(t)$ und x_1 oberhalb AA', zeigt (7), daß $\dot{\lambda}(t) > 0$, weil $\partial F/\partial x_1$ kleiner ist; x_1 unterhalb AA' impliziert ähnlich, daß $\dot{\lambda}(t) < 0$. Für gegebenes $x_1(t)$ und Erhöhung von $\lambda(t)$ oberhalb BB' erhöht sich die Investition (siehe (5)) und deshalb gilt, wegen (6), $\dot{x}_1(t) > 0$. Das Gegenteil ist ebenfalls zutreffend. Diese Beobachtungen liegen den rechtwinkligen Pfeilen in Abbildung 1.5 zugrunde. Die Pfeile generieren in der Folge die vier Pfade, die durch E gehen, wie in Abbildung 1.6 illustriert. Zwei dieser Pfade konvergieren nach E und sind optimal, wenn sie (8a) und (8b) in E erfüllen (siehe Arrow und Kurz (1), Seite 51). Da sowohl $\lambda(t)$ und $x_1(t)$ nach endlichen Werten in E konvergieren, werden (8a) und (8b) klarerweise erfüllt, wenn $\rho > 0$. Optimale Politik findet deshalb den Punkt,

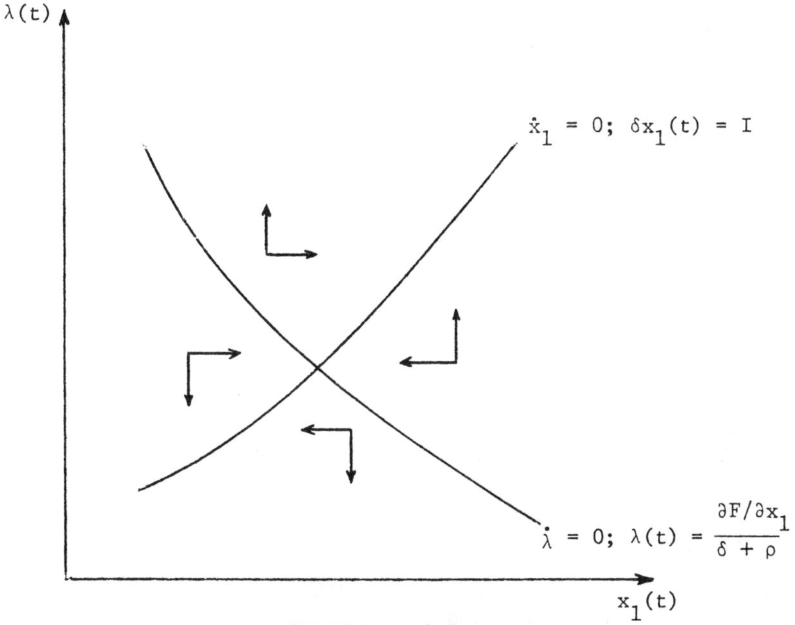

Abbildung 1.5

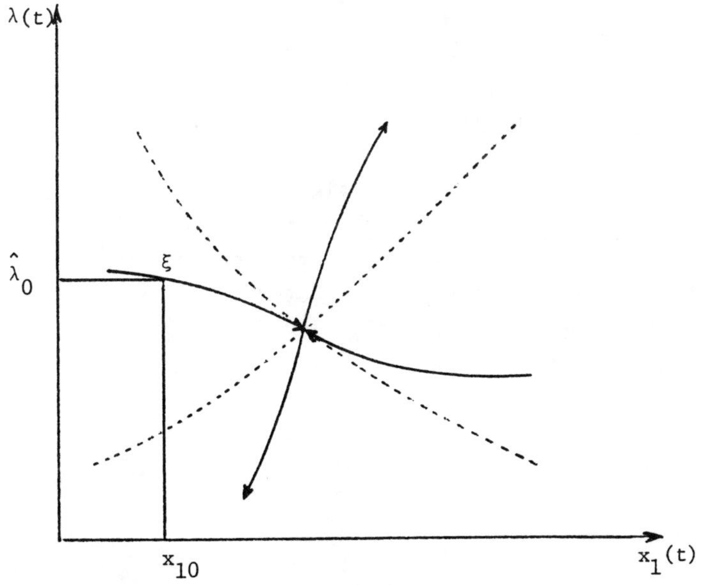

Abbildung 1.6

der mit x_{10} auf den konvergierenden Pfeilen korrespondiert und den Schattenpreis für die Investition gleich setzt dem dazugehörigen λ (Punkt ξ in Abb. 1.6). Das Investieren in Übereinstimmung mit (5) komplettiert dann den Prozeß.

(b) Die Investitionshilfe, im Modell abgebildet durch

$$C[I(t)] - \tau I(t)$$

bewirkt eine Absenkung des Ortes $\dot{x}_1(t) = 0$, weil niedrigere Werte für λ (t) dann mit willkürlichen Investitionsniveaus verbunden wären. Präziser ausgedrückt:

$$dC(I(t)/dI(t) - \tau = \lambda(t) \tag{9}$$

würde die Investition mit ihrem Schattenpreis in Beziehung setzen. Die Investitionshilfe unter der Bedingung von (ba) würde deshalb die Unternehmung dazu veranlassen - und zwar unmittelbar -, λ (t) zu senken, um auf den Pfad zum neuen Gleichgewicht E′zu gelangen. Die Unternehmung würde dann nach E′ weiterschreiten in Übereinstimmung mit (5). Die Investition würde deshalb mit der Auferlegung der Investitionshilfe diskontinuierlich springen und sich dann allmählich auf ein neues (höheres) langfristiges Gleichgewichtsniveau verringern. Eine plötzliche, nicht antizipierte Aufhebung der Investitionshilfe hätte den umgekehrten Effekt irgendwo entlang des neuen Pfades. Die Unternehmung würde unmittelbar auf den Pfad zurück nach E springen und damit eine diskontinuierliche Erhöhung von λ (t) und ein Fallen der Investition unter das ursprüngliche langfristige Gleichgewichtsniveau verursachen (die Unternehmung verfügte über ein Zuviel an Kapital und würde eine entsprechende Abschreibung veranlassen). Bei der Annäherung an E jedoch würden sowohl λ (t) und die Investition ansteigen, bis wieder das alte Gleichgewichtsniveau bei E erreicht wäre. Die Abbildungen 1.7 und 1.8 illustrieren dieses Szenario.

Wenn sowohl die Gewährung als auch die Aufhebung der Hilfe antizipiert werden, ergibt sich ein völlig anderes Bild. Der Schattenpreis der Unternehmung muß dann sich kontinuierlich bewegen. Es muß sich λ (t) derart anpassen, daß

(1) die Unternehmung den Pfad nach E′ genau dann, wenn die Kredithilfe eingerichtet und gewährt wird, erreicht und

(2) die Unternehmung den Pfad zurück nach E genau dann, wenn die Investitionshilfe aufgehoben wird, erreicht.

Noch präziser formuliert: Die Unternehmung würde von E sich wegbewegen, bevor die Investitionshilfe in Kraft gesetzt wird, indem λ(t) reduziert wird, x_1(t) durch Abwertung und die Investition in Antizipation der Investitionshilfe. Wenn die Investitionshilfe eingerichtet ist, dann ist das λ(t), das berechnet wird, plötzlich durch Assoziation mit (9) auf einem viel höheren Investitionsniveau - höher noch als das alte Gleichgewichtsniveau, weil der Pfad nach E′ einen Plan abnehmender Investitionen erfordert, damit ein neues Gleichgewicht erreicht wird, das höher ist als das alte. Die Unternehmung verzögert deshalb die Investition, bis die Investitionshilfe installiert ist, und expandiert dann rapide, um daraus sofortigen Vorteil zu erlangen. Während die Investitionshilfegewährung in Kraft ist,

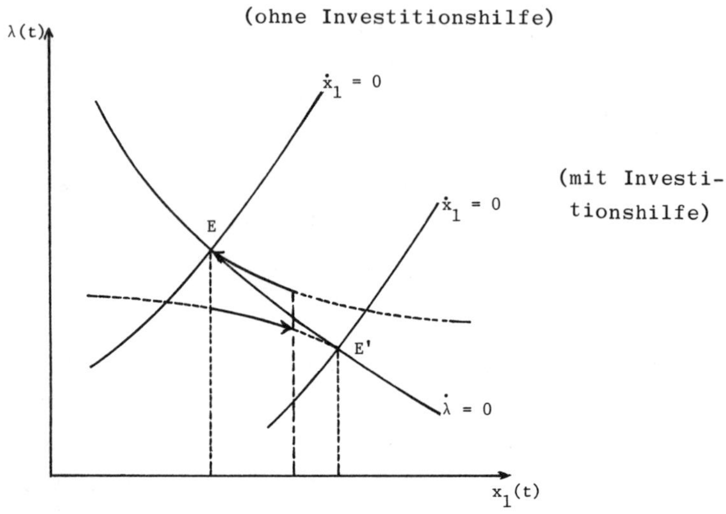

Abbildung 1.7

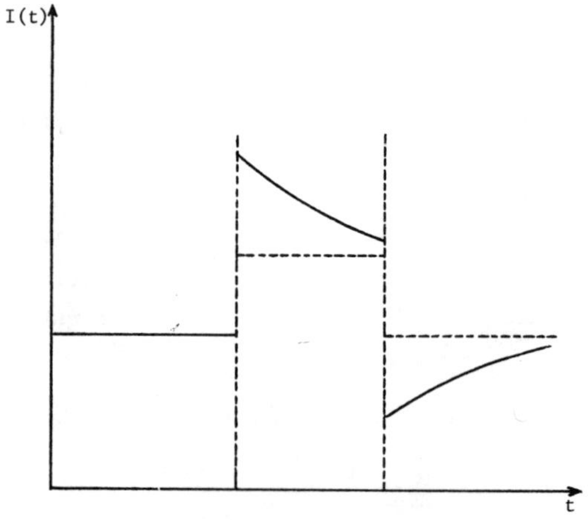

Abbildung 1.8

wird die Unternehmung anfänglich sich dann entlang des Pfades nach E′ bewegen (indem sie λ (t) und I(t) verringert). Dann aber wird sich die Unternehmung allmählich darauf vorbereiten, daß die Investitionshilfe aufgehoben wird, indem sie auf das alte E hinaufklettert. Im Moment, da die Investitionshilfe suspendiert wird, wird das gleiche λ (t) diskontinuierlich mit einer geringeren Investitionshöhe verbunden - niedriger sogar als das ursprüngliche Gleichgewichtsniveau, weil die Bewegung zurück zum alten Gleichgewicht eine Erhöhung sowohl von λ (t) als auch von I(t) verlangt. Die Abbildungen 1.9 und 1.10 illustrieren dieses zweite Szenario.

Man kann dann sehen, daß die Unternehmung einmal die Investition verzögert in Antizipation der Investitionshilfe und ein anderes Mal die Investition erhöht in Antizipation ihres Widerrufs. Die Auswirkung einer antizipierten Investitionshilfe ist deshalb nicht allein während ihrer Dauer zu spüren, sondern auch ehe sie eingerichtet wird und nachdem sie ausläuft; nicht antizipierte Investitionshilfe beeinflußt dagegen die laufenden und die Ex-post-Entscheidungen.

Der Fall, indem die Investitionshilfe nicht antizipiert wird, sie aber von einer gewissen Dauer ist, wenn sie einmal eingerichtet wurde, läßt sich auch mit einem Phasendiagramm handhaben. Es sollte nicht überraschen, daß der Pfad für diesen zwischengelagerten Fall irgendwo zwischen den beiden in Abb. 1.8 und 1.10 dargestellten liegt. Trotz der Bedeutung dieser und ähnlicher damit zusammenhängender Fragen (siehe z.B. Hall und Jorgensen (3), Gould (2) und Harford (4)) war das Hauptanliegen hier in dieser Aufgabe die Einführung des Maximumprinzips. Die vorliegende Aufgabe ist denn auch ein einfaches, ziemlich stilisiertes Beispiel, das aus den wirklich grundlegenden Teilen der Theorie der Unternehmung abgeleitet wurde.

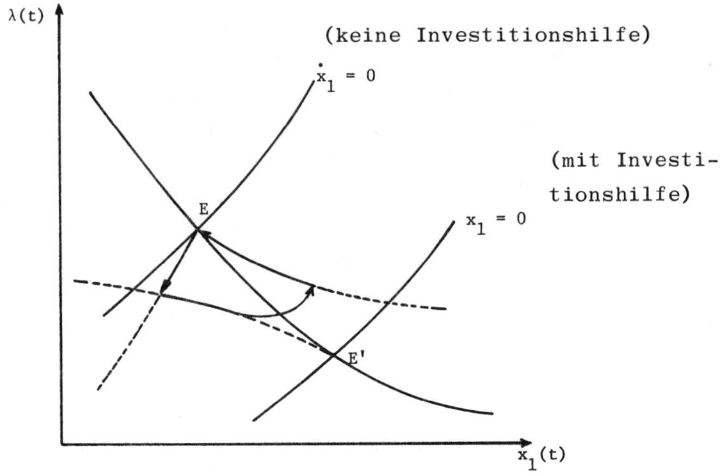

Abbildung 1.9

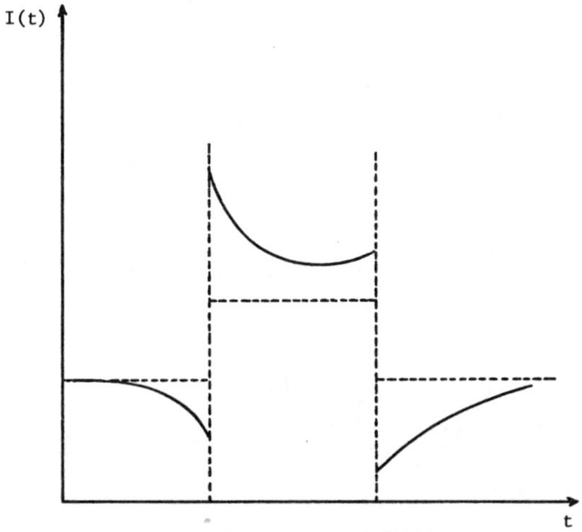

Abbildung 1.10

Das Werk von Arrow und Kurz (1) gibt eine vollständige Behandlung der allgemeinsten Resultate für endliche und unendliche Zeithorizonte. Der interessierte Leser muß sich nicht mit wesentlich mehr als diesem gründlichen Werk auseinandersetzen, wenn es um die wichtigen Quellen geht. In unseren Tagen, da die Ressourcen und/oder die Unterscheidungen zwischen verschiedenen Kapitalarten von entscheidender Bedeutung sein können, ist das Kapitel IV mit den Zwei-Sektoren-Modellen besonders aufschlußreich; auch Weitzman (7) hat hierzu beigetragen. Die vielleicht beste Zusammenstellung und Bewertung dieser gesamten Literatur findet sich in Koopmans (3).

LITERATURHINWEISE

(1) Arrow, K.J. and M. Kurz, *Public Investment, the Rate of Return, and Optimal Fiscal Policy*, Baltimore, Johns Hopkins Press for Resources for the Future, Inc., 1970.

(2) Gould, F., "Adjustment Costs in the Theory of Investment of the Firm," *Review of Economic Studies* 35:47-56, 1968.

(3) Hall, R. and D. Jorgenson, "Tax Policy and Investment Behavior," *American Economic Review* 57:391-414, 1967 (plus comments and responses in June 1969 and September 1970).

(4) Harford, J., "Adjustment Costs and Optimal Waste Treatment," *Journal of Environmental Economics and Management* 3:215-225, 1976.

(5) Koopmans, T., "Concepts of Optimality and Their Uses," *American Economic Review* 67:261-278, 1977.

(6) Stiglitz, J.E., Lectures in Public Finance (#7) delivered at Yale University, 1972.

(7) Weitzman, M.L., "Shiftable versus Non Shiftable Capital," *Econometrica* 39:511-529, 1971.

Kapitel 2
Markttheorie

2.1 Monopol, Ungewißheit und internationaler Güterstrom

In der Literatur gibt es neuerdings einiges, worin die Marktformen mit den internationalen Güterströmen verbunden werden. Diese Übungsaufgabe beruht auf einem Aufsatz von White (4), in dem die Wirkung von Monopolmacht auf die Importkonkurrenz untersucht wird. Sein Anliegen war praxisorientiert. Viele Vertreter der wirtschaftspolitischen Analyse waren vor dem Kongress erschienen und forderten die Liberalisierung der Antitrust-Gesetzgebung für Märkte, auf denen es eine scharfe Importkonkurrenz gibt. Es wurde dabei argumentiert, daß bei einer Zulassung erhöhter Effizienzen, welche die heimische Konzentration von Marktmacht auf solchen Märkten begleiten, die Importe reduziert würden und somit der Handelsbilanz geholfen würde. Diese Argumente wurden durch Untersuchungsergebnisse gestützt, wie sie z.B. von Krause (2) dargestellt wurden, daß nämlich steigende Stahlimporte anscheinend keinen begrenzenden Effekt auf die heimischen Stahlpreise haben. White konstruierte ein Modell mit Ungewißheit beim auswärtigen Preis, das wesentlich die vorgeschlagenen wirtschaftspolitischen Maßnahmen beleuchtete. Seine Analyse liefert die Grundlage für die vorliegende Aufgabe.

Betrachte eine Unternehmung mit einer Kostenfunktion $c(y)$ derart, daß die dazugehörige Durchschnittskostenkurve U-förmig verläuft. Es existiert eine heimische Nachfragefunktion für y

$$p_d = p_d(y),$$

welche der Unternehmung bekannt ist, aber die Importe können Teile dieser Nachfrage unter der Annahme des kleinen Landes abdecken; d.h., so viel y, wie der Markt zuläßt, ist von den Importeuren zu einem Preis p_w verfügbar. Was die Unternehmung vor ihrer Produktionsentscheidung kennt in Bezug auf p_w, ist eine kumulative Wahrscheinlichkeitsverteilung $G(p_w)$. Die Unternehmung ist Mengenfixierer und kann ihren Output $\bar{y}$ zu $p_d(\bar{y})$ verkaufen, wenn $p_d(\bar{y}) \leq p_w$, erhält aber nur p_w, wenn $p_d(\bar{y}) \geq p_w$.

(a) Zeige, daß ein gewinnorientierter, risikoneutraler Monopolist (*(Varian, Hinweis-Nr. 7)* hier interessieren einstweilen nur Gewinne) unter diesen Umständen einen Ausstoß wählen wird, der durch die Gleichheit von Grenzkosten und erwartetem Grenzerlös charakterisiert ist.

(b) Zeige, daß der Output des Monopolisten geringer ist als der bei Konkurrenz, wobei die Bedingungen der vollkommenen Konkurrenz sorgfältig zu spezifizieren sind. Argumentiere auf der Basis dieses Ergebnisses, daß der Monopolist höhere Importniveaus zuläßt.

(c) Zeige, wie (b) von der Preiselastizität der Nachfrage abhängig ist.

(a) Für jedes Produktionsniveau y kann eine Unternehmung Erlös erzielen unter einer von zwei möglichen Bedingungskonstellationen; die Erlösseite der (erwarteten) Gewinne muß beide reflektieren. Wenn einerseits der Importpreis (p_w) über dem Preis liegt, der mit y auf der heimischen Nachfragekurve (p_d) assoziiert ist, dann kann die Unternehmung den vollen Betrag $p_d y$ erlösen. Da die Wahrscheinlichkeit dafür, daß $p_w \geq p_d$ gleich $(1 - G(p_d))$ ist, lautet die korrespondierende Komponente des erwarteten Erlöses

$$(1 - G(p_d)) \cdot p_d\, y.$$

Wann immer andererseits $p_w < p_d$, dominiert der Weltmarktpreis und die Unternehmung kann nur $p_w y$ verdienen. Der unter diesen Umständen hervorgebrachte, erwartete Erlös beträgt deshalb

$$\int_0^{p_d} p_w y g(p_w) dp_w.$$

Kombiniert man diese beiden Komponenten des erwarteten Erlöses mit einer Kostenfunktion, dann erhält man einen Ausdruck für die erwarteten Gewinne der Unternehmung:

$$E\pi = [1-G(p_d)]p_d y + \int_0^{p_d} p_w y g(p_w) dp_w - c(y). \tag{1}$$

Der gewinnorientierte Monopolist kann nichts besseres tun, als (1) im Hinblick auf y zu maximieren. Da p_d von y abhängig ist, lautet die entsprechende Bedingung erster Ordnung

$$[1-G(\hat{p}_d)][\hat{p}_d+\hat{y}(\partial p_d/\partial y)] - \hat{p}_d \hat{y} g(\hat{p}_d)(\partial p_d/\partial y) + \hat{p}_d \hat{y} g(\hat{p}_d)(\partial p_d/\partial y)$$

$$+ \int_0^{\hat{p}_d} p_w g(p_w) dp_w = \frac{\partial c}{\partial y} [\hat{y}]; \tag{2}$$

$\hat{y}$ und $\hat{p}_d$ geben die Wahl von Output und Preis durch den Monopolisten jeweils an. Der Grenzerlös entlang der heimischen Nachfragekurve beträgt $(p_d + y(\partial p_d/\partial y))$; der Grenzerlös bei Dominanz des Weltmarktpreises (d.h., $p_w < \hat{p}_d$) ist bei p_w fixiert. Die linke Seite von (2) reduziert sich deshalb zu

$$MR(\hat{p}_d)[1-G(\hat{p}_d)] + \int_0^{\hat{p}_d} p_w g(p_w) dp_w, \tag{3}$$

was die gewichtete Summe des Grenzerlöses hervorgebracht durch y über alle möglichen Kontingenzen ist. Der Ausdruck (3) ist tatsächlich der erwartete Grenzerlös der Produktionsentscheidung der Unternehmung. Wenn er deshalb (1) maximiert, wählt der Monopolist einen Output derart, daß der erwartete Grenzerlös gleich den Grenzkosten der Produktion ist. Diese Interpretation von (2) korrespondiert klarerweise unmittelbar mit der Gewinnmaximierungsbedingung für den Fall der Gewißheit, wie er in *(Varian, Hinweis-Nr. 8)* beschrieben wurde.

(b) Bei langfristigem Gleichgewicht mit U-förmigen Durchschnittskostenkurven betragen die rein wirtschaftlichen Gewinne Null, wenn die Nachfrage mit Gewißheit bekannt ist *(Varian, Hinweis-Nr. 9)*. Wenn jedoch die Nachfrage variabel ist, sind lediglich die erwarteten rein wirtschaftlichen Gewinne Null. Aus (1) gilt deshalb

$$p_d^* [1-G(p_d^*)] + \int_0^{p_d^*} p_w g(p_w) dp_w = \frac{c(y^*)}{y^*}, \tag{4}$$

wobei p_d^* den Konkurrenzpreis und y^* den Konkurrenzoutput angeben. Die rechte Seite von (4) gibt natürlich die Durchschnittskosten bei der Produktion von y^* an. Im Gleichgewicht jedoch gilt Durchschnittskosten $AC(y^*)$ = Grenzkosten $MC(y^*)$, um (erwartete) Gewinne von Null sicherzustellen *(Varian, Hinweis-Nr. 10)*; somit läßt sich die Bedingung für langfristiges Gleichgewicht schließlich wie folgt zusammenfassen:

$$p_d^* [1-G(p_d^*)] + \int_0^{p_d^*} p_w g(p_w) dp_w = \frac{\partial c}{\partial y} [y^*]. \tag{5}$$

Das Konkurrenzgleichgewicht ist deshalb charakterisiert durch die Gleichheit von erwartetem Preis, Durchschnittskosten und Grenzkosten.

Vergleiche von (2) und (5) können nun die erforderlichen Schlußfolgerungen erbringen. Solange $(1-G(p_d^*)) < 1$ (d.h., es besteht eine Chance, daß $p_w > p_d^*$), läßt sich argumentieren, daß $\hat{y} < y^*$. Um diesen Punkt klar zu erkennen, beachte man, daß der Grenzerlös stets kleiner als der Preis ist für jeglichen Output entlang einer negativ geneigten Nachfragekurve (Grenzerlös von $y = p(y) + y(\partial p/\partial y) < p(y)$, weil $\partial p/\partial y < 0$). Wenn die linken Seiten von (2) und (5) nicht nur Integralausdrücke enthalten (d.h.,wenn nicht $G(p_d^*) = 1$), dann muß die linke Seite von (5) die von (2) übersteigen für jeden gegebenen Output. Da die rechten Seiten beider Gleichungen Grenzkosten darstellen, müssen deshalb die Grenzkosten für den Monopolisten im Gleichgewicht geringer sein, als sie es bei Konkurrenz sind, wenn immer gilt $(1 - G(p_d^*)) < 1$. Dies ist durch die Gestalt von $c(y)$ bedingt und als Ergebnis davon gilt $\hat{y} < y^*$. Der Monopolist setzt daher den einheimischen Markt häufiger der Importkonkurrenz aus, weil er sich für eine geringere Produktionsmenge entscheidet und einen höheren Preis setzt.

(c) Schreibt man den Grenzerlös anders, indem man ihn mit Hilfe der Preiselastizität der Nachfrage ausdrückt, so zahlt sich das unmittelbar aus. Die Bedingung erster Ordnung des Monopolisten lautet dann:

$$\hat{p}_d[1 + \frac{1}{\varepsilon(\hat{y})}][1 + G(\hat{p}_d)] + \int_0^{\hat{p}_d} p_w g(p_w)dp_w = \frac{\partial c}{\partial y}[\hat{y}]$$

$$= \frac{1}{\varepsilon(\hat{y})}[1 + G(\hat{p}_d)] \div \{\hat{p}_d[1 + G(\hat{p}_d)] + \int_0^{\hat{p}_d} p_w g(p_w)dp_w\}. \quad (6)$$

Man beachte, daß (6) die Gleichung (5) replizieren kann, wenn nur $\varepsilon(\hat{y}) = -\infty$. Verbal ausgedrückt: Wenn die einheimische Nachfragekurve horizontal verläuft, dann besitzt der Monopolist keine "Monopolmacht" und wählt den Output bei Konkurrenz; verfügt er über keine auszubeutende Macht, dann benimmt er sich wie ein vollkommener Konkurrent. Sonst, wenn $\hat{y} < y^*$, wie in (b) gezeigt wurde, übt der Monopolist seine Macht aus, die er aus der negativ geneigten Nachfragekurve gewinnt. Je unelastischer die Nachfrage, umso größer die Monopolmacht und umso geringer ist $\hat{y}$ in Relation zu y^*.

White berücksichtigte auch Beispiele, in denen der Weltmarktpreis bekannt ist, aber die heimische Nachfrage ungewiß bleibt. Hierzu fand er ähnliche Ergebnisse. Ohne geeignete Kovarianzen ist es unwahrscheinlich, daß sich die Ergebnisse ändern, wenn beide ungewiß sind. Im weiteren untersuchte er die potentiellen (Grenz-)Kosteneffizienzen bei Monopolen: er fand, daß diese groß genug sein müssen, um den Zuwachs an Marktmacht zu kompensieren (reflektiert durch $\varepsilon(y)$), wenn sie einen günstigen Handelsbilanzeffekt besitzen sollen. Die Liberalisierung der Antitrust-Gesetze für diese Märkte könnte daher leicht kontraproduktiv sein. Dies ist nur einer von vielen Fällen, wo Vorsicht mit dem Umgang mit Marktmacht geboten ist. Übrigens ist die Preiselastizität der Nachfrage häufig ein bequemer Ausdruck für diese Macht.

LITERATURHINWEISE

(1) Esposito, L. and F.F. Esposito, "Foreign Competition and Domestic Industry Profitability," *Review of Economics and Statistics* 53:343-353, 1971.

(2) Krause, L.B., "The Import Discipline: The Case of the United States Steel Industry," *Journal of Industrial Economics* 11:33-47, 1962.

(3) Leland, H.E., "Theory of the Firm under Uncertainty," *American Economic Review* 62:278-291, 1972.

(4) White, L.J., "Industrial Organization and International Trade," *American Economic Review* 64:1013-1020, 1974.

(5) Williamson, O.E., "Economics as an Antitrust Defense: The Welfare Tradeoffs," *American Economic Review* 58: 18-36, 1968.

2.2 Überschußkapazität und Marktzugangsschranke

Aus Varian *(Varian, Hinweis-Nr. 11)* sollte deutlich geworden sein, daß die Fähigkeit existierender Unternehmungen, den Marktzugang zu beschränken, eine beträchtliche Wirkung auf ihr langfristiges Gleichgewicht haben kann. Strategien, welche diese Unternehmungen ausüben, um den Zugang zu verhindern, sind deshalb nicht nur von beiläufigem Interesse. Etliche Autoren (siehe Gaskins (1) sowie Kamien und Schwartz (2)) haben einen "Begrenzungspreis"-Ansatz untersucht. Diese Strategie geht davon aus, daß bei einer Aufrechterhaltung eines hinreichend hohen Outputniveaus (bei einem entsprechend niedrigem Preis) neue Unternehmungen nicht in den Markt eintreten, weil die Residualnachfrage keine weiteren Unternehmungen gewinnträchtig erhalten kann. Spence (3) hat kürzlich eine zweite Strategie vorgeschlagen. Diese verlangt die Aufrechterhaltung einer Überschuß-Kapazität, die dazu verwendet werden kann, potentielle Eintreter abzuschrecken. Diese Überschußkapazität erlaubt es den bestehenden Unternehmungen, den Output rasch zu erhöhen, wenn ein Markteintritt droht. Dabei werden die voraussichtlichen Gewinne reduziert. Diese Kapazität bleibt ansonsten unbenutzt. Die vorliegende Aufgabe untersucht nun die Modellbil^ung von Spence.

(a) Charakterisiere die effiziente, kostenminimale Kapazität eines beliebigen y.

(b) Charakterisiere eine Kapazität k^*, bei der die bestehenden Unternehmungen stets den Markteintritt verhindern können, indem sie den Preis soweit nach unten drücken, so daß keine neue Unternehmung einen nichtnegativen Gewinn erzielt.

(c) Zeige, daß ein k^*, bei dem der Output erhöht und der Preis gesenkt werden kann, größer ist als die Kapazität, die gewählt würde, wenn der Markteintritt nicht von Bedeutung wäre.

(d) Zeige, daß die Einrichtung von k^* wirksam die mögliche Verzinsung der Kapazität (Kapital) verhindert, die unterhalb von dem liegt, was sie sein könnte.

(a) Die Gesamtkosten betragen $c(y,k) + rk$, so daß die effiziente Kapazität für jedes Outputniveau charakterisiert ist durch die Lösung von

$$\min \{ c(y,k) + rk \}.$$

Die Bedingung erster Ordnung verlangt einfach, daß

$$\frac{\partial c(y,k)}{\partial k} + r = 0. \tag{1}$$

(b) Angenommen, jemand beabsichtige den Markteintritt mit einer Kapazität k'. Das Gleichgewicht würde sich bei einem neuen, niedrigeren Preis einstellen, und jedermann würde den Output so festsetzen, daß die Grenzkosten gleich dem Preis sind. Formelhaft ausgedrückt:

$$p' = p(y' + y) = \frac{\partial c}{\partial y}(y,k) = \frac{\partial c}{\partial y}(y',k'), \tag{2}$$

wobei $\{y,k\}$ dem Output entspricht und auch der Kapazität der bestehenden Unternehmungen, $\{y',k'\}$ dem Output und der Kapazität des neu auf den Markt Tretenden entspricht und p(--) die Nachfragefunktion darstellt. Der Neue wird den Markteintritt nur vollziehen, wenn seine Durchschnittskosten bei der Produktion von y' den Preis p' nicht übersteigen. Der Eintritt wird gestoppt, wenn

$$p'(k,k') < \frac{c(y'(k,k'),k')}{y'(k,k')} + \frac{rk'}{y'(k,k')} . \tag{3}$$

Um nun jeden drohenden Eintritt zu verhindern, brauchen die bestehenden Unternehmungen nur k gleich dem Minimalwert (k^*) setzen, für den (3) für alle k'gilt.

(c) Die bestehenden Unternehmungen lösen einfach das folgende Problem

$$\begin{aligned} &\max \; R(y) - c(y,k) - rk \\ &\text{so daß } k \geq k^*. \end{aligned} \tag{4}$$

Die dazugehörige Lagrange-Funktion lautet dann

$$L(y,k) \equiv (R(y) - c(y,k) - rk) + t(k-k^*).$$

Da Eckenlösungen eine interessierende Möglichkeit sind, geben wir die Kuhn-Tucker-Bedingungen für Lösungen von (4) hier an:

$$\frac{\partial R(y)}{\partial y} - \frac{\partial c}{\partial y}(y,k) = 0 \tag{5}$$

$$-\frac{\partial c}{\partial k}(y,k) - r + t = 0 \tag{6}$$

$$t(k,k^*) = 0 \tag{7}$$

$$t \geq 0 . \tag{8}$$

Die beiden letzten Beschränkungen sorgen für die Möglichkeiten auf der Grenze. Wenn $t=0$, dann ergibt unbeschränkte Maximierung das gleiche Ergebnis. Die Beschränkung $k > k^*$ ist mit anderen Worten nicht bindend und der Eintritt wäre also automatisch blockiert. Wannimmer $t \neq 0$ jedoch,

$$\frac{\partial c}{\partial k}(y,k) + r = t > 0 \tag{9}$$

koinzidiert nicht mit (6). Die Kapazität ist dann höher als das Optimum, und die Kosten werden für den produzierten Output nicht minimiert. Weil zudem die Bedingung zweiter Ordnung für ein Maximum im Bezug auf y lautet

$$\frac{\partial^2 R}{\partial y^2} - \frac{\partial^2 c}{\partial y^2} < 0,$$

offenbart die totale Differentiation von (5), daß

$$\frac{dy}{dk} = \frac{\partial^2 c/\partial y \partial k}{[(\partial^2 R/\partial y^2) - (\partial^2 c/\partial y^2)]} > 0.$$

Die übertrieben hohe Kapazität, welche den Eintritt verhindert, erhöht deshalb den Output und vermindert den Preis des Gutes, welches produziert wird.

(d) Die Verzinzung eines Kapitals für die gegebene Kapazität (k) ist den nominalen Kosten (rk) gleich. Dazu kommt, was immer noch übrig bleibt vom maximalen Gewinn bei gegebenem k, wenn diese Kosten und die Produktionskosten bezahlt sind.

Dieser Return läßt sich auf der Basis von einer Einheit wie folgt ausdrücken:

$$\rho(k) \equiv (1/k) \{ \max_y (R(y) - c(y,k) - rk)\} + r. \qquad (10)$$

Stellt man (10) graphisch dar, dann zeigt sich, daß dann, wenn k^* bindend ist, der Kapitalertrag der Kapazität begrenzt ist. Um das zu erkennen, beachte man zuallererst, daß $\rho(k) \geqslant r$ für die bestehende Unternehmung für einen nichtnegativen Gewinn. Es läßt sich zeigen, daß dies einmal erfordert, daß k^* rechts von $\bar{k}$, welches ρ (k) maximiert, liegt. Da die Beschränkung verlangt, daß $k' \geqslant k^*$, wird die Behauptung bewiesen. Die Steigung von ρ (k) in Bezug auf k ist schließlich leicht zu berechnen:

$$\frac{\partial \rho}{\partial k} = \frac{k(\partial c/\partial k) - \max (R(y) - c(y,k) - rk) - rk}{k^2}. \qquad (11)$$

Manipuliert man (11) im Lichte von (10), dann läßt sich beobachten, daß $\partial \rho / \partial k > 0$ verlangen würde, daß

$$-\frac{\partial c}{\partial k} > \rho(k).$$

Lösungen von (6), bei denen $k \geqslant k^*$ bindend ist, erfüllen dagegen

$$-\frac{\partial c}{\partial k} = r - t \leq \rho(k)$$

so daß sie nicht im aufsteigenden Bereich von ρ (k) liegen können. Wenn der Kapitalertrag der Kapazität sich vorstellen läßt als Kapitalertrag, dann läßt sich die Angst vor Eintritt so verstehen, daß sie den möglichen Kapitalertrag verringert.

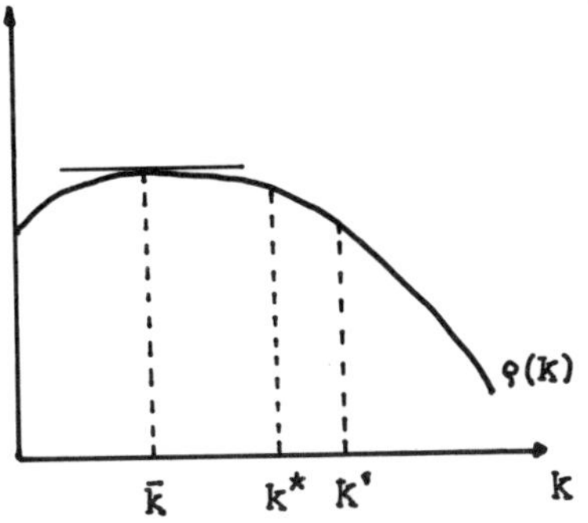

Abbildung 2.1

Spence schließt in seine Darstellung ein wahrschainlichkeitstheoretisches Modell mit ein, kommt aber qualitativ zu dem gleichen Ergebnis: der Angst vor Eintritt kann durch die Aufrechterhaltung einer Überschußkapazität begegnet werden. Dies impliziert einen höheren Output durch die bestehenden Unternehmungen. Vergleiche dieser Analyse mit dem Begrenzungspreis-Ansatz lassen sich daher auf der Basis der hier vorgestellten Ergebnisse anstellen. Insbesondere braucht ein drohender Marktzutritt nicht zu einem Absinken des Preises bis zur Grenze zu führen (dem Konkurrenzpreisniveau, weil, wenn die nächste Unternehmung keine positiven Gewinne machen kann, die Gewinne der existierenden Unternehmungen ebenfalls klein sein müssen). Tatsächlich kann der drohende Marktzutritt im probabilistischen Modell den Preis nach oben drücken. Durch ihn braucht auf der Konsumentenseite auch nicht die Wohlfahrt erhöht zu werden. Auch werden Produktion und Investition ineffizient gemacht, und zwar wegen der Überinvestition in die Kapazität.

LITERATURHINWEISE

(1) Gaskins, D.W., "Dynamic Limit Pricing: Optimal Pricing under the Threat of Entry," *Journal of Economic Theory* 3:306-322, 1971.

(2) Kamien, M.E. and N.L. Schwartz, "Limit Pricing and Uncertain Entry," *Econometrica* 39:441-454, 1971.

(3) Spence, A.M., "Entry, Capacity, Investment and Oligopolistic Pricing," *Bell Journal of Economics* 8:534-544, 1977.

2.3 Monopol und Abbau einer erschöpfbaren Ressource

Von einigen Wissenschaftlern, die beobachtet haben, daß der Output beim Monopol geringer ist als bei vollkommener Konkurrenz, wurde vorgebracht, daß vernünftigerweise erwartet werden kann, daß ein Monopolist erschöpfbare Ressourcen langsamer abbaut als die Unternehmung bei vollkommener Konkurrenz. Die vorliegende Aufgabe wird diese Vermutung untersuchen und dabei den Ausführungen von Stiglitz (4) folgen. Es wird bewiesen werden, daß die Vermutung wahr ist unter allen, außer den restriktivsten Annahmen.

Die Nachfrage nach einer erschöpfbaren Ressource x werde repräsentiert durch

$$p(t) = f(t)\ x(t)^{\alpha-1};\ 0 < \alpha < 1. \qquad (1)$$

Die verfügbare Gesamtmenge von x ist R_o und der Zins-(Diskont-) satz ist r.

(a) Zeige, daß die Preiselastizität der Nachfrage $(1/\alpha - 1)$ für (1) ist, und der Grenzerlös gleich $(\alpha p(t))$ ist.

(b) Nehme an, daß der Abbau der natürlichen Ressource nichts kostet. Zeige, daß der Monopolist und die Unternehmung bei Konkurrenz beide x mit der gleichen Rate abbauen würden (benütze aus Gründen der Einfachheit einen unendlichen Zeithorizont).

(c) Nehme an, daß der Abbau in Einheiten x (mit g(t) bezeichnet) während einer Periode konstant ist und im Zeitverlauf abnimmt. Zeige, daß der Monopolist dann eher ein Konservator ist, weil er jetzt weniger und später mehr abbaut als eine Unternehmung bei Konkurrenz.

(c) Betrachte ein Zwei-Perioden-Modell geometrisch und zeige, daß dann, wenn die Nachfrage in Periode zwei elastischer wird (z.B. weil Substitutionsgüter entwickelt werden), der Monopolist zuerst (in Periode 1) weniger und später (in Periode 2) mehr verkauft. Benütze als Richtschnur die Lösung von (b).

Die Lösungen der Aufgabenteile (b) und (c) haben es mit der Maximierung der diskontierten Gegenwartswerte der beiden unterschiedlichen Marktstrukturtypen zu tun. Die Analyse von Abbauraten und Preisveränderungsraten sind zwei Seiten der selben Medaille. Es ist daher nützlich, beide im Auge zu behalten. Part (a) ist rechnerisch zu lösen, während Teil (d) wieder einmal ein Beispiel dafür liefert, daß die Geometrie Lösungen vorschlägt für ansonsten recht komplizierte Aufgabenstellungen.

(a) Aus der Definition der Elastizität ergibt sich

$$\varepsilon(x) \equiv \frac{p(t)}{x(t)} \frac{dx(t)}{dp(t)} = \frac{f(t)x(t)^{\alpha-1}}{x(t)} \frac{x(t)^{2-\alpha}}{(\alpha-1)f(t)} = \frac{1}{\alpha-1}.$$

Deshalb lautet der Grenzerlös

$$p(t)\ (1 + \frac{1}{\varepsilon(x)}) = p(x)\ (1 + \alpha - 1) = \alpha p(x).$$

(b) Betrachte das Problem des Monopolisten:

$$\begin{aligned} &\max \int_0^\infty p(s)x(s)e^{-rs}\,ds \\ &\text{so daß} \int_0^\infty x(s)ds \leq R_0. \end{aligned} \qquad (2)$$

Unter der Voraussetzung konstanter Preiselastizität der Nachfrage wie in (1) lautet die entsprechende Lagrange-Funktion

$$\int_0^\infty f(s)x(s)^\alpha e^{-rs} ds + \lambda \{ \int_0^\infty x(s)ds - R_o\}$$

Somit ist die Bedingung erster Ordnung für (2)

$$0 = \alpha f(t)x(t)^{\alpha-1} e^{-rt} + \lambda = \alpha p_m(t)e^{-rt} + \lambda. \qquad (3)$$

Deshalb besagt die Gleichung (3) in natürlicher Interpretation, daß der in jeder Periode verdiente Grenzerlös (und zwar der diskontierte Grenzerlös), nämlich ($\alpha p_m(t)e^{-rt}$), gleich einer Konstanten ($-\lambda$) ist. Differenziert man (3) nach t, so offenbart sich weiter, daß

$$-\alpha r p_m(t)e^{-rt} + \alpha e^{-rt} \dot{p}_m(t) = 0,$$

wobei $\dot{p}(t) \equiv \partial p(t)/\partial t$. Somit als Ergebnis

$$(\dot{p}_m (t)/ p_m (t)) = r. \qquad (4)$$

Der Monopolist erhöht seinen Preis mit der Rate, die der Zinsrate gleich ist.

Dies ist zugleich ein für kompetitive Märkte bekanntes Ergebnis. Um im Gleichgewicht zu sein, muß die eigene Zinsrate (siehe Varian, Seiten 175-176) genau der Marktzinsrate gleich sein, damit in der Branche weder Markteintritte noch Marktaustritte vorkommen. Anders ausgedrückt: Der Preis, der in dieser Periode verdient wird, muß dem (diskontierten) Preis in jeder anderen Periode gleich sein, d.h., $p_c(t)e^{-rt} \equiv$ konstant. (5)

Differenziert man (5) nach t und formt entsprechend um, dann ergibt sich, wie behauptet, daß

$$\frac{\dot{p}_c(t)}{p_c(t)} = r.$$

Die Produktion unter beiden Marktstrukturen muß deshalb sowohl

$$\frac{\dot{x}_m(t)}{x_m(t)} = \frac{\dot{x}_c(t)}{x_c(t)} = \frac{r + (df/dt)/f(t)}{\alpha - 1}$$

als auch die Ressource-Beschränkung erfüllen, daß

$$\int_0^\infty x_m(s)ds = \int_0^\infty x_c(s)ds = R_o.$$

Die Abbauraten müssen deshalb gleich sein. Es muß jedoch betont werden, daß diese Schlußfolgerung <u>nur</u> gültig ist, wenn der Abbau kostenlos ist <u>und</u> die Preiselastizität der Nachfrage nach der Ressource konstant bleibt.

(c) Das neue Problem lautet

$$\max \int_0^\infty (p(s) - g(s))x(s)e^{-rs}\,ds$$
$$\text{so daß} \int_0^\infty x(s)ds \leq R. \qquad (6)$$

Betrachtet man die dazugehörige Lagrange-Funktion und berechnet man die Bedingung erster Ordnung, dann kann man sehen, daß die

Lösung von (6) folgendes erfüllt:

$$0 = [\alpha f(t)x(t)^{\alpha-1} - g(t)]e^{-rt} + \lambda$$

$$= [\alpha p_m(t) - g(t)]e^{-rt} + \lambda. \qquad (7)$$

Differenziert man (7) nach t, dann ergibt sich

$$0 = -r[\alpha p_m(t) - g(t)]e^{-rt} + e^{-rt}[\alpha \dot{p}_m(t) - \dot{g}(t)].$$

Das Ergebnis lautet:

$$\frac{\dot{p}_m(t)}{p_m(t)} = r - \frac{rg(t)}{\alpha p_m(t)} + \frac{\dot{g}(t)}{\alpha p_m(t)}$$

$$\equiv r(1 - \gamma_m(t) + \frac{\dot{g}(t)}{g(t)} \gamma_m, \qquad (8)$$

wobei $\gamma_m(t) = (q(t)/\alpha\, p_m(t))$ die Abbaukosten in Währungseinheit Grenzerlös angibt. Da $\gamma_m(t)$ kaum 1 übersteigen wird, kann der vom Monopolisten festgesetzte Preis tatsächlich eine Zeit lang abnehmen.

Die Lösung für den Konkurrenzfall verlangt indessen, daß der Nettoerlös einer Periode gleich dem (diskontierten) Erlös jeder anderen Periode ist, sonst gibt es Markteintritte oder Marktaustritte. In unserer Notation verlangt die Konkurrenzlösung, daß

$$[p_c(t) - g(t)]e^{-rt} = \text{constant}. \qquad (9)$$

Differenziert man (9) nach t, so erhält man

$$-re^{-rt}\,[p_c(t) - g(t)] + e^{-rt}\,[\dot{p}_c(t) - \dot{g}(t)] = 0;$$

entlang des Pfades bei Konkurrenz gilt deshalb

$$\frac{\dot{p}_c(t)}{p_c(t)} = r - \frac{rg(t)}{p_c(t)} + \frac{\dot{g}(t)}{p_c(t)}$$

$$\equiv r(1-\gamma_c(t)) + \frac{\dot{g}(t)}{g(t)}\,\gamma_c. \qquad (10)$$

Der Parameter $\gamma_c(t) \equiv (g(t)/p(t))$ gibt die Abbaukosten pro Währungseinheit Durchschnittserlös an. Wiederum könnte der Preis fallen.

Vergleicht man (8) und (10), gelangt man zu dem gewünschten Ergebnis. Solange $p_m(t) < p_c(t)$ gilt $\gamma_c(t) < \gamma_m(t)$ und

$$[\dot{p}_c(t)/p_c(t)] > [\dot{p}_m(t)/p_m(t)] > 0$$

läßt die Bedingung andauern. Man kann denn auch argumentieren, daß mögliche Pfade beginnen mit $p_m(0) > p_c(0)$ und $g_m(0) < g_c(0)$. Um dies zu erkennen, nehme man an, daß $x_m(0) < x_c(0)$. Produktion im Monopol würde dann das Niveau bei Konkurrenz an irgendeinem Punkt übersteigen müssen, wenn beide Strukturen R_o erschöpfen sollen. Sobald nun $x_c(t) < x_m(t)$, gilt für immer $p_m(t) < p_c(t)$. Wäre andererseits $p_m(0) < p_c(0)$, würde der Monopoloutput anfangen - und es auch bleiben - , höher zu sein als der Output bei Konkurrenz, weil $p_m(t)$ niemals $p_c(t)$ einholen könnte. Beide Pfade könnten dann nicht die Erschöpfungsschranke erfüllen. Abbildung 2.2 illustriert denn auch die einzig möglichen Pfade und zeigt, daß der Monopolist stärker die Linie einer konservierenden Politik verfolgt.

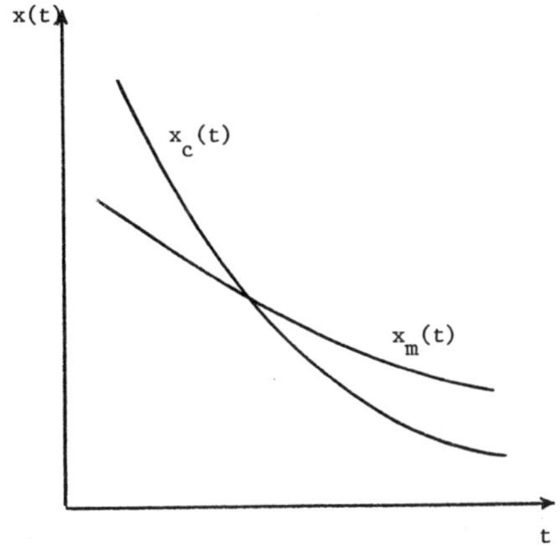

Abbildung 2.2

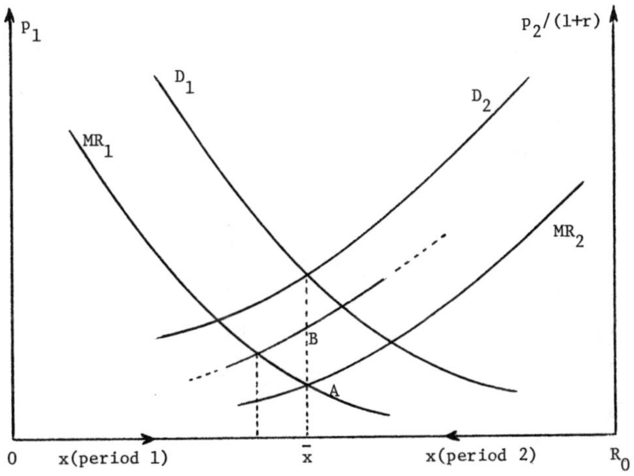

Abbildung 2.3

(d) Betrachte Abbildung 2.3. Sie stellt ein Zwei-Perioden-Modell dar. Es befindet sich unter den Annahmen von (b) im Gleichgewicht; d.h., die Konkurrenz wählt eine Allokation, welche die Gleichheit der (diskontierten) Preise sichert, während der Monopolist die Gleichheit der (diskontierten) Grenzerlöse zugrunde legt. Wenn die Preiselastizität der Nachfrage in der zweiten Periode zunehmen würde, dann wäre der diskontierte Grenzerlös bei $\bar{x}$ für die Periode 2 höher als Punkt A. Wenn es z. B. von B herabfällt, würde ein neues monopolistisches Gleichgewicht auf der linken Seite von $\bar{x}$ auftreten und damit wiederum den Monopolisten eher als Vertreter einer konservierenden Politik erscheinen lassen.

Es sollte freilich beachtet werden, daß, obgleich der Monopolist hier so gezeigt wurde, daß er die Ressource schonender im Zeitverlauf behandelt, er dennoch dynamisch betrachtet ineffizient ist. Gegenwärtige Generationen könnten zukünftige Generationen für die höheren Preise kompensieren, die hinterlassen und weitergegeben würden, wenn ein Monopol abgeschafft würde, und immer noch sich besser stellen. Der intuitive Appeal der monopolistischen Verhaltensweise hier beruht auf dem Wunsch nach Absicherung gegen Ungewißheit der Zukunft (z.B. bei den Ölreserven), indem man beträchtliche Mengen der Ressource eine Weile länger verfügbar hält. Es sollte auch beachtet werden, daß hier einfache Modelle verwendet worden sind, um interpretierbare Ergebnisse möglichst rasch abzuleiten. Der interessierte Leser sei verwiesen auf Salant (2), Solow (3), Sweeny (5), Weinstein und Zeckhauser (6) sowie auf die Fußnoten bei Stiglitz (4), wenn es um eine realistischere Modellierung geht.

LITERATURHINWEISE

(1) Phelps, E. and S. Winter, "Optimal Price Policy Under Atomistic Competition," in *Microeconomic Foundations of Employment and Inflation Theory*, E. Phelps (ed), New York, Norton, 1970.

(2) Salant, S., "Nash-Cournot Equilibrium for an Exhaustible Resource Like Oil," Federal Reserve Board mimeo, 1975.

(3) Solow, R., "The Economics of Resources on the Resources of Economics," *American Economic Review Papers and Proceedings* 64:1-14, 1974.

(4) Stiglitz, J.E., "Monopoly and the Rate of Extraction of Exhaustible Resources," *American Economic Review* 66:665-671, 1976.

(5) Sweeney, James L., "Economics of Depletable Resources: Market Forces and Intertemporal Bias," *Review of Economic Studies* 44:125-141, 1977.

(6) Weinstein, M. and R. J. Zeckhauser, "The Optimal Consumption of Depletable Natural Resources," *Quarterly Journal of Economics* 89:371-392, 1975.

(Zwei Kommentierungen zu Stiglitz'Beitrag sind im American Economic Review (März 1979) erschienen. Die erste von Lewis, Matthews und Burness präsentiert zwei Spezialfälle, in denen ein Monopolist eine natürliche Ressource zu schnell erschöpfen würde. Diese würden dem Ergebnis von Stiglitz widersprechen, sind aber aus anderen Annahmen abgeleitet worden. In der zweiten kritisiert Tullock einige der eher grundlegenden Annahmen in Stiglitz'Beitrag.)

2.4 Eine lokationale Theorie monopolistischer Konkurrenz

Harold Hotelling (3) publizierte 1929 das erste Beispiel für örtliche monopolistische Konkurrenz. Seine Arbeit ist der Vorläufer für ausgefeiltere Modelle, die später von z.B. Chamberlin (2), Salop (4) und Stern (6) folgen. Weil die modernen Charakterisierungen eines langfristigen Gleichgewichts das Hotelling-Problem vereinfacht haben, läßt sich das Wesentliche seiner Arbeit sehr einfach begreifen. Die ersten beiden Teile der vorliegenden Arbeit werden nun zeigen, daß monopolistische Konkurrenz zwischen Gütern, die sich nur nach ihrem Produktionsort unterscheiden, ein langfristiges Gleichgewicht mit zu vielen Unternehmungen aufweist. Ein Vergleich dieser Analyse mit derjenigen von Salop kann dann sehr erhellend sein. Bevor wir aber die Vergleiche anstellen, soll ein letzter Teil der Aufgabe unterstreichen, daß selbst diese Struktur zu allgemein bleibt, damit einfache komparativ-statische Überlegungen determiniert sein können.

In den ersten beiden Aufgabenteilen betrachten wir eine lange Straße, entlang der die Nachfrage nach einem verderblichen Gut x gleich dicht verteilt ist. Nachfrage nach x ist deshalb proportional zur Länge eines Straßensegments; ohne Verlust an Allgemeinheit soll diese Proportionalität konstant eins betragen. Es sei weiter angenommen, daß die Produktion von x mit fixen Kosten f und variablen Kosten cx verbunden ist. Schließlich sollen die Transportkosten eine Konstante b pro Einheit x pro Entfernungseinheit betragen.

(a) Zeige, daß im Konkurrenzgleichgewicht optimal die Unternehmungen mit $\delta^* = 2\sqrt{f/b}$ Entfernungseinheiten voneinander entfernt sind.

(b) Zeige, daß das langfristige Gleichgewicht bei monopolistischer Konkurrenz doppelt so viele Unternehmungen aufweist wie die Konkurrenzlösung in (a).

(c) Es sei angenommen, daß die Nachfrage nach einem Gut auf eine Unternehmung mit der Marktmacht eines monopolistischen Konkurrenten trifft und wie folgt lautet

$$p = p(x, q, a),$$

wobei q die Qualität reflektiert und a die Werbung präsentiert. Seien c(x, q) die Produktionskosten und A(a) die Werbungskosten. Benütze die Bedingungen zweiter Ordnung für Gewinnmaximierung, um zu zeigen, daß eine Warensteuer den gewinnmaximalen Output verringert, aber auf Qualität und Werbung einen zweideutigen Effekt ausübt.

(a) Die gesamten Produktionskosten betragen

$$c(x) = f + cx,$$

so daß die durchschnittlichen Gesamtkosten zur Bedienung einer Straßenlänge δ mit einer Unternehmung im Zentrum

$$ac(\delta) = c+(b\delta/4) + (f/\delta).$$

betragen. Beachte, daß die durchschnittlichen Lieferkosten $(b\delta/4)$ betragen, weil für die Nachfrage in δ die Kosten mit b pro Entfernungseinheit konstant sind und die Unternehmung im Zentrum ihres Marktes angesiedelt ist; d.h., die Lieferkosten betragen

$$\int_0^{\delta/2} bsds = \frac{1}{4}\, b\delta^2$$

für jede Markthälfte, so daß die durchschnittlichen Lieferkosten

$$\frac{1}{2}\left(\frac{1}{4}b\delta^2\right)/(\delta/2) + \frac{1}{2}\left(\frac{1}{4}b\delta^2\right)/(\delta/2) = (b\delta/4).$$

betragen. Das Konkurrenzgleichgewicht besteht dann aus Unternehmungen, die δ^* voneinander entfernt sind, wobei δ^*

$$\min \{c + (b\delta/4) + (f/\delta)\}.$$

löst. Die Bedingung erster Ordnung erfordert

$$(b/4) = f(\delta^*)^2,$$

so daß

$$\delta^* = 2\sqrt{f/b}. \qquad (1)$$

(b) Die Lösung für monopolistische Konkurrenz erfordert etliche Kenntnis der Nachfrageseite. Für jeglichen Preis, den die Unternehmung vor ihrer Türe ändert, also $\bar{p}$, läßt sich die Nachfragefunktion als eine Funktion der Entfernung von der Unternehmung schreiben:

$$p(\delta) = \bar{p} - b\delta \qquad (2)$$

weil die Lieferung einen wesentlichen Teil der Marketingkosten ausmacht.

(c) Gewinnmaximierung ergibt die Bedingungen erster Ordnung derart, daß

$$\frac{\partial \pi}{\partial x} = \hat{x} \frac{\partial p}{\partial x} + p(\hat{x}, \hat{q}, \hat{a}) - \frac{\partial c}{\partial x} = 0, \qquad (3)$$

$$\frac{\partial \pi}{\partial q} = \hat{x} \frac{\partial p}{\partial q} - \frac{\partial c}{\partial q} = 0, \qquad (4)$$

$$\frac{\partial \pi}{\partial a} = \hat{x} \frac{\partial p}{\partial a} - \frac{\partial A}{\partial a} = 0. \qquad (5)$$

Das Tripel $(\hat{x}, \hat{q}, \hat{a})$ wird ein Maximum, wenn $D^2\pi\ (\hat{x}, \hat{q}, \hat{a})$ negativ semidefinit ist *(Varian, Hinweis-Nr. 12)* ; d.h.,

$$[dx, dq, da] \begin{bmatrix} \frac{\partial^2 \pi}{\partial x^2} & \frac{\partial^2 \pi}{\partial x \partial q} & \frac{\partial^2 \pi}{\partial x \partial a} \\ \frac{\partial^2 \pi}{\partial x \partial q} & \frac{\partial^2 \pi}{\partial q^2} & \frac{\partial^2 \pi}{\partial q \partial a} \\ \frac{\partial^2 \pi}{\partial x \partial a} & \frac{\partial^2 \pi}{\partial q \partial a} & \frac{\partial^2 \pi}{\partial a^2} \end{bmatrix} \begin{bmatrix} \partial x \\ \partial q \\ \partial a \end{bmatrix} \leq 0. \qquad (6)$$

Gleichung (6) wiederum wird erfüllt, wenn die Diagonalelemente von $D^2\pi$ nichtpositiv sind, $|D^2\pi| \leq 0$, und <u>alle</u> 2,2-Determinanten, welche die Diagonale der Form

$$\begin{vmatrix} \frac{\partial^2 \pi}{\partial i^2} & \frac{\partial^2 \pi}{\partial i \partial j} \\ \frac{\partial^2 \pi}{\partial i \partial j} & \frac{\partial^2 \pi}{\partial j^2} \end{vmatrix}$$

umgeben, nichtnegativ sind.

Der Grenzerlös (mr) für (2) lautet dann

$$mr(\delta) = \bar{p} - 2b\delta.$$

Gleichgewicht verlangt dann die Gleichheit nicht nur der durchschnittlichen Produktionskosten mit dem Preis, sondern auch der Grenzkosten mit dem Grenzerlös (siehe *(Varian, Hinweis-Nr. 13)* ; der Tangentialpunkt von Nachfragekurve und Durchschnittskostenkurve impliziert die Marginalbedingungen); d.h., die neue Gleichgewichtsentfernung δ' erfüllt

$$\bar{p} - b\delta' = c + (f/\delta')$$

$$\bar{p} - 2b\delta' = c.$$

Werden beide miteinander kombiniert durch Eliminierung von $\bar{p}$, dann ergeben sich

$$c + (f/\delta') - b\delta' = c$$

und

$$\delta' = \sqrt{f/b} = \frac{1}{2}\,\delta^*.$$

Die Unternehmungen sind halb so weit voneinander entfernt; es gibt doppelt so viele von ihnen.

Wenn nun eine Warensteuer beim Verkauf von x erhoben wird, wären die Gewinne

$$\pi'(\hat{x}, \hat{q}, \hat{a}) = \pi(\hat{x}, \hat{q}, \hat{a}) - t\hat{x}.$$

Nur (3) unter den Bedingungen erster Ordnung würde sich verändern, und ihre neue Form wäre

$$\hat{x}\,\frac{\partial p}{\partial x} + p(\hat{x}, \hat{q}, \hat{a}) - \frac{\partial c}{\partial x} = t. \tag{3'}$$

Die Wirkung der Steuer läßt sich nun untersuchen, wenn man (3'), (4) und (5) nach t differenziert. Die sich ergebenden linearen Gleichungen fassen die Ergebnisse zusammen:

$$[D^2\pi(\hat{x}, \hat{q}, \hat{a})] \begin{bmatrix} \partial x/\partial t \\ \partial q/\partial t \\ \partial a/\partial t \end{bmatrix} = \begin{bmatrix} 1 \\ 0 \\ 0 \end{bmatrix}.$$

Die Cramersche Regel zeigt dann, daß

$$\frac{\partial \hat{x}}{\partial t} = \begin{vmatrix} \frac{\partial^2\pi}{\partial q^2} & \frac{\partial^2\pi}{\partial q\partial a} \\ \frac{\partial^2\pi}{\partial q\partial a} & \frac{\partial^2\pi}{\partial a^2} \end{vmatrix} \Big/ |D^2\pi| \leq 0. \tag{7}$$

Das Vorzeichen von (7) ergibt sich aus der Bedingung zweiter Ordnung (6). Die Wirkung von t auf $(\hat{q}, \hat{a})$ läßt sich freilich nicht auf ähnliche Weise bestimmen. Zum Beispiel:

$$\frac{\partial \hat{q}}{\partial t} = \begin{vmatrix} \frac{\partial^2 \pi}{\partial x \partial q} & \frac{\partial^2 \pi}{\partial q \partial a} \\ \frac{\partial^2 \pi}{\partial x \partial a} & \frac{\partial^2 \pi}{\partial a^2} \end{vmatrix} \Big/ |D^2 \pi| \gtreqless 0$$

$$\frac{\partial \hat{a}}{\partial t} = \begin{vmatrix} \frac{\partial^2 \pi}{\partial x \partial q} & \frac{\partial^2 \pi}{\partial q^2} \\ \frac{\partial^2 \pi}{\partial \pi \partial a} & \frac{\partial^2 \pi}{\partial q \partial a} \end{vmatrix} \Big/ |D^2 \pi| \gtreqless 0.$$

Archibald (1) hat als erster die qualitativen Implikationen von Teil (c) hier angegeben. Im Rahmen eines Beispiels der Chicago-Kritik an Chamberlin hat er gezeigt, daß, wenn die Theorie der monopolistischen Konkurrenz wertvoll und nützlich sein soll, sie mit hinreichender Struktur ausgestattet sein muß, damit einfache analytische Überlegungen determiniert sein können. Weil Werbung und Qualität wichtige Aspekte der Nichtpreiskonkurrenz solcher Wirtschaftszweige darstellen, macht seine Kritik durchaus Sinn. Das Hotelling-Modell, wie in (a) und (b) dargestellt, war das erste seiner Art. Es unterscheidet sich von dem von Salop (4) in fundamentaler Weise. Hotelling konnte noch davon absehen, wie eine Unternehmung eine andere beeinflußt, wenn er das Gleichgewicht unter Unternehmungen, die simultan sich im Gleichgewicht befinden, charakterisierte. Salop betrachtet diese Interaktionen explizit und gelangt dabei zu drei potentiellen Gleichgewichtskonfigurationen, wie sie in *(Varian, Hinweis-Nr. 14)* dargestellt sind.

LITERATURHINWEISE

(1) Archibald, G.C., "Chamberlin versus Chicago," *Review of Economic Studies* 29: 2-28, 1961.

(2) Chamberlin, E.H., *The Theory of Monopolistic Competition*, Cambridge, Harvard University Press, 1946 (5th edition).

(3) Hotelling, H., "Stability in Competition," *Economic Journal* 39: 41-57, 1929.

(4) Salop, S., "Monopolistic Competition Reconstituted," Federal Reserve Board mimeo, 1977.

(5) ________, and J.E. Stiglitz, "A Framework for Analyzing Monopolistically Competitive Price Determination," Federal Reserve Board mimeo, 1975.

(6) Stern, N., "The Optimal Size of Market Areas," *Journal of Economic Theory* 4:154-173, 1972.

2.5 Produktdiversität unter monopolistischer Konkurrenz

Michael Spence hat einen größeren Beitrag zur wissenschaftlichen Literatur geleistet, die das unter den Bedingungen der monopolistischen Konkurrenz diversifizierte Produktangebot untersucht. Der Leser sei unmittelbar auf die Quellen verwiesen, die als Einleitung zu dieser Arbeit angegeben sind. Die vorliegende Aufgabe konzentriert sich auf die Arbeit von Spence (4) und auf die Beobachtungen, daß hohe Fixkosten (ob Produktionsanlagekosten oder Marketing-Kosten wie Werbekosten) bei Komplementärgütern zur Produktion unzureichender Mengen von zu wenigen Gütern führen können. Unelastische Nachfrage erhöht die Wahrscheinlichkeit dafür, daß fixe Kosten die Produktdiversität beeinflussen, weil die Unfähigkeit der Unternehmungen zur Preisdiskriminierung signifikanter ist. Das Ergebnis für Komplementarität unterstreicht, warum Chamberlin in seinen ursprünglichen Ansatz strenge Substitutionsgüter aufgenommen hat. Unelastische Nachfrage vergrößert auch diese Wirkung. Spence fährt in seiner Argumentation damit fort, daß hohe (niedrige) direkte Preiselastizitäten und Kreuzpreiselastizitäten zu einem Gleichgewicht bei monopolistischer Konkurrenz mit zu vielen (wenigen) Produkten führen können. Die Bemerkungen am Schluß werden darlegen, warum die oben angegebenen Ergebnisse zumindest intuitiv die letzteren stützen.

Angenommen, in der Industriebranche mit monopolistischer Konkurrenz gäbe es n Güter, die wie folgt indiziert seien: $\vec{x} \equiv (x_1, \ldots, x_n)$. Jedes x_i wird von einer einzigen Unternehmung produziert, deren Kosten

$$c_i(x_i) + F_i$$

betragen; $c_i = c_i(x_i)$ sind die variablen Kosten, während F_i die Fixkosten bezeichnen. Wir bezeichnen schließlich die Nachfrage nach x_i mit $p_i = p_i(\vec{x})$, so daß die Wirkungen von Änderungen von x_j auf den Preis von x_i für alle j angegeben werden können.

(a)

Man nehme an, daß die Unternehmungen entlang $p_i(\vec{x})$ voll diskriminieren können; d.h., man nehme an, daß die i-te Unternehmung $p_i(x_1,\ldots k_i,\ldots,x_n)$ für die k-te verkaufte Einheit von x_i verlangen kann. Dies ist sicherlich keine realistische Annahme, aber sie wird der Verdeutlichung dienen. Die Erlöse der i-ten Unternehmung bei vollkommener Preisdiskriminierung lassen sich wie folgt angeben:

$$R_i(x_i) \;=\; \int_o^{x_i} P_i(\vec{x} - x_i e_i + s e_i)ds, \tag{1}$$

wobei e_i ein Vektor der (n-1) Nullen und einer einzigen Eins am i-ten Platz ist. Die Gewinne der i-ten Unternehmung lauten dann einfach

$$\pi_i(x_i) = R_i(x_i) - c_i(x_i) - F_i. \tag{2}$$

Die gesamte durch die Branche erbrachte Wohlfahrt läßt sich indessen wie folgt angeben

$$W(\vec{x}) = \sum_{i=1}^{n} \int_o^{x_i} P_i(\vec{x}-x_i e_i+se_i)ds - \sum_{i=1}^{n} (c_i(x_i)+F_i); \tag{3}$$

W ist die Summe von Konsumenten- und Produzentenrente (siehe *(Varian, Hinweis-Nr. 15)*). Es gibt ein Problem mit der Verwendung der regulären (Marshallschen) Nachfragekurve, aber (3) ist für Näherungswerte gültig und läßt sich interpretieren als der Geldbetrag oberhalb der Produktionskosten, den die Konsumenten für x auszugeben bereit sind. Mit diesem Apparat ist zu zeigen, daß ein Nash-Gleichgewicht existiert (wobei die Unternehmungen $\pi_i(x_i)$ bei gegebenem Output der übrigen Unternehmungen maximieren), das $W(\vec{x})$ maximiert.

(b)

Zwei Güter sind strenge Komplementärgüter, wenn zum Beispiel ein Anstieg von x_i nicht nur p_j erhöht, sondern auch den Grenzerlös der j-ten Unternehmung erhöht, die ein gegebenes x_j produziert. Man nehme nun an, daß jede Unternehmung für alle ihre Verkäufe nur einen Preis verlangen kann.

(ba) Zeige zuerst, daß strenge Komplementarität impliziert

$$\frac{\partial x_j}{\partial x_i} > 0; \quad i \neq j = 1,\ldots,n, \tag{4}$$

für einen gewinnmaximierenden Produzenten von x_j.

(bb) Zeige ferner, daß monopolistische Konkurrenz zu einer suboptimalen (zu geringen) Produktion von zu wenigen Produkten führt, wenn sie strenge Komplementärgüter sind.

Die Lösungen beider Aufgabenteile folgen direkt aus dem bereits angegebenen Apparat. Die Wohlfahrt, die sich aus der Maximierung bei Konkurrenz ergibt, wird zuerst charakterisiert und dann dem Gleichgewicht bei monopolistischer Konkurrenz gegenübergestellt. Im Aufgabenteil (a) sind die Charakterisierungen identisch. Nicht so jedoch in (bb). Indem man die Effekte verfolgt, die sich aus dem Übergang von vollkommener Konkurrenz zur Lösung bei monopolistischer Konkurrenz ergeben, erhält man die gewünschten Ergebnisse. Aufgabenteil (ba) läßt sich rechnerisch lösen.

(a) Stelle nun zuerst fest, daß eine optimale Allokation der Produktion, welche $W(\vec{x})$ maximiert, existiert. Dies ist der Fall, weil für jede Untermenge möglicher Produktionsfaktorallokationen innerhalb $\vec{x}$ ein Maximum existiert, wenn $p_i(\vec{x})$ und $c_i(x_i)$ einen geeigneten Verlauf aufweisen. Da es eine endliche Zahl <u>distinkter</u> Untermengen von $\vec{x}$ gibt, ist eines dieser beschränkten Optima das unbeschränkte Optimum von $W(\vec{x})$.

Nenne dieses Optimum $\vec{x}^* = (x^*_1, \ldots, x^*_n)$. Da aus (1),(2) und (3)

$$W(\vec{x}) = \sum_{i=1}^{n} \pi_i(x_i),$$

obwohl argumentiert werden kann, daß jede Komponente von $\vec{x}^*$ gewählt wurde, um ihren Beitrag zu $W(\vec{x})$ zu maximieren; d.h., x_i^* maximiert $\pi_i(x_i)$ bei gegebenen allen anderen $\{x_j^*\}_{j \neq i}$. Das ist nun genauso, wie die einzelnen Unternehmungen sich bei monopolistischer Konkurrenz verhalten würden, und somit ist $\vec{x}^*$ ein mögliches Nash-Gleichgewicht für einen Markt monopolistischer Konkurrenz.

(b) Beachte zuerst, daß der Grenzerlös (mr) der i-ten Unternehmung lautet:

$$mr_i(\vec{x}) \equiv p_i + x_i(\partial p_i/\partial x_i).$$

Stehen x_i und x_j in einem Konkurrenzverhältnis, dann

$$\frac{\partial mr_i(\vec{x})}{\partial x_j} = \frac{\partial p_i}{\partial x_j} + x_i \frac{\partial^2 p_i}{\partial x_i \partial p_j} > 0. \qquad (5)$$

Die gewinnmaximierende monopolistische Konkurrenz von x_i indessen produziert gemäß der Bedingung erster Ordnung, daß Grenzerlös gleich ist den Grenzkosten; d.h.,

$$p_i + x_i\,(\partial p_i/\partial x_i) = (\partial c_i/\partial x_i). \qquad (6)$$

Differenziert man (6) nach x_j, wird der Prozeß abgeschlossen;

$$\left[\frac{\partial p_i}{\partial x_j} + \frac{\partial p_i}{\partial x_i}\frac{\partial x_i}{\partial x_j}\right] + \left[\frac{\partial p_i}{\partial x_i}\frac{\partial x_i}{\partial x_j} + x_i\left(\frac{\partial^2 p_i}{\partial x_i \partial x_j} + \frac{\partial^2 p_i}{\partial x_i^2}\frac{\partial x_i}{\partial x_j}\right)\right] = \frac{\partial^2 c_i}{\partial x_i^2}\frac{\partial x_i}{\partial x_j}.$$

Dies ergibt

$$\frac{\partial x_i}{\partial x_j} = \frac{(\partial p_i/\partial x_j) + x_i(\partial^2 p_i/\partial x_i \partial x_j)}{(\partial^2 c_i/\partial x_i^2) - 2(\partial p_i/\partial x_i) - x_i(\partial p_i/\partial x_i^2)} > 0. \qquad (7)$$

Das Vorzeichen folgt daher, daß der Nenner aus den Bedingungen zweiter Ordnung positiv ist.

Der zweite Teil ist ein wenig komplizierter. Für eine gegebene Menge an Waren ist das Konkurrenzoptimum charakterisiert durch die Gleichheit der Preise mit den Grenzkosten, d.h.,

$$p_i(\vec{x}) = (\partial c_i/\partial x_i). \qquad (8)$$

Die Bedingung zweiter Ordnung für (8) erfordert weiter, daß

$$(\partial^2 c_i/\partial x_i^2) > (\partial p_i/\partial x_i). \qquad (9)$$

Geht man mit den Lösungen von (8) nach (6), dann muß die Produktion bei jedem x_i fallen. Um das zu erkennen, beachte man zuerst, daß $x_i(\partial p_i/\partial x_i) < 0$. Müßte x_i wegen der Lösung für (8) ansteigen, dann besagt (9), daß die rechte Seite langsamer fallen würde (wenn $\partial^2 c_i/\partial x_i^2 < 0$) als die linke Seite. Größere x_i könnten deshalb niemals den negativen Term $x_i(\partial p_i/\partial x_i)$, der in (6) hinzugefügt ist, unterbringen. Dieser Effekt wird noch verstärkt, wenn $(\partial^2 c_i/\partial x_i^2) > 0$. Die Produktion muß deshalb sinken, wenn (6) erfüllt werden soll. Wegen (7) erweitert überdies jede Reduktion den gesamten Rest; und der Effekt kann durchaus dramatisch sein, insbesondere wenn die Nachfrage unelastisch ist. Um die Aufgabe abzuschließen, beachte, daß

$$\frac{\partial \pi_i}{\partial x_j} = x_i \frac{\partial p_i}{\partial x_j} + p_i \frac{\partial x_i}{\partial x_j} > 0.$$

Reduktionen von x_i verursachen sinkende Gewinne bei den anderen

Unternehmungen. Die Bewegung nach (6) könnte deshalb selbst einige der existierenden Unternehmungen unrentabel werden lassen. Der Output der übrigen Unternehmungen ist deshalb bei monopolistischer Konkurrenz geringer, und es kann weniger Unternehmungen geben.

Diese Aufgabe macht mehrere Punkte deutlich. Zuallererst hat Spence gezeigt, daß dann, wenn die Güter keine strengen Substitute darstellen und die Unternehmungen diskriminieren wie in (a), die Konsumenten dennoch einen positiven Nettonutzen erhalten; mit anderen Worten, ihre Konsumentenrente wird nicht zur Gänze vereinnahmt, wie das bei einem Monopolisten der Fall wäre. Zusätzlich zeigt (a), daß die Fähigkeit zur Preisdiskriminierung tatsächlich die Produktselektion durch Deckung der Fixkosten günstig beeinflussen kann. Da die monopolistische Konkurrenz ein Wohlfahrtsmaximum stützen kann, wenn die Unternehmungen diskriminieren können, dann wird jedes Marktversagen, das mit monopolistischer Konkurrenz einhergeht, wesentlich durch ihre Unfähigkeit zur Preisdiskriminierung - aus welchen Gründen auch immer - verursacht. Teil (b) indessen beweist, daß monopolistische Konkurrenz bei Komplementärgütern eine unwahrscheinliche Struktur ist. Horizontale Unternehmungsfusion ist freilich in solchen Fällen wahrscheinlicher als der hier vorausgesagte Firmenzusammenbruch. Schließlich argumentiert Spence in seiner Arbeit noch, daß Umstände, die durch hohe direkte Preiselastizitäten und Kreuzpreiselastizitäten charakterisiert sind, dazu geeignet sind, die monopolistische Konkurrenz auf zu viele Unternehmungen zu verteilen. Die hier vorgeführten Ergebnisse lassen zumindest den Schluß auf diese Folgerungen zu. Unelastische Nachfrage sorgt für eine solche Situation, in der die Unterschiede zwischen vollkommener Preisdiskriminierung und Einheitspreismarketing besonders krass sind;

das Optimalitätsergebnis in (a) kann unter solchen Umständen kaum angenähert werden. Überdies erreichen niedrige Kreuzpreiselastizitäten bereits den Bereich der Komplementarität, und damit käme (b) ins Spiel. Das eben zitierte Spence-Ergebnis taugt daher als substantielle intuitive Stütze dieser Argumentation. Für beides sei der interessierte Leser auf den Schlußteil bei Spence (4) verwiesen.

LITERATURHINWEISE

(1) Dixit, A.K. and J.E. Stiglitz, "Monopolistic Competition and Optimum Product Diversity," *American Economic Review* 67: 297-308, 1977.

(2) Owen, B. and A.M. Spence, "Television Programming, Monopolistic Competition and Welfare," Institute for Mathematical Studies in the Social Sciences, Stanford University, 1975.

(3) Spence, A.M., "Monopoly, Quality and Regulation," Institute for Mathematical Studies in the Social Sciences, Stanford University, 1975.

(4) ___________, "Product Selection, Fixed Costs, and Monopolistic Competition," *Review of Economic Studies* 43:271-286, 1976.

Kapitel 3
Theorie des Konsumenten

3.1 Optimale Warensteuer

Betrachte die folgende Volkswirtschaft. Wohlfahrt wird durch $u(\vec{x})$ repräsentiert, wobei $\vec{x}$ nicht nur nachgefragte Waren, sondern auch angebotene Produktionsfaktoren repräsentiert; die Zahl der Waren und Faktoren beträgt (n+1), x_0 bezeichnet den Faktor Arbeit. Wenn die Menschen kein Einkommen beziehen, das von den durch sie der Produktion zur Verfügung gestellten Faktoren unabhängig ist,dann lautet die zugehörige Budgetbeschränkung für individuelle Entscheidungen $\vec{p} \cdot \vec{x} \leq 0$ für jede Menge der Preise $\vec{p}$. Es gibt m Unternehmungen in der Wirtschaft, die mit der gegebenen Produktionsmöglichkeitenmenge (für die j-te Unternehmung) von $F^j(\vec{z}^j) = 0$ operieren. Die Vektoren $\vec{y}^j$ sind Input-Output-Vektoren, und die volkswirtschaftlichen Ressourcenbeschränkungen lauten

$$\sum_{j=i}^{m} z_i^j \leq x_i ; \; i = 0, 1, \ldots, n.$$

Charakterisiere die Menge der Warensteuern, welche einen Einnahmenbetrag R am effizientesten erbringt, ohne die Lohnzahlungen für Arbeit zu besteuern.

Die Lösung besteht aus zwei Teilen. Zunächst wird die Effizienz in der Abwesenheit von Steuern charakterisiert, indem der Regierung erlaubt wird, die Preise $\vec{p}^*$ und die Produktionsvektoren $(\vec{z}^j)^*$ zu wählen, welche die Wohlfahrt maximieren. Die Effizienzbedingungen korrespondieren präzise mit denen, die in Kapitel 6 analysiert werden; sie würden durch eine Konkurrenzwirtschaft erreicht. Ein "Keil" zwischen Produzenten- und Konsumentenpreisen repräsentiert im zweiten Teil die Steuern. Ein extensiver Gebrauch der fundamentalen Theorie des Konsumenten erlaubt es dann zu zeigen, daß die besten Steuern den Konsum aller Güter entlang ihrer (Hicksschen) kompensierten Nachfragefunktion

(Varian, Hinweis-Nr. 16) im gleichen Verhältnis reduziert.

A. Optimierung ohne Steuern

Lösung des Problems

$$\max u(\vec{x})$$

$$\text{so daß } \vec{p} \cdot \vec{x} \leq 0$$

ergibt die indirekte Nutzenfunktion, die durch $v(\vec{p}, y)$ angegeben werden kann *(Varian, Hinweis-Nr. 17)*; y bezeichnet das unabhängig erzielte Einkommen, das hierbei mit 0 fixiert ist. Das Problem der Regierung ist es deshalb, einen Preisvektor $\vec{p}^*$ und eine Menge der Produktionsvektoren $(\vec{z}^j)^*$ auszuwählen, damit das folgende Problem gelöst wird:

$$\max v(\vec{p}, y)$$

$$\text{so daß } F^j(\vec{z}^j) \leq 0; \quad j = 1, \ldots, m$$

$$\sum_{j=1}^{m} z_i^j \leq x_i; \quad i = 0, 1, \ldots, n.$$

Die dazugehörige Lagrange-Funktion ist dann

$$L(\vec{p}, z) = v(\vec{p}, y) + \sum_{k=0}^{n} \lambda_k \left(\sum_{j=1}^{m} z_k^j - x_k\right) + \sum_{k=1}^{m} \mu_k F^k(\vec{z}^k).$$

Deren Bedingungen erster Ordnung lauten

$$\frac{\partial L}{\partial p_i} = \frac{\partial V_i}{\partial p_i} - \sum_{k=0}^{n} \lambda_k \frac{\partial x_k}{\partial p_i} = 0; \; i = 0, 1, \ldots n \tag{1}$$

$$\frac{\partial L}{\partial z_k^j} = \lambda_k + \mu_k \frac{\partial F^j}{\partial z_k^j} = 0; \quad \begin{matrix} k = 0, 1, \ldots n \\ j = 1, \ldots, m \end{matrix} \tag{2}$$

Gleichung (2) charakterisiert die produktive Effizienz, welche erfordert, daß die Grenzrate der Transformation zwischen zwei beliebigen Vektorkomponenten bei allen Unternehmungen gleich ist, d.h., (2) verlangt, daß

$$\frac{\partial F^j}{\partial z_k^j} \Bigg/ \frac{\partial F^j}{\partial z_k^\ell} = \frac{\lambda_k}{\lambda_\ell}, \tag{3}$$

unabhängig davon, welche Unternehmung ($j = 1,\ldots,m$) betrachtet wird. Gleichung (1) charakterisiert die Konsumeffizienz; der Einfluß einer Preisänderung auf den Nutzen, marginal gesehen, ist gleich der (mit ihren Schattenpreisen) gewichteten Summe der marginalen Änderungen des Konsums oder der Bevorratung mit allen (n+1) Gütern, welche den Nutzen beeinflussen.

B. Optimierung mit Warensteuer

Nun seien $\vec{p}$ die Konsumentenpreise, $\vec{q}$ die Produzentenpreise und $\vec{t}$ der Vektor der Steuern, die als Keil dazwischen getrieben sind; d.h., es sei

$$\vec{p} - \vec{t} = \vec{q}.$$

Die Struktur des Problems legt auch eine natürliche Normalisierung dieser Preise nahe: $q_o = p_o = 1$ und $t_o = 0$ fassen die Situation auf dem Arbeitsmarkt zusammen. Formuliert man (1) im Lichte der von (3) gelieferten Identifikation um, daß nämlich die λ_k produktive Schattenpreise sind, dann folgt, daß

$$\begin{aligned}\frac{\partial v}{\partial p_i} &= \lambda_o \sum_{k=o}^{n} \left(\frac{\lambda_k}{\lambda_o}\right) \frac{\partial x_k}{\partial p_i} \\ &= \lambda_o \sum_{k=o}^{n} q_k \frac{\partial x_k}{\partial p_i} \\ &= \lambda_o \sum_{k=o}^{n} (p_k - t_k^*) \frac{\partial x_k}{\partial p_i} \,. \qquad (4)\end{aligned}$$

Differenzieren der beiden Beschränkungen, $\vec{p} \cdot \vec{x} = 0$ und $\vec{t} \cdot \vec{x} = R$, indessen ergibt, daß

$$x_i + \sum_{k=o}^{n} p_k \frac{\partial x_k}{\partial p_i} = 0 \qquad (5)$$

$$\frac{\partial R}{\partial t_i} = x_i + \sum_{k=o}^{n} t_k \frac{\partial x_k}{\partial t_i}. \qquad (6)$$

Durch Kombination von (4), (5) und (6) erhält man

$$\frac{\partial v}{\partial p_i} = \frac{\partial R}{\partial t_i} \lambda_o \,. \qquad (7)$$

Die marginale Wirkung einer (steuerbedingten) Preisänderung auf den Nutzen muß gleich sein dem sich ergebenden Grenzerlöswert, wenn es am effizientesten sein soll.

Übersetzt man (7) in eine optimale Steuerstruktur, so benötigt man dazu einige Standardergebnisse aus der Theorie des Konsumenten. Roy's Identität *(Varian, Hinweis-Nr. 18)*

$$\frac{\partial v}{\partial p_i} = - x_i \frac{\partial v}{\partial y}, \tag{8}$$

die übliche Slutsky-Gleichung *(Varian, Hinweis-Nr. 19)*

$$\frac{\partial x_j}{\partial p_i} = \left(\frac{\partial x_j}{\partial p_i}\right)\Bigg|_{\bar{u}} - x_i \frac{\partial x_j}{\partial y}, \tag{9}$$

die Symmetrie der Substitutionsmatrix (Eigenschaft 2; *Varian, Hinweis-Nr. 20)*

$$\left(\frac{\partial x_j}{\partial p_i}\right)\Bigg|_{\bar{u}} = \left(\frac{\partial x_i}{\partial p_j}\right)\Bigg|_{\bar{u}}, \tag{10}$$

- sie alle werden angewendet. Erinnern wir uns an (5), dann können wir mit Hilfe der Gleichungen (8), (9) und (10) die Gleichung (4) in eine erweiterte und aussagekräftigere Form bringen:

$$0 = - x_i \frac{\partial v}{\partial y} + \lambda_o \left\{x_i + \sum_{k=o}^{n} t_k^* \left[\left(\frac{\partial x_k}{\partial p_i}\right)\Bigg|_{\bar{u}} - x_i \frac{\partial x_k}{\partial y}\right]\right\}$$

$$= - x_i \frac{\partial v}{\partial y} + \lambda_o \left\{x_i + \sum_{k=o}^{n} t_k^* \left(\frac{\partial x_u}{\partial p_i}\right)\Bigg|_{\bar{u}} - x_i \sum_{i=o}^{n} \frac{\partial x_k}{\partial y}\right\}.$$

Auf andere Weise formuliert

$$\sum_{k=o}^{n} \frac{t_k^*}{x_i} \left(\frac{\partial x_i}{\partial p_k}\right)\Bigg|_{\bar{u}} = \left\{\frac{1}{\lambda_o} \frac{\partial v}{\partial y} - 1 + \sum_{k=o}^{n} t_k^* \frac{\partial x_k}{\partial y}\right\}, \tag{11}$$

und dies gilt für alle i = 0, 1, ..., n. Die rechte Seite von (11) hängt <u>nicht</u> von i ab. Deshalb kann sie als Konstante über alle Güter hinweg betrachtet werden, d.h.,

$$\sum_{k=0}^{n} \frac{t_k^*}{x_i} \frac{\partial x_i}{\partial p_k}\Big|_{\bar{u}} \equiv \Theta, \ i = 0, 1, \ldots, n \ . \tag{12}$$

Nun ist aber die linke Seite von (12) die prozentuale Änderung des (kompensierten) Konsums oder der Bevorratung mit x_i. Um das deutlich zu machen, beachte man schließlich, daß

$$\frac{dh_i(\vec{p},y)}{x_i(\vec{p},y)} = \frac{1}{x_i(\vec{p},y)} \sum_{k=0}^{n} \frac{\partial h_i}{\partial p_k} dp_k \ , \tag{13}$$

wobei $x_i = h_i(\vec{p},y)$ die kompensierte (Hickssche) Nachfragefunktion *(Varian, Hinweis-Nr. 21)* ist. Gleichung (13) zeigt die prozentuale Änderung von x_i und repliziert die linke Seite von (12), weil die Änderung von p_k einfach t_k^*, der Steuersatz, ist. Die prozentuale Abnahme im Konsum oder in der Bevorratung mit x_i entlang der kompensierten Funktion ist Θ für alle möglichen i = 0, 1, ..., n.

Die vorliegende Aufgabe hat etliches von den Ergebnissen aus den Arbeiten von Boiteux (3) sowie Atkinson und Stiglitz (1) wiederholt. Die Analyse hat aber nicht dabei haltgemacht. Es gibt allgemeinere Behandlungen des Gleichgewichts bei indirekter Besteuerung (siehe z.B. Diamond und Mirrlees (4)), in denen das Steueraufkommen zur Bereitstellung öffentlicher Güter verwendet wird. Es wurden auch Analysen der optimalen Einkommensbesteuerung angestellt (siehe Mirrlees (5) über Sheshinski (7)) und Versuche unternommen zu bestimmen, wann sie die gleichen Wirkungen aufweisen. Es wurde nun jedoch entdeckt, daß dann, wenn eine allgemeine Einkommensteuerfunktion der Regierung zur Verfügung steht und der Nutzen zwischen allen Gütern und der Arbeit separiert werden kann, keine indirekten Steuern erforderlich sind (Atkinson und Stiglitz (2)); das Preisgebahren zu Grenzkosten bei optimaler Einkommensbesteuerung garantiert maximale Wohlfahrt.

Potentiell fruchtbares weiteres Fragen könnte nun darin liegen, die Ergebnisse dieser Aufgabe im Lichte der oben zitierten Forschung zum Faktor Arbeit zu erörtern. Häufig diskutiert wurde der Trade-off zwischen Effizienz und Gleichheit, der in (12) verborgen liegt; höhere Steuern sind notwendig, um den von der Effizienz verlangten proportionalen Rückgang des Konsums zu erreichen. Optimale Einkommensteuer wurde aber inzwischen als das geeignete Werkzeug erkannt, die beste Einkommensverteilungsposition innerhalb dieses Trade-offs zu erreichen. Wenn die beste Einkommensteuer eine Abnahme des (kompensierten) Konsums im gleichen Verhältnis bewirken würde, würde nicht die optimale Warensteuer ebenfalls die gleiche beste Position erzielen? Welche Umstände würden sicherstellen, daß der Einfluß der Einkommensteuer proportional wäre?

LITERATURHINWEISE

(1) Atkinson, A. and Stiglitz, J., "The Structure of Indirect Taxation and Economic Efficiency," *Journal of Public Economics* 1: 97-120, 1972.

(2) __________ and ___________, "The Design of Tax Structure: Direct versus Indirect Taxation," *Journal of Public Service* 6: 55-75, 1976.

(3) Boiteux, M., "Le 'Revenue Distribuable' et les Pertes Économiques," *Econometrica* 19: 112-33, 1956.

(4) Diamond P. and Mirrlees, J., "Optimal Taxation and Public Production," *American Economic Review* 61: 8-27 and 261-278, 1970.

(5) Mirrlees, J., "An Exploration in the Theory of Optimal Income Taxation," *Review of Economic Studies* 38: 175-208, 1971.

(6) Saudmo, A., "Optimal Taxation -- An Introduction to the Literature," *Journal of Public Economics* 6: 37-54, 1976.

(7) Sheshinski, E., "The Optimal Linear Income Tax," *Review of Economic Studies* 39: 297-302, 1972.

3.2 Einkommensbesteuerung aufs Geratewohl

Das Konzept horizontaler Gleicheit - gleiche Behandlung von Gleichen - steht seit langem in juristischen und wirtschaftswissenschaftlichen Kreisen in hohem Ansehen. Es besitzt sowohl in den Annalen der Finanzwissenschaft einen Ehrenplatz als auch in der Verfassung der Vereinigten Staaten durch den Artikel der "Equal Protection". Gegen solch formidable Feuerkraft müßte es als unklug erscheinen - um das mindeste zu sagen, wollte man identische Individuen nach dem Zufallsprinzip behandeln.
Aber ist das wirklich der Fall? Man betrachte die Möglichkeit einer zufälligen Einkommensteuer. Solange wie sich identische Staatsbürger identischer Verteilungen von Steuerbescheiden gegenüber sehen, wäre eine solche Zufallssteuer _ex ante_ horizontal gleichbehandelnd; jedermann würde identisch zu erwartende Steuern aufweisen, obgleich die Steuerlast _ex post_ dramatisch ungleich sein könnte. Aber ist die horizontale Gleichheit _ex post_ das geeignete Maß? Die Mehrzahl der Volkswirte würden diese Frage mit Musgrave (5) bejahen. Andere würden auf die Verfassung verweisen. Was ist aber das Lotteriespiel beim Einzug zu verschiedenen staatlichen Diensten? Ist das nicht eine "Zufallssteuer" auf ein wohl definiertes Subjekt der Bevölkerung?

Der Zweck dieser Übungsaufgabe besteht nicht darin, diese Fragen zu beantworten. Vielmehr beabsichtigt sie, etwas davon zu untersuchen, was man als relevanten Nebenschauplatz der Auseinandersetzung um die horizontale Gleichheit bezeichnen könnte - die Möglichkeit, daß eine Zufallsbesteuerung gegenüber dem System der horizontalen Gleichheit die soziale Wohlfahrt verbessern würde. Diese Möglichkeit stellt keine Illusion dar; sie ist kein Produkt versteckter Annahmen. Es ist das Produkt einer Nichtkonkavität von einem Typ, der dem Ökonomen, der sich mit Konvexität komfortabel fühlt, erhebliche Probleme verursachen kann.

(a) Wir beginnen mit einer Übung, welche die intuitive Begründung der horizontalen Gleichheit untersucht. Man betrachte zwei Individuen (1 oder 2) mit identischen Nutzenfunktionen U; d.h., es sei $U(C_1) = U(C_2)$, wannimmer $C_1 = C_2$ ein gemeinsames Konsumniveau repräsentiert. Diese Konsumniveaus sind wiederum definiert durch $C_j = Y_j - T_j$, wobei $Y_j = Y$ das Einkommen der Individuen $j = 1,2$ angibt und T_j die Steuerlast repräsentiert, der sich die Individuen $j = 1,2$ gegenübersehen. Zeige, daß dann, wenn das Steueraufkommen R der Regierung aus T_1 und T_2 besteht, $T_1^* = T_2^* = 0{,}5\ R$ eine Benthamsche soziale Zielfunktion

$$w = U(C_1) + U(C_2)$$

maximiert. Im Übrigen der Aufgabe betrachten wir das einfachste der indirekten Besteuerungsprobleme. Gegeben seien zwei Individuen (diesmal A und B), deren Nutzen vom Konsum C^j (j=A;B) und von der Arbeit L^j (j=A;B) abhängen. Das Einkommen zur Finanzierung des Konsums stammt aus der Zurverfügungstellung von Arbeitsleistungen; wegen der Normalisierung beträgt der Lohnsatz 1. Entsprechende Normalisierung sorgt auch dafür, daß der Preis für Konsumgüter vor Steuer eins beträgt, so daß

$$P^j = 1 + \tau^j \qquad j = A,B$$

den Preis repräsentiert, der von dem Individuum j bei gegebenem indirektem Steuersatz τ^j bezahlt wird. Es ist nun entscheidend, ob $P^A \neq P^B$ jemals

$$w = U^A\ (C^A, L^A) + U^B\ (C^B, L^B)\ .$$

maximieren kann oder nicht.

Wir lassen die Individuen ihre Konsum-Arbeitskombination selbst wählen, nachdem sie ihre Steuersätze kennen, indem wir eine indirekte Nutzenfunktion wie folgt definieren

$$V^j = V^j\ (P^j,0) \equiv \max U^j\ (C^j,L^j) \qquad j = A;B$$
$$\text{so daß } P^jC^j \geq L^j + 0\ .$$

Natürlich $V_1^j(P^j,0) < 0$ und $V_{11}^j\ (P^j,0) > 0$. Wir betrachten nun die Maximierung von

$$w = V^A\ (P^A,0) + V^B(P^B,0) \tag{1}$$

unter der Notwendigkeit für den Staat, R durch Besteuerung von C^A und C^B zu erheben:

$$\begin{aligned} R &= \tau^A\ C^A + \tau^B\ C^B \\ &= (P^A-1)\ C^A\ (P^A,0) + (P^B-1)\ C^B\ (P^B,0)\ . \end{aligned} \tag{2}$$

Die Aufgabenteile (b) bis (e) werden den Leser zu der Schlußfolgerung führen, daß $\tau^A = \tau^B$ nicht notwendigerweise w maximieren muß.

(b) Zeige, daß soziale Wohlfahrts-Indifferenzkurven, wie sie durch Gleichung (1) definiert werden, konkav sind und daß die Budgetbeschränkung, die durch Gleichung (2) definiert ist, entweder konkav oder konvex ist.

(c) Zeige, daß die Funktion im (P^A,P^B)-Raum, wie sie durch die

Gleichungen (1) und (2) definiert wird, einen kritischen Punkt besitzt, wo $P^A = P^B$, aber daß dieser Punkt entweder ein Maximum für (1) oder ein Minimum für (1) sein kann.

(d) Drücke die Krümmung der Wohlfahrts-Indifferenzkurve im kritischen Punkt, wo $P^A = P^B = P$ ist, als Pratt-Maß der relativen Risikoaversion aus,

$$R^j = -Y^j \, V^j_{22} \, (P,0)/V^j_2 \, (P,0) \quad ,$$

wobei $Y^j = PC^j \, (P,0)$, als Preiselastizität der Nachfage nach Konsumgüter und als Einkommenselastizität dieser Nachfrage. Drücke auf ähnliche Weise die Krümmung der Budgetbeschränkung bei $P^A = P^B = P$ als Preiselastizität der Nachfrage aus und als Krümmung dieser Nachfrage,

$$\nu^j = PC^j_{11} \, (P,0)/C^j_1 \, (P,0) \quad .$$

(e) Argumentiere, wie Risikoaversion, die Krümmung der Nachfrage nach Konsum und die Notwendigkeit der Regierung zu Einnahmenerzielung die Wahrscheinlichkeit dafür beeinflussen, daß ungleiche Steuern (1) maximieren.

(a) Betrachte das Problem

$$\max_{T_1;T_2} \{U(Y-T_1) + U(Y-T_2)\}$$
$$\text{so daß} \quad T_1 + T_2 = R \quad . \tag{3}$$

Wenn wir mit der dazugehörigen Lagrange-Funktion arbeiten,

$$L = U(U-T_1) + U(Y-T_2) + \lambda(R-T_1-T_2) \quad ,$$

erhalten wir drei Bedingungen erster Ordnung, welche die optimalen Steuern (T_1^*, T_2^*) charakterisieren, welche (3) lösen:

$$- U'(Y-T_1^*) - \lambda = 0 \quad ;$$

$$- U' \ (Y-T_2^*) - \lambda = 0 \quad ;$$

$$T_1^* + T_2^* = R$$

Insbesondere erfordern diese Bedingungen, daß

$$\hat{T}_1 = \hat{T}_2 = 0{,}5 \ R.$$

Damit erfährt die Begründung der horizontalen Gleichheit einige Stützung.

(b) Der Maximand dieses Problems generiert soziale Indifferenzkurven, die implizite definiert werden durch

$$w = V^A(P^A,0) + V^B(P^B,0) \quad .$$

Entlang jeder Indifferenzkurve gilt deshalb

$$dw = 0 = V_1^A(-) \frac{dP^A}{dP^B} + V_1^B(-) \quad ; \qquad (4)$$

$$\left.\frac{dP^A}{dP^B}\right|_{\bar{w}} = \frac{V_1^A(-)}{V_1^B(-)} < 0 \quad .$$

Darüberhinaus zeigt fortgesetzte Differentiation von (4), daß

$$0 = V_1^A(-) \left.\frac{d^2\, P^A}{d\,(P^B)^2}\right|_{\bar{w}} + \left.\frac{dP^A}{dP^B}\right|_{\bar{w}} V_{11}^{\ A}(-) \left.\frac{dP^A}{dP^B}\right|_{\bar{w}} + V_{11}^{\ B}(-) \quad .$$

Mit dem Ergebnis

$$\left.\frac{d^2\, P^A}{d(P^B)^2}\right|_{\bar{w}} = \frac{1}{V_1^A(-)} \left\{\frac{[V_1^B(-)]^2\, V_{11}^{\ A}(-)}{[V_1^A(-)]^2} + V_{11}^{\ B}(-)\right\}$$

$$= \frac{V_1^B(-)}{V_1^A(-)} \left\{\frac{V_1^B(-)\, V_{11}^{\ A}(-)}{[V_1^A(-)]^2} + \frac{V_{11}^{\ B}(-)}{V_1^B(-)}\right\} < 0 \qquad (5)$$

Soziale Indifferenzkurven müssen daher konkav sein, wie in Abbildung 2.1 eingezeichnet.

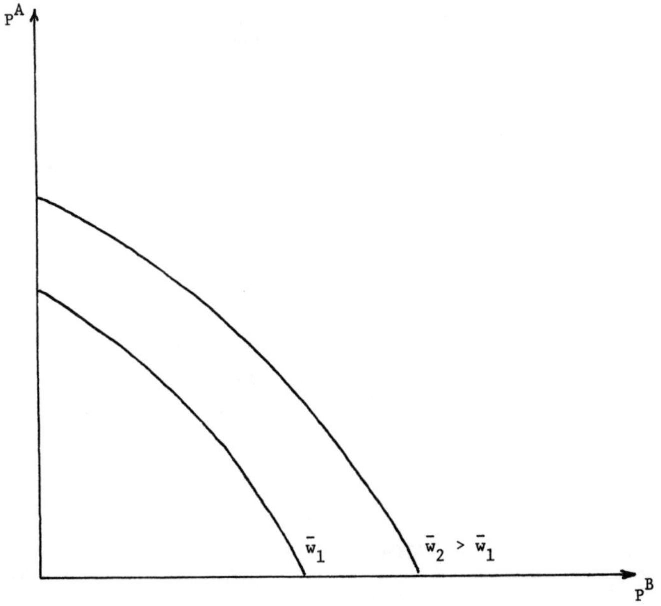

Abbildung 2.1

Die Budgetbeschränkung

$$(P^A-1)\ C^A(P^A,0) + (P^B-1)\ C^B(P^B,0) = R$$

läßt sich auf ähnliche Weise manipulieren, damit gezeigt werden kann, daß

$$\left.\frac{dP^A}{dP^B}\right|_{\bar{R}} = -\frac{C^B(-) + (P^B-1)\ C_1^B(-)}{C^A(-) + (P^A-1)\ C_1^A(-)} < 0$$

und daß

$$\left.\frac{d^2\ P^A}{d(P^B)^2}\right|_{\bar{R}} = \frac{2C_1^B(-) + (P^B-1)\ C_{11}^B(-)}{C^A(-) + (P^A-1)\ C_1^A(-)} +$$

$$\frac{[2C_1^A(-) + (P^A-1)\ C_{11}^A(-)]\ [C^B(-) + (P^B-1)\ (C_1^B(-)]}{[C^A(-) + (P^A-1)\ C_1^A(-)]^2} \qquad (6)$$

Der letzte Ausdruck hat ein Vorzeichen freilich, das einmal positiv, ein anderes Mal negativ sein kann. Die Erlösbeschränkung kann entweder konkav oder konvex sein.

(c) Beachte, daß entlang der 45°-Linie im (P^A,P^B)-Raum gilt, daß

$$V^A(P,0) \equiv V^B(P,0)$$

für $P^A = P^B = P$, so daß

$$\left.\frac{dP^A}{dP^B}\right|_{\bar{W}} = \left.\frac{dP^A}{dP^B}\right|_{\bar{R}} = -1 \quad .$$

Maxima oder Minima müssen daher entlang der 45°-Linie auftreten. Wie in Abbildung 2.2a gezeigt wird, muß dieser kritische Punkt ein Minimum sein, wenn die Erlösbeschränkung konvex ist. Wäre sie konkav, dann zeigen die Abbildungen 2.2b und 2.2c freilich, daß es **jeweils** von der relativen Krümmung der beiden Kurven abhängt.Wenn insbesondere die Einnahmenbeschränkung stärker (schwächer) gekrümmt wäre bei $P^A = P^B$ als die Wohlfahrts-Indifferenzkurve wie in Abbildung 2.2c (Abbildung 2.2b), dann wäre der kritische Punkt ein Maximum (Minimum). Die Bestimmung, was zutrifft, gelingt nun durch einen Vergleich der oben berechneten zweiten Ableitungen.

(d) Weil die beiden Individuen in jeder Hinsicht identisch sind, gilt

$$V_1^A(P,0) = V_1^B(P,0) \quad ,$$

und Gleichung (5) reduziert sich unmittelbar auf

$$\left.\frac{d^2P^A}{d(P^B)^2}\right|_{\substack{\bar{W} \\ P^A = P^B = P}} = \frac{V_{11}^A(P,0)}{V_1^A(P,0)} + \frac{V_{11}^B(P,0)}{V_1^B(P,0)} \quad . \tag{7}$$

Wir fahren damit fort, daß wir Roy's Lemma heranziehen:

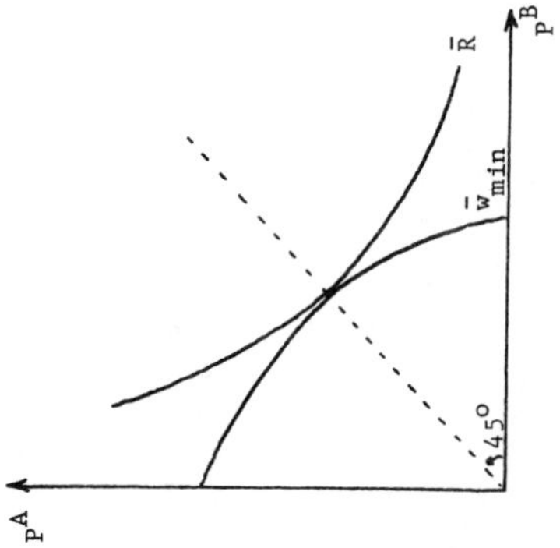

Abbildung 2.2a

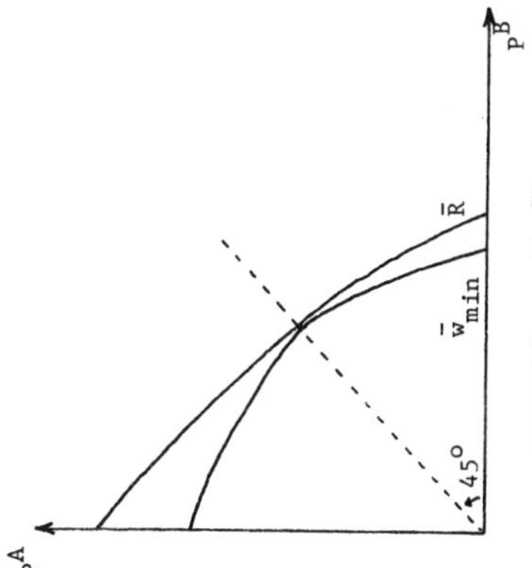

Abbildung 2.2b

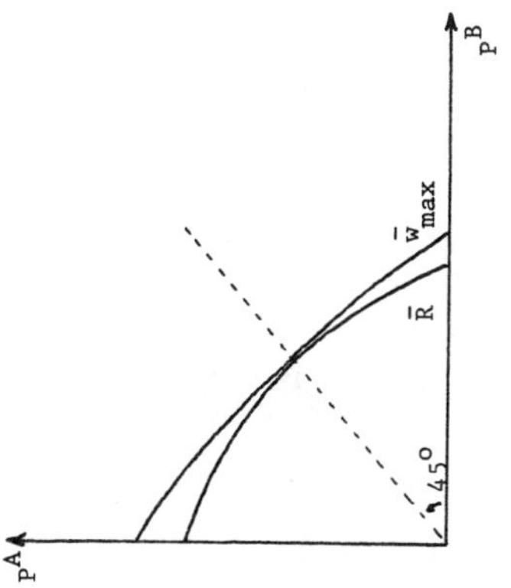

Abbildung 2.2c

$$- C^j(P,0)\ V_2^j(P,0) = V_1^j(P,0)$$

für j = A und B. Deshalb ist klarerweise

$$V_{12}^j(-) = - C^j(-)\ V_{22}^j(-) - V_2^j(-)\ C_2^j(-)$$

$$V_{11}^j(-) = - C^j(-)\ V_{12}^j(-) - V_2^j(-)\ C_1^j(-) \quad .$$

Und durch Substitution und Zusammenfassung der Terme

$$\frac{V_{11}^A(-)}{V_1^A(-)} = \frac{-C^A(-)\ V_{12}^A(-) - C_1^A(-)\ V_2^A(-)}{- C^A(-)\ V_2^A(-)}$$

$$= \frac{1}{P}\ \{- \frac{PC^A(-)\ V_{22}^A(-)}{V_2^A(-)} - \frac{PC_2^A(-)\ C^A(-)}{C^A(-)} + \frac{PC_1^A(-)}{C^A(-)}\}$$

Wir definieren ein Maß für die relative Risikoaversion

$$R^A \equiv - Y^A\ V_{22}^A(-)/V_2^A(-) > 0$$

mit $Y^A = PC^A(-)$, eine Einkommenselastizität der Nachfrage nach Konsumgütern

$$\varepsilon_Y^A = [d\ln C^A(-)/d\ln Y^A] > 0$$

und die korrespondierende Preiselastizität der Nachfrage

$$\varepsilon_P^A = - [d\ln C^A(-)/d\ln P] > 0 \quad ,$$

dann

$$\frac{V_{11}^A(-)}{V_1^A(-)} = \frac{1}{P} \{R^A - \varepsilon_Y^A - \varepsilon_P^A\}$$

und aus Gleichung (7):

$$\left.\frac{d^2 p^A}{d(p^B)^2}\right|_{p^{A^W} = p^B = P} = \frac{1}{P} \{R^A - \varepsilon_Y^A - \varepsilon_P^A + R^B - \varepsilon_Y^B - \varepsilon_P^B\}$$

$$= \frac{2}{P} \{R^A - \varepsilon_Y^A - \varepsilon_P^A\}$$

Je risikoscheuer die Gesellschaft wird, deshalb (d.h., je größer R^A und R^B, gemessen, wo $P^A = P^B = P$) desto weniger negativ ist die zweite Ableitung der sozialen Inzidenzkurve;, d.h., umso flacher ist sie in der Umgebung des kritischen Punktes $P^A = P^B = P$.

Manipuliert man die Erlösbeschränkung an diesem Punkt, kann sich ein ähnlicher Vereinfachungstyp ergeben. Nimmt man identische Individuen an, dann ergibt sich eine unmittelbare Reduktion auf

$$\left.\frac{d^2 P^A}{d(P^B)^2}\right|_{P^{A^{\bar{R}}} = P^B = P} = \frac{2C_1^B(-) + (P-1)\, C_{11}^B(-)}{C^A(-) + (p-1)\, C_1^A(-)} + \frac{2C_1^A(-) + (P-1)\, C_{11}^A(-)}{C^A(-) + (P-1)\, C_1(-)}$$

$$= 2\left\{\frac{2C_1^A(-) + (P-1)\, C_{11}^A(-)}{C^A(-) + (P-1)\, C_1^A(-)}\right\}$$

$$= 2\left\{\frac{2C_1^B(-) + (P-1)\, C_{11}^B(-)}{C^B(-) + (P-1)\, C_1^A(-)}\right\}$$

Wenn aber $\nu^A \equiv PC_{11}^A(-)/C_1^A(-)$ der Kurvenverlauf der Nachfragefunktion ist und $\tau = (P-1)/P$ der prozentuale Steuersatz ist, dann

$$\left.\frac{d^2 P^A}{d(P^B)^2}\right|_{P^{A^{\bar{R}}} = P^B = P} = 2\left\{\frac{C_1^A(-)}{C^A(-)}\right\} \frac{[2 + (\tau\, P\, C_{11}^A(-)/C_1^A(-))]}{[1 + \tau\, P\, C_1^A(-)/C^A(-)]}$$

$$= -\frac{2\varepsilon_P}{P} \frac{[2 + \tau\, \nu^A]}{[1 + \varepsilon_P \tau]}$$

(e) Abbildungen 2.2a und 2.2b illustrieren zwei Situationen, in denen der kritische Punkt $P^A = P^B = P$ ein lokales Minimum repräsentiert. In Abbildung 2.2a beachte, daß

$$\left.\frac{d^2 P^A}{d(P^B)^2}\right|_{P^{A^{\bar{R}}} = P^B = P} > 0 > \left.\frac{d^2 P^A}{d(P^B)^2}\right|_{P^{A^{\bar{W}}} = P^B = P} ;$$

in Abbildung 2.2b indessen

$$0 > \left.\frac{d^2\, P^A}{d(P^B)^2}\right|_{P^{A^{\bar{R}}} = P^B = P} > \left.\frac{d^2\, P^A}{d(P^B)^2}\right|_{P^{A^{\bar{W}}} = P^B = P}$$

Nur wenn

$$0 > \left.\frac{d^2\, P^A}{d(P^B)^2}\right|_{P^{A^{\bar{W}}} = P^B = P} > \left.\frac{d^2\, P^A}{d(P^B)^2}\right|_{P^{A^{\bar{R}}} = P^B = P}$$

kann der kritische Punkt tatsächlich ein Maximum sein. Minimierung ist daher sichergestellt, wenn

$$\frac{2}{P}\,\{R^A - \varepsilon_Y^A - \varepsilon_P^A\} < -\,\frac{2\varepsilon_P}{P}\,\frac{[2 + \tau\,\nu^A]}{[1 + \varepsilon_P\,\tau]}\;;$$

$$\nu^A < -\,\{[R^A - \varepsilon_Y^A - \varepsilon_P^A] - \frac{R^A - \varepsilon_Y^A + \varepsilon_P^A}{\varepsilon_P^A\;\tau}\}$$

Je stärker die Krümmung der Nachfragekurve ist, umso unwahrscheinlicher ist es, daß der kritische Punkt ein Maximum ist. Weil $(R^A - \varepsilon_Y^A + \varepsilon_P^A) > (R^A - \varepsilon_Y^A - \varepsilon_P^A) > 0$, haben größere Werte von τ (größere Erlöserfordernisse) und geringere Werte von R^A (geringere gesellschaftliche Risikoaversion) den gleichen Effekt. Die Möglichkeit, daß gleiche Behandlung die Wohlfahrt unterhalb eines Niveaus reduziert, das erreicht werden könnte durch ungleiche Behandlung von Gleichen kann deshalb nicht ausgeschlossen werden ohne überzeugenden Nachweis von starker Risikoaversion, relativ geringem Aufkommensbedarf und konkaver oder schwach konvexer Nachfrage. Abbildung 2.3 zeigt, wie die Existenz eines Minimums bei gleichen Preisen (gleichen Steuern) ein Maximum anderen Orts erzeugt.

Diese Übungsaufgabe ist aus einem Arbeitspapier über Zufallsbesteuerung von Joseph Stiglitz abgeleitet worden. Es behauptet, daß Konzepte wie horizontale Gleichheit, Utilitarismus und Pareto-Optimalität in ihrem wechselseitigem Kontext mit besonderem Augenmerk auf innere Widersprüche überdacht werden müssen. Diese Aussage ist etwas dunkel, zugegeben, und sicherlich eher philosophisch. Aus praktischer Sicht sind ihre Ergebnisse wahrscheinlich ohne verwertbaren Inhalt. Keine Zufallsbesteuerung wird in naher Zukunft in die staatliche Gesetzgebung aufgenommen werden. Aus einer logischen Perspektive verwundert das auch nicht. Zufallsbesteuerung war wünschenswert, wann immer die Reaktion der Arbeit auf die Besteuerung dazu führte, daß das Steueraufkommen überproportional zum Steuersatz stieg. Dies führt zu dem Ergebnis, daß der durchschnittliche Steuersatz erzielt werden könnte durch Auferlegen unterschiedlicher Steuerlasten auf unterschiedliche Individuen mit identischer wirtschaftlicher Situation. Und in diesem schließlichen Kontext wird die Lektion vom allgemeinen Gleichgewicht nochmals überprüft - durch Vereinfachung eines Problems auf seine offensichtliche Begründung (Teil (a)) können einige wichtige Elemente in der Grundlegung fehlen.

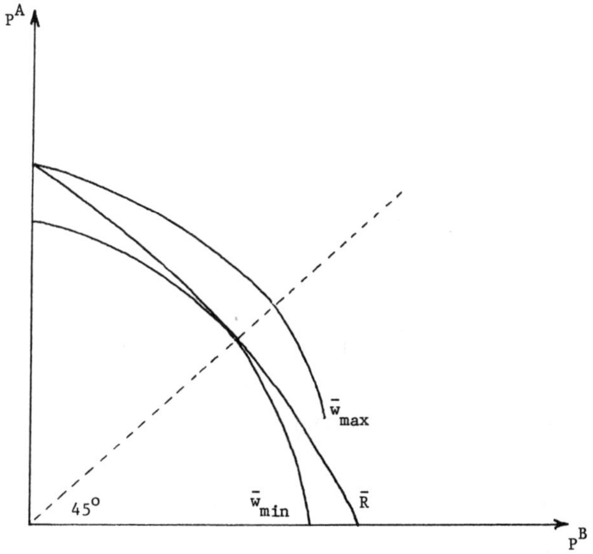

Abbildung 2.3

LITERATURHINWEISE

Atkinson, A.B. and J.E. Stiglitz, "The Structure of Indirect Taxation and Economic Efficiency," Journal of Public Economics, 1, 97-119, 1972.

Atkinson, A.B. and J.E. Stiglitz, "The Design of Tax Structure: Direct Versus Indirect Taxation," Journal of Public Economics, 6, 55-75, 1976.

Diamond, P.A. and J.A. Mirrlees, "Optimal Taxation and Public Production," American Economic Review, 61, 8-27 and 261-278, 1971.

Diamond, P.A. and J.E. Stiglitz, "Increases in Risk and in Risk Aversion," Journal of Economic Theory, 9, 337-360, 1974.

Musgrave, R.A., "ET, OT and SBT," Journal of Public Economics, 6, 3-16, 1975.

Stiglitz, J.E. and P.S. Dasgupta, "Differential Taxation, Public Goods, and Economic Efficiency," Review of Economic Studies, 38, 151-174, 1971.

Stiglitz, J.E., "Utilitarianism and Horizontal Equity - The Case for Random Taxation," Stanford Technical Report No. 214, 1976.

3.3 Risikoaversion mit vielen Gütern

Die Bedeutung verschiedener Maße der Risikoaversion geht weit über die Problembereiche hinaus, die sich leicht mit Nutzenfunktionen mit einer Variablen handhaben lassen. Diese Übungsaufgabe wird deutlich machen, welch ausgedehntes Potential darin liegt, indem wir ein ziemlich fundamentales Ergebnis reproduzieren: Wenn ein Individuum einen Grad an relativer Risikoaversion aufweist, der über alle Einkommenshöhen konstant bleibt, dann erzeugen seine zugrundeliegenden Präferenzen für Waren ein homothetisches Indifferenz-"Mapping". Wir bezeichnen das Einkommen mit y und nehmen an, es gäbe n Güter, $\vec{x} \equiv (x_1,\ldots,x_n)$, deren Preise durch $\vec{p} \equiv (p_1,\ldots,p_n)$ angegeben werden. Wir betrachten nun drei verschiedene Nutzenfunktionen in Einkommen und Preisen:

$$u^1(\vec{p},y) = a(\vec{p})y + b(\vec{p}); \tag{1}$$

$$u^2(\vec{p},y) = w(\vec{p})\ln y + v(\vec{p}); \tag{2}$$

$$u^3(\vec{p},y) = w(\vec{p})y^{v+1} + Z(\vec{p});\ v \neq 1. \tag{3}$$

(a) Zeige, daß dann, wenn (1) Nutzen repräsentiert, das Individuum sich in dem Sinne risikoneutral verhält, daß die relative (und tatsächlich auch die absolute) Risikoaversion Null beträgt *(Varian, Hinweis-Nr. 22)*. Zeige weiter, daß (2) und (3) konstante relative Risikoaversionsgrößen von 1 bzw. v aufweisen.

(b) Nehme jedes $u^i(\vec{p},y)$ einzeln und argumentiere, daß ihre zugrundeliegenden Indifferenz-"Mappings" homothetisch sind. Beachte, daß die $u^i(\vec{p},y)$ tatsächlich indirekte Nutzenfunktionen sind, und erinnere Dich daran, daß es für Homothetizität ausreicht, wenn man lineare Einkommensexpansionspfade durch den Ursprung gehend für jede Preismenge beobachten kann.

(a) Für die vorliegenden Funktionen ist die relative Risikoaversion

$$r(y) \equiv -\{y \frac{\partial^2 u}{\partial y^2} \Big/ \frac{\partial u}{\partial y}\}. \qquad (4)$$

Die Algebra von (4) beweist die Behauptung.

(b) Auch wenn die Dinge in (2) und (3) detaillierter werden, so bleibt die Analysemethode für diesen ganzen Aufgabenteil unverändert. Spezielle Sorgfalt wenden wir deshalb bei der Behandlung von (1) auf. Differenziert man

$$\bar{u}^1 = u^1(\vec{p},y) \qquad (5)$$

nach p_i, dann hält man den Schlüssel in der Hand, wenn man zwei Beobachtungen anstellt:

(ba) die Ausgabenfunktion gibt das minimale Ausgabenniveau und damit das Minimumeinkommen an, das erforderlich ist, um das Nutzenniveau $\bar{u}$ für alle Preise $\vec{p}$ aufrechterhalten zu können *(Varian, Hinweis-Nr. 23)* ; und

(bb) die kompensierte Nachfragekurve für x_i ist das einfache Partial von $e(\vec{p},\bar{u})$, abgeleitet nach p_i (Varian, Eigenschaft 5, *Hinweis-Nr. 24)*.

Differenziert man implizite (5) im Lichte der ersten Beobachtung, dann ergibt sich, daß

$$0 = a(\vec{p})\frac{\partial e}{\partial p_i} + y\frac{\partial a(\vec{p})}{\partial p_i} + \frac{\partial b(\vec{p})}{\partial p_i}, \qquad (6)$$

während eine Umformung von (6) im Lichte der zweiten Beobachtung die folgende Beziehung herstellt:

$$x_i^c = -ya_i(\vec{p})/a(\vec{p}) - b_i(\vec{p})/a(\vec{p}).$$

Wir führen folgende Bezeichnungen ein:

$$a_i(\vec{p}) \equiv \frac{\partial a(\vec{p})}{\partial p_i} \qquad b_i(\vec{p}) \equiv \frac{\partial b(\vec{p})}{\partial p_i}.$$

Für kleine Werte von y gilt deshalb

$$x_i^c \approx -b_i(\vec{p})/a(\vec{p}).$$

Um sicherzustellen, daß $x_i^c \geq 0$, muß $b_i(\vec{p})$ nichtnegativ sein, wenn $a(\vec{p}) < 0$, und sonst nichtpositiv. Indirekte Nutzenfunktionen sind homogen vom Grade Null in $(\vec{p},y)$, obgleich (siehe Varian, *Hinweis-Nr. 25* ; Eigenschaft 4) und als ein Ergebnis

$$\sum_{i=1}^{n} p_i b_i = 0 \tag{7}$$

(um das zu erkennen, differenziere man $b(t\vec{p}) = b(\vec{p})$ nach t). Da die $b_i(\vec{p})$ niemals gemischte Vorzeichen über die Waren hin haben können, gibt es keine Möglichkeit des sich Aufhebens in (7), unabhängig davon, welches Vorzeichen $a(\vec{p})$ besitzt. Es muß dann wahr sein, daß $b_i(\vec{p}) = 0$ für alle $i = 1,\ldots,n$. Als Ergebnis somit

$$x_i^c = -y(a_i(\vec{p})/a(\vec{p})); \quad i = 1, \ldots, n. \tag{8}$$

Gleichung (8) parametrisiert die Einkommensexpansionspfade für $u^1(\vec{p},y)$. Dabei erkennt man, daß sie sowohl linear sind, als auch durch den Ursprung des Waren-Raumes gehen. Damit ist die Homothetizität bewiesen.

Die Verfahren, die auf (1) angewendet wurden, lassen sich auch auf (2) und (3) anwenden. Implizite Differentiation von

$$\bar{u}^2 = u^2(\vec{p},y)$$

im Lichte der Beobachtung (ba) ergibt, daß

$$0 = \frac{w(\vec{p})}{y}\frac{\partial e}{\partial p_i} + \ln(y)w_i(\vec{p}) + v_i(\vec{p}). \tag{6'}$$

Umformung mit der Hilfe von (bb) ergibt

$$x_i^c = -y\ln y(w_i(\vec{p})/w(\vec{p})) - (y/w(\vec{p}))v_i(\vec{p}).$$

Jetzt muß x_i^c immer auch dann noch positiv sein, wenn y sehr große oder sehr kleine Werte annimmt und

$$x_i^c \approx - y \ln y (w_i(\vec{p})/w(\vec{p})).$$

Wenn $(w_i(\vec{p})/w(\vec{p})$ jedoch strikt negativ (positiv) wäre, würden kleine (große) Werte von y $x_i^c < 0$ sein lassen. Es muß deshalb wahr sein, daß

$$(w_i(\vec{p})/w(\vec{p}) = 0$$

und

$$x_i^c = - (v_i(\vec{p})/w(\vec{p}))y. \qquad (9)$$

Homothetizität ist damit sichergestellt, weil (9) genauso aussieht wie (8).
Implizite Differentiation von

$$\bar{u}^3 = u^3(\vec{p},y)$$

ergibt ähnliche Ergebnisse. Dividiert man beide Seiten der sich ergebenden Gleichung durch (v + 1), so ergibt die folgende Beziehung

$$x_i^c = - \frac{y}{v+1} \frac{w_i(\vec{p})}{w} - \frac{y^{-v}}{w(v+1)} z_i. \qquad (6'')$$

Die lineare Homogenität von z(p) erfordert, daß

$$\sum_{i=1}^{n} p_i z_i(\vec{p}) = 0 \qquad (10)$$

und liefert die Basis dafür, daß man den zweiten Term in (6'') vernachlässigen kann. Wenn immer $v < -1$ ($v > -1$), dann gilt

$$x_i^c \approx - \frac{y^{-v}}{w(v+1)} z_i(p)$$

für große (kleine) Werte von y und erfordert, dass

$$(w(v+1))^{-1} z_i \leq 0$$

für alle i = 1,...,n, um sicherzustellen, daß $x_i^c \geqslant 0$. Kombiniert man diese Beobachtung mit (10), dann ist die Folgerung gestattet, daß $z_i = 0$ und daß

$$x_i^c = -\frac{w_i(p)}{w(v+1)} y \tag{11}$$

für alle i. Gleichung (11) sieht wie (8) aus. Damit stellt sich erneut Homothetizität heraus.

Die vorliegende Aufgabe hat etliche Ergebnisse wiederholt, die in der Arbeit von Stiglitz dargelegt sind. Sie stellen freilich mehr als rein akademische Übungen dar. Verschiedene Studien (siehe Prais und Houthakker (6) zum Beispiel) haben gezeigt, daß lineare Einkommensexpansionspfade nicht so gut mit empirischen Daten zusammenpassen, wie das andere Formen tun. Wenn daraus nun gefolgert werden könnte, daß Expansionspfade typischerweise nicht linear verlaufen, dann würde das Gegenteil zutreffen: Die Menschen reagieren auf Risiko nicht unabhängig von ihrer Einkommenshöhe. Die Auswirkung einer solchen Folgerung wäre immens; ein Beispiel sei abschließend dazu angegeben. Man betrachte die individuelle Investition als eine Form der Risikoübernahme, welche notwendigerweise in Rahmen verschiedener Besteuerungsformen vorgenommen werden muß. Welche Einflüße haben diese Besteuerungsformen auf die Risikoübernahme? Es läßt sich zeigen, daß eine proportionale Vermögensteuer die Nachfrage nach Risikokapital erhöhen, senken oder unverändert lassen kann, wenn der Investor jeweils zunehmende, abnehmende oder konstante relative Risikoaversion aufweist. Reaktionen des Investors auf kompliziertere Steuerstrukturen (Einkommensbesteuerung mit Verlustabschreibung, Kapitalertragsbesteuerung usw.) hängen ebenfalls ganz offensichtlich davon ab, wie sich die Risikoaversion mit dem Einkommen bewegt.

Der interessierte Leser sei auf Domar und Musgrave (2), Hall (3), Mossin (4), Richter (8) und Stiglitz (10) verwiesen. Dort werden diese Fragen ausführlich diskutiert und insbesondere dürfte allen die Bedeutung klar sein, wenn man es zuläßt, daß sich die Risikoaversion mit dem Einkommen ändern kann.

LITERATURHINWEISE

(1) Arrow, K., *Essays in the Theory of Risk Bearing*, Chicago: Markham, 1970.

(2) Domar E. and Musgrave, R., "Proportional Income Taxation and Risk Taking," *Quarterly Journal of Economics* 56: 388-422, 1944.

(3) Hall, C., *Fiscal Policy for Stable Growth*, New York: Holt, Rinehart and Winston, 1965.

(4) Mossin, J., "Taxation and Risk-Taking: An Expected Utility Approach," *Economica* 35: 74-82, 1968.

(5) Musgrave, R., *Theory of Public Finance*, New York: McGraw-Hill, 1959.

(6) Prais, S. and Houthakker, H., *The Analysis of Family Budgets*, Cambridge: Cambridge University Press, 1955.

(7) Pratt, J., "Risk Aversion in the Small and in the Large," *Econometrica* 32: 122-36, 1964.

(8) Richter, M., "Cardinal Utility, Portfolio Selection, and Taxation," *Review of Economic Studies* 27: 152-66, 1960.

(9) Stiglitz, J., "Behavior Towards Risk with Many Commodities," *Econometrica* 34: 660-67, 1969.

(10) ___________, "The Effects of Income, Wealth, and Capital Gains Taxation on Risk-Taking," *Quarterly Journal of Economics* 81: 263-283, 1969.

3.4 Separierbarer Nutzen und konditionale Nachfrage

Betrachte eine Nutzenfunktion mit drei Gütern, die wie folgt repräsentiert werde:

$$u = u(x_1, x_2, x_3). \tag{1}$$

Die Marshallschen Nachfragefunktionen, die mit (1) verbunden sind, lassen sich wie folgt angeben:

$$x_i(\vec{p}, y) = x_i,$$

wobei $\vec{p} \equiv (p_1, p_2, p_3)$ Warenpreise sind und y das Einkommen ist *(Varian, Hinweis-Nr. 26)* . Man nehme nun an, daß der Konsum von x_3 bei $\bar{x}_3$ fixiert ist; die Ausgaben für x_3 sind bei $p_3\bar{x}_3$ fixiert und das verbleibende Einkommen, das auf (x_1, x_2) verteilt werden muß, beträgt $A \equiv y - p_3\bar{x}_3$. Die konditionalen Nachfragefunktionen für x_1 und x_2 können dann als Lösungen des folgenden Problems (siehe Pollak (3 und 4)) definiert werden:

$$\max \quad u(x_1, x_2, \bar{x}_3)$$

$$\text{so daß} \quad p_1k_1 + p_2k_2 \leq A.$$

Diese Funktionen seien repräsentiert durch

$$\bar{x}_i = g_i(p_1, p_2, A, \bar{x}_3). \tag{2}$$

Es ist möglich, noch präziser zu sein. Man nehme an, daß $\bar{x}_3$ genau der Betrag ist, den der Konsument in einer unbeschränkten Maximierung von (1) ausgewählt haben würde, unterworfen freilich $\vec{p} \cdot \vec{x} \leq y$; d.h., daß gelte

$$\bar{x} = x_3(\vec{p}, y).$$

Wenn nun $(y - p_3 x_3(\vec{p}, y))$ übrigbleibt, dann würde der Konsum von x_1 und x_2 auch (1) maximieren unter Berücksichtigung von

$$p_1 x_1 + p_2 x_2 \leq y - p_3 x_3(\vec{p}, y); \tag{3}$$

(2) wiederholt tatsächlich $\vec{p} \cdot \vec{x} \leq y$. Es ist klar, daß nun

$$g_i(p_1, p_2, [y - p_3 x_3(\vec{p}, y)], x_3(\vec{p}, y)) = x_i(\vec{p}, y) \tag{4}$$

die gewöhnlichen Marshallschen Nachfragefunktionen mit den konditionalen Nachfragefunktionen verknüpft.

Man nehme nun an, daß der Nutzen sich wie folgt als freie Funktion schreiben lasse:

$$u(\vec{x}) = U(w(x_1, x_2), x_3). \tag{1'}$$

Es leuchtet intuitiv ein, daß unter dieser Bedingung (x_1, x_2) in $u(\vec{x})$ von x_3 separierbar ist. Die vorliegende Aufgabe wird diesen Satz genauer untersuchen.

(a) Zeige, daß (1′) der üblichen Definition der (schwachen) Separierbarkeit genügt: die Grenzrate der Substitution zwischen x_1 und x_2 ist gegenüber Änderungen von x_3 invariant.

(b) Zeige, daß die Nachfrage nach x_1 und x_2 nur von p_1, p_2 und dem für x_1 und x_2 verausgabten Betrag abhängt. Benutze dies dazu, zu zeigen, daß eine Änderung im Konsum von x_i $(i=1,2)$

als Reaktion auf eine Änderung von p_3 proportional ist zu einer Änderung von x_1 als Reaktion auf eine Änderung von y.

(c) Zeige, daß eine Änderung im kompensierten (Hicksschen) Konsum von x_i (i=1,2) in Reaktion auf eine Änderung von p_3 proportional ist zur kompensierten Änderung von x_i in Reaktion auf eine Änderung von y.

(d) Betrachte zwei mögliche Formen für (1′)

$$u(\vec{x}) = [\alpha x_1^{\rho} + (1-\alpha)x_2^{\rho}]^{a/\rho} x_3^{1-a} \qquad (1'a)$$

$$u(\vec{x}) = \{ a[\alpha x_1^{\rho} + (1-\alpha)x_2^{\rho}]^{r/\rho} + (1-a)x_3^{r}\}^{1/r}. \qquad (1'b)$$

Zeige, daß,während die Nachfrage nach x_i gänzlich unabhängig von p_3 (i=1,2) für (1′a) ist, die Nachfrage nach x_i implizit von p_3 für (1′b) durch die Ausgaben für x_1 und x_2 abhängig ist.

(a) Beachte einfach, daß (siehe die letzte Gleichung bei Varian, *Hinweis-Nr. 27* , Grenzrate der Substitution hier mrs)

$$mrs_{1,2} = \frac{(\partial u/\partial x_1)}{(\partial u/\partial x_2)} = \frac{[\partial U/\partial w](\partial w/\partial x_1)}{[\partial U/\partial w](\partial w/\partial x_2)} = \frac{(\partial w/\partial x_1)}{(\partial w/\partial x_2)}$$

nicht von x_3 abhängt, weil $w(x_1,x_2)$ nicht von x_3 abhängt.

(b) Betrachte das Problem

$$\max U(w(x_1,x_2),\bar{x}_3)$$

$$\text{so daß } p_1x_1 + p_2x_2 \leq y - p_3\bar{x}_3 \equiv A. \tag{5}$$

Lösungen für (5) erfüllen

$$\frac{\partial w/\partial x_1}{\partial w/\partial x_2} = \frac{p_1}{p_2}$$

$$p_1x_1 + p_2x_2 = A;$$

sie hängen nicht <u>explizit</u> von $\bar{x}_3$ ab.
Sie lassen sich repräsentieren durch

$$\bar{x}_i = g_i(p_1,p_2,A);\ i = 1,2.$$

Aus (4) gilt dann

$$x_i(\vec{p},y) = g_i(p_1,p_2,A);\ i = 1,2 \tag{6}$$

und dies hängt nicht explizit von $\bar{x}_3$ ab (es gibt jedoch eine implizite Abhängigkeit durch A, welche in (d) aufgezeigt werden wird). Vielmehr hängt $x_i(\vec{p},y)$ von p_1,p_2 und den gesamten Ausgaben für (x_1,x_2) ab.

Beachte aus (6), daß

$$\frac{\partial x_i(\vec{p},y)}{\partial p_3} = \frac{\partial g_i}{\partial A} \cdot \frac{\partial A}{\partial p_3} \qquad (7a)$$

$$\frac{\partial x_i(\vec{p},y)}{\partial y} = \frac{\partial g_i}{\partial A} \cdot \frac{\partial A}{\partial y}. \qquad (7b)$$

Verbindet man (7a) und (7b), indem man $(\partial g_i/\partial A)$ eliminiert, dann

$$\frac{\partial x_i(\vec{p},y)}{\partial p_3} = k \, \frac{\partial x_i(\vec{p},y)}{\partial y} \qquad (8)$$

wobei $k \equiv ((\partial A/\partial p_3)/(\partial A/\partial y))$ von x_3 abhängt.

(c) Aus der Slutsky-Gleichung *(Varian, Hinweis-Nr. 28)* ergibt sich

$$\frac{\partial h_i(\vec{p},\bar{u})}{\partial p_3} = \frac{x_i(\vec{p},y)}{\partial p_3} + x_3(\vec{p}_3,y) \, \frac{\partial x_i(\vec{p},y)}{\partial y}; \quad i = 1,2,$$

wobei $h_i(\vec{p},\vec{u})$ die Hickssche Nachfragefunktion für x_i repräsentiert. Aus (8) folgt dann

$$\frac{\partial h_i(\vec{p},\bar{u})}{\partial p_3} = (k + x_3(\vec{p},y)) \, \frac{\partial x_i(\vec{p},y)}{\partial y}$$

$$\equiv k' \, \frac{\partial x_i(\vec{p},y)}{\partial y} \; ; \; i = 1,2.$$

Selbstverständlich hängt auch k' von x_3 ab.

(d) Für eine Cobb-Douglas-Nutzenfunktion der Form

$$u(z_1,z_2) = z_1^{\,a} \, z_2^{\,1-a},$$

ist die Gesamtausgabe für z_1 gleich ay, unabhängig davon, wieviel z_2 pro Einheit kostet. Um das zu erkennen, erinnere man sich daran, daß die Nachfrage nach z_1 sich schreiben läßt

(Varian, Hinweis-Nr. 29) $z_1 = (ay)/p_1$, so daß $p_1 z_1 = ay$. Es ist dann klar, daß die Nachfragefunktionen für x_1 und x_2 in

$$u(\vec{x}) = [\alpha x_1^{\rho} + (1-\alpha)x_2^{\rho}]^{a/\rho} x_3^{(1-a)}$$

das Problem lösen

$$\max [\alpha x_1^{\rho} + (1-\alpha)x_2^{\rho}]^{1/\rho}$$

$$\text{so daß } p_1 x_1 + p_2 x_2 \leq ay.$$

Wegen der Eigenschaften der allgemeinen CES-Funktion gilt dann
(Varian, Hinweis-Nr. 30)

$$x_1(p_1, p_2, ay) = \frac{p_1^{s-1} ay}{(p_1^{s} + p_2^{s})}$$

$$x_2(p_1, p_2, ay) = \frac{p_2^{s-1} ay}{(p_1^{s} + p_2^{s})}$$

wobei $s = \rho/(1-\rho)$. Nunmehr gilt

$$x_3(p_3, (1-a)y = \frac{(1-a)y}{p_3},$$

wobei die Nachfragefunktionen für x_1 und $x_2(x_3)$ nicht einmal implizite von $p_3(p_1$ oder $p_2)$ abhängen.

Für die Nutzenfunktion der Form

$$u(\vec{x}) = \{a[\alpha x_1^{\rho} + (1-\alpha)x_2^{\rho}]^{r/\rho} + (1-a)x_3^{r}\}^{1/r},$$

ist die Geschichte freilich anders. In diesem Fall sind die Ausgaben für x_1 und x_2 das Einkommen y minus der Ausgaben für x_3; d.h.,

$$y - \frac{p_3^{\sigma} y}{(p_3^{\sigma} + c^{\sigma})} \equiv A(p_3,y),$$

wobei c der Schattenpreis ist von $z = (\alpha x_1^{\rho} + (1-\alpha)x_2^{\rho})^{1/\rho}$. Das ergibt

$$x_1(p_1,p_2,A(p_3,y)) = \frac{p_1^{s-1}A(p_3,y)}{(p_1^{s} + p_2^{s})}$$

$$x_2(p_1,p_2,A(p_3,y)) = \frac{p_2^{s-1}A(p_3,y)}{(p_1^{s} + p_2^{s})}$$

und die Nachfrage nach x_i hängt von p_3 implizit durch $A(p_3,y)$ ab.

Diese Aufgabe hatte die Absicht, das Konzept der Separierbarkeit des Nutzens zu untersuchen. Obwohl die Ergebnisse auf den Fall dreier Güter lauten, so lassen sie sich vollkommen verallgemeinern. Die beiden bedeutsamsten verallgemeinerten Ergebnisse werden unten wiedergegeben.

(a) Eine Nutzenfunktion $u(x_1,...,x_n)$ ist schwach separierbar (definiert mit Hilfe der Grenzrate der Substitution) entlang einer Güterpartition

$$(x_1,\ldots x_n) = (\{x_{11},\ldots,x_{1r_1}\},\ldots,\{x_{m_1}\ldots,x_{mr_m}\})$$

wenn und nur wenn sie wie folgt geschrieben werden kann

$$u(\vec{x}) = U(w_1(x_{11},\ldots x_{1r_1}),\ldots,w_m(x_{m1},\ldots x_{mr_m})). \qquad (9)$$

(Siehe Goldman und Uzawa (1)).

(b) Wenn $u(\vec{x})$, wie in (9) angegeben, repräsentiert werden kann, dann lassen sich sowohl die Hicksschen als auch die Marshallschen Nachfragefunktionen für jedes Gut schreiben als Funktion der Preise nur der anderen Güter in der Partition und der gesamten Ausgabe, die auf diese Güterpartition verwendet wird. Änderungen der Güterpreise außerhalb der Partition besitzen deshalb Wirkungen proportional zur Wirkung von Einkommensänderungen (siehe Pollak (4)).

Die Implikationen dieser Ergebnisse für empirische Untersuchungen sind immens. In Aufgabe 4.3 ist eine Testmethode für Separierbarkeit bei Produktionsfunktionen untersucht, wobei auf die Eigenschaft Bedacht genommen wird, welche die abgeleiteten Faktornachfragefunktionen spezifizieren. Ähnliche Techniken lassen sich wohl auch auf die Spezifikation der Konsumentennachfrage anwenden (siehe Yohe (5)).

LITERATURHINWEISE

(1) Goldman, S.M. and H. Uzawa, "A Note on Separability in Demand Analysis," *Econometrica* 32:387-398, 1964.

(2) Gorman, W.M., "Separable Utility and Aggregation," *Econometrica* 28:469-481, 1960.

(3) Pollak, R.A., "Conditional Demand Functions and Consumption Theory," *Quarterly Journal of Economics* 83:60-78, 1969.

(4) ____________, "Conditional Demand Functions and the Implications of Separable Utility," *Southern Economic Journal* 37:423-433, 1971.

(5) Yohe, G., "Separable Utility Schedules - A Testing Procedure," mimeo, Wesleyan University, 1979.

3.5 Produktzuverlässigkeit

Diskussionen der Produktqualität und der Informationsstrukturen, welche die Wahrnehmung dieser Qualität durch den Konsumenten hervorbringen, finden sich in Varian's Mikroökonomie erst im letzten Kapitel. Ein Modell zum Produktversagen, das Spence (4) veröffentlicht hat, läßt sich aber dennoch jetzt als äußerst instruktives Beispiel für das Konzept der Versicherung anwenden, das in * vorgeführt wird. Die vorliegende Aufgabe wird dieses Beispiel untersuchen. Es seien

y = Ex ante-Konsumenteneinkommen;

s = Wahrscheinlichkeit für die zugesagte Funktionstüchtigkeit des Produktes;

r(s) = Wahrnehmung von s durch den Konsumenten;

c(s) = Grenzkosten der Produktion eines Gutes mit der Sicherheit s.

Man nehme an, daß sowohl $\partial c/\partial s$ als auch $\partial^2 c/\partial s^2$ nichtnegativ sind, daß die Konsumenten die Produktsicherheit überschätzen ($r(s) > s$) und daß diese Wahrnehmung unvollkommen responsiv ist ($\partial r/\partial s < 1$). Es sei m die Produzentenhaftung dem Konsumenten gegenüber, wenn das Produkt versagt. Ferner nehme man an, daß die Gewinne des Produzenten im Durchschnitt Null betragen.

(a) Zuerst werde Risikoneutralität (Linearität) im Einkommen vorausgesetzt. Dann werden die Kosten des Produktversagens für den Konsumenten mit ℓ bezeichnet. Die einzig mögliche Haftung beträgt hier m und somit lautet die Beschränkung der erwarteten Nullgewinne

$$p = c(s) + (1-s)m. \qquad (1)$$

Charakterisiere bei gegebener Konsumentenwahrnehmung s die erwarteten Nutzen-maximalen Niveaus von s und m ($\hat{s}$ und $\hat{m}$). Charakterisiere bei gegebenen korrekten Wahrnehmungen von s, die optima-

* *(Varian, Hinweis-Nr. 31)*

len Niveaus für s und m (s^* und m^*). Zeige, daß die Sicherheit unzureichend durch den unregulierten Markt ist; d.h., zeige, daß $s < s^*$. Demonstriere schließlich, daß bei der Einrichtung eines Haftungssystems, bei dem $m = \ell$ ist, s^* sogar bei falscher Wahrnehmung durch die Konsumenten hervorgebracht wird.

(b) Anstatt Risikoneutralität anzunehmen, repräsentiere jetzt u(x) den Nutzen, wenn das Produkt <u>nicht</u> versagt, und v(x) den Nutzen, wenn das Produkt versagt. Zeige, daß dann, wenn $r(s) > s$, die Versicherung durch die unregulierte Branche unzureichend ist. Zudem, solange die Konsumentenwahrnehmung nicht vollkommen reagiert ($\partial r / \partial s = 1$), wird auch die Produktsicherheit unzutreffend spezifiziert.

(c) Zeige im Kontext (b), daß es einen Weg gibt, um das optimale Niveau der Produktsicherheit (s^*) zu erreichen. Füge insbesondere der üblichen Versicherungspolitik (bezahlt als Haftungssumme durch die Unternehmung an den Konsumenten eines Produktes, das versagt) einen Subsidienbetrag pro Einheit hinzu, der bezahlt wird an den Kosumenten beim Kauf des Produktes (k). Finanziere diese Subsidie gänzlich durch Haftungsbeträge f, die bei Versagen des Produktes an den Staat zu bezahlen sind. Charakterisiere diese zweiseitig angelegte Politik auf eine Weise, daß der Markt das optimale s^* wählt.

Die allgemein hier angewendete Technik besteht darin, das Optimum mit der Bestlösung des kompetitiven Marktes bei falschen Wahrnehmungen der Konsumenten hinsichtlich der Sicherheitsrisiken zu vergleichen. Die Politikauswahl besteht dann im Setzen von Parametern, welche der Staat im vernünftigen Rahmen ändern kann, so daß die Charakterisierung des kompetitiven Marktes das Optimum dupliziert. Für Teil (a) läßt sich die staatliche Politik sehr leicht beschreiben. Im Teil (c) jedoch wird die übliche Technik der Maximierung in zwei Schritten angewendet.

(a) Da die Risikoneutralität impliziert, daß der Nutzen des Konsumenten linear im Einkommen ist *(Varian, Hinweis-Nr. 32)*, kann man wegen der Bedingung erwarteter Nullgewinne den erwarteten Konsumentennutzen wie folgt schreiben:

$$Eu_c = r(s)[y-p] + [1-r(s)][y-p+m-\ell]$$

$$= (y-c(s)-(1-s)m) + [1-r(s)](m-\ell)$$

$$= y-c(s) - [1-r(s)]\ell + [s-r(s)]m. \qquad (2)$$

Die Maximierung von (2) im Hinblick auf m und s vermittelt nun die richtige Einsicht. Wenn m nicht negativ sein kann, dann maximiert $\hat{m} = 0$ den erwarteten Nutzen, wenn $r(s) > s$ ist. Die Bedingung erster Ordnung für s lautet dann einfach

$$\frac{\partial c(s)}{\partial s} = \ell\,\frac{\partial r(s)}{\partial s}. \qquad (3)$$

Das Optimum verlangt nun die Wahl von s derart, daß folgendes maximiert wird:

$$E_u = s(y-p) + (1-s)(y-p+m-\ell).$$

Die Bedingung der Nullgewinne kommt nun wieder ins Spiel, so daß

$$E_u = s(y-c(s)-(1-s)m) + (1-s)(y-c(s)-(1-s)m+m-\ell)$$

$$= y - c(s) - (1-s)\ \ell. \qquad (4)$$

Das Niveau der Versicherung ist wiederum ohne Bedeutung, da es in (4) nicht eingeht, und s^* maximiert E_u, wenn

$$\frac{\partial c(s)}{\partial s} = \ell. \qquad (5)$$

Vergleicht man (3) und (5), so kann man erkennen, daß dann, wenn $(\partial r(s)/\partial s) < 1$ ist, $\hat{s} < s^*$ ist, und die kompetitive Lösung liefert dann eine Unterversicherung selbst dann, wenn es keine Versicherung gibt.

Wenn m als politisches Instrument eingesetzt wird und es durch den Staat mit ℓ gleichgesetzt wird, dann lautet die Bedingung erster Ordnung für die Maximierung von (2) im Hinblick auf s

$$\frac{\partial c(s)}{\partial s} = \ell \frac{\partial r(s)}{\partial s} + (1 - \frac{\partial r(s)}{\partial s})\ \ell = \ell.$$

Die Bedingung für ein Optimum würde erfüllt durch eine Regel, die die Haftungssumme der Unternehmung gleichsetzt dem Verlust des Konsumenten. Der Staat braucht nur ℓ zu kennen, um die politischen Maßnahmen gestalten zu können, ohne Rücksicht auf falsche Wahrnehmung durch die Konsumenten.

(c) Ohne Risikoneutralität gilt:

$$Eu_c = r(s)u[y-p] + (1-r(s))v[y-p+m]$$

$$= r(s)u[y-c(s) - (1-s)m] + (1-r(s))v[y-c(s) + sm]. \qquad (6)$$

Die Bedingungen erster Ordnung für die Maximierung von (6) im Hinblick auf m und s lauten

$$-r(\hat{s})u'(1-\hat{s}) + (1-r(\hat{s}))v'\hat{s} = 0 \tag{7a}$$

$$u\frac{\partial r}{\partial s} + r(\hat{s})u'(-\frac{\partial c}{\partial s} + \hat{m}) - v\frac{\partial r}{\partial s} + (1-r(\hat{s}))v'(-\frac{\partial c}{\partial s} + \hat{m}) = 0. \tag{7b}$$

Aus Gründen der Notation: $u' \equiv \partial u/\partial x$ und $v' \equiv \partial v/\partial x$.
Formt man (7a) um, dann ergibt sich die Marginalbedingung für m:

$$\frac{v'(\ )}{u'(\ )} = \frac{(1-\hat{s})r(\hat{s})}{\hat{s}[1-r(\hat{s})]}. \tag{7a'}$$

Zieht man die Ausdrücke in (7b) zusammen, so zeigt sich daß

$$\frac{\partial c}{\partial s} = \hat{m} + \frac{u(\hat{x}) + v(\hat{x})}{su' + (1-s)v'} \frac{\partial r}{\partial s}. \tag{7b'}$$

Um zum Optimum zu gelangen, betrachte man

$$Eu = su[y-p] + (1-s)v[y-p+m]$$

$$= su[y-c(s) - (1-s)m] + (1-s)v[y-c(s) + sm]. \tag{8}$$

Die Maximierung von (8) im Hinblick auf m und s, erfordert nun daß

$$-s^*u'(1-s^*) + (1-s^*)\ v's^* = 0 \tag{9a}$$

$$u + s^*u'(-\frac{\partial c}{\partial s} + m^*) - v + (1-s^*)v'\ (-\frac{\partial c}{\partial s} + m^*) = 0. \tag{9b}$$

Formt man (9a) wieder um, so zeigt sich, daß die Optimalität charakterisiert wird durch

$$u'(x^*) = v'(x^*) \tag{9a'}$$

$$\frac{\partial c}{\partial s} = m^* + \frac{u(\ ) + v(\ )}{u'} = m^* + \frac{u(\ ) + v(\ )}{v'}. \tag{9b'}$$

Gleichung (9a′) wiederholt das bekannte Ergebnis, daß die Versicherung im Optimum den Grenznutzen des Einkommens in allen Situationen gleich sein läßt. Aus (7a) ist deutlich, daß dann, wenn $r(s) > s$ ist, $u'(y-c(\hat{s}) - (1-\hat{s})\hat{m}) < v'(y-c(\hat{s}) + \hat{s}\hat{m})$ ist. Deshalb muß bei gegebenem $\hat{s}$ das $\hat{m}$ ansteigen, um u' zu erhöhen und v' zu senken, wenn (9a′) erfüllt werden soll. Solange zudem nicht $\partial r/\partial s = 1$ ist, kann (7b′) nicht (9b′) replizieren, aber es läßt sich nur schwer sagen, ob $s^* \gtrless \hat{s}$.

(c) Die Branche würde bei Wettbewerb $\hat{s}$ so wählen, indem sie

$$Eu_c = r(s)u[y-p] + (1-r(s))v[y-p+m] \tag{10}$$

maximiert, wobei die Maximierung der Beschränkung durch erwartete Nullgewinne neuer Art unterliegt, daß nämlich der an den Produzenten bezahlte Preis (p+k) gleich ist den Grenzkosten der Produktion (c(s)) plus der erwarteteten Haftungssumme, die an den Staat <u>und</u> an den Konsumenten im Falle eines Unfalls zu bezahlen ist, ((1-s)f + (1-s)m). Setzt man diese Beschränkung in (10) ein, dann maximiert die Branche

$$Eu_c = r(s)u[y+k-c(s)-(1-s)(m+f)] + (1-r(s))v[y+k-c(s)-(1-s)f+sm]$$

im Hinblick aus s, wobei m, f und k als gegeben angenommen werden. Die Bedingung erster Ordnung für dieses Problem erfordert, daß

$$\frac{\partial c}{\partial s} = m + \dot{f} + \frac{u(\ ) + v\ (\ )}{r(s)u' + (1-r(s))v'} \frac{\partial r}{\partial s}, \qquad (11)$$

und dient als Beschränkung der Auswahlmöglichkeiten für den Staat. Der Staat indessen maximiert

$$Eu = su[y-p] + (1-s)v(y-p+m)$$

sowohl unter Berücksichtigung von (11) als auch der Beschränkungen, daß der erwartete Wert für das Subventionsprogramm wie auch für die Unternehmung gleich werden müssen, d.h.,

$$k = (1-s)\ f$$

$$p + k = c(s) + (1-s)(m+f).$$

Diese zusammen erfordern, daß

$$p = c(s) + (1-s)m$$

und somit würde der Staat tatsächlich anstreben,

$$Eu = su[y-c(s) - (1-s)m] + (1-s)v[y-c(s) + sm]$$

zu maximieren im Hinblick auf s, f und m und unter Berücksichtigung von (11). Weil nur f in die Beschränkung eingeht, beträgt der Schattenpreis von (11) Null.

Der Staat kann deshalb m^* derart setzen, daß

$$u' = v' \tag{12}$$

und derart s^*, daß

$$\frac{\partial c}{\partial s} = m^* + \frac{u-v}{u'} = m^* + \frac{u-v}{v'}. \tag{13}$$

Durch Setzen jedoch von

$$f^* = \left(1 - \frac{\partial r}{\partial s}\right) \frac{u-v}{u'} = \left(1 - \frac{\partial r}{\partial s}\right) \left(\frac{u-v}{v'}\right), \tag{14}$$

wäre der Staat sicher, daß die Unternehmung durch (11) $\hat{s} = s^*$ auswählen würde; d.h., daß

$$\frac{\partial c}{\partial s} = m^* + f^* + \frac{u(x) + v(x)}{r(s)u' + (1-r(s))v'} \quad \frac{\partial r}{\partial s}$$

(13) dupliziert, wobei (12) und (14) gegeben sind. Seine beiden wirtschaftspolitischen Instrumente, m und f, reichen somit aus, bei der Unternehmung das optimale Verhalten hervorzurufen.

Die Implikationen dieses Modells reichen weit über die nominalen Feststellungen hinaus. Im ersten Fall der Risikoneutralität, zum Beispiel, erscheint die Forderung nach Geldrückerstattung als gute Politik. Wird verlangt, daß die Produzenten dem Konsumenten Mark für Mark erstatten, wenn das Produkt versagt, bringt es die optimale Sicherheitsvorsorge hervor, unabhängig von der Risikowahrnehmung durch die Konsumenten. Risikoneutralität ist freilich eine äußerst restriktive Bedingung, und dieses Ergebnis kann nur angewendet werden, wenn die potentiellen Verluste sehr gering sind (wie z.B. der Erstattungsbetrag von 50 Pfennig, wenn Ihre Katze eine bestimmte Futtermarke nicht frißt).

Wenn der Konsument risikoscheu ist, ist die Sache komplizierter. Ein nichtregulierter Markt sorgt wiederum für zu wenig Versicherung und taxiert die Produktsicherheit unkorrekt, aber es braucht jetzt zwei wirtschaftspolitische Instrumente, um die Situation zu korrigieren. Ein zweites Instrument wird deshalb benötigt, weil die Konsumenten jetzt mehr Versicherung gegen ein Produktversagen brauchen. Ein einziges Instrument, ausgelegt zur Schaffung optimaler Sicherheit, wird nicht notwendigerweise für diese zusätzliche Versicherung sorgen. Die Informationsbedürfnisse für diese Politik sind jedoch enorm. Die Spezifikationen für m^* und f^* (und damit für k^*) schließen nicht nur den Verlust mit ein, hervorgerufen durch ein Produktversagen (das ℓ aus Aufgabenteil (a)), sondern auch das Wissen darüber, wie Konsumenten in beiden Zuständen das Einkommen bewerten (u(x) und v(x)), und darüber, wie schnell die Risikowahrnehmung der Konsumenten auf Risikoänderungen ($\partial r(s)/\partial s$) reagiert. Direkte Regulierung mag nun die bevorzugte Option sein, aber nun wird lediglich der Informationsbedarf über ($\partial r(s)/\partial s$) gegen den Informationsbedarf über die Technologie (c(s)) ausgetauscht. Wie dem auch sei, direkte Regulierung muß stattfinden, wo die Geldstrafe für Versagen die Zahlungsfähigkeit der Unternehmung übersteigt (wie der extrem hohe Verlust, der bezahlt werden muß, wenn ein Kind beim Spiel mit einem defekten Spielzeug stirbt). Um zu sehen, daß dies passieren kann, sei

$$v(x) = u(x) - \ell.$$

Dann

$$f^* = \left(1 - \frac{\partial r(s)}{\partial s}\right)\ell/u'(x)$$

und $f^* \to \infty$, wenn $\ell \to \infty$.

LITERATURHINWEISE

(1) Akerlof, G., "The Market for 'Lemons': Qualitative Uncertainty and the Market Mechanism," *Quarterly Journal of Economics* 84:488-500, 1970.

(2) Calibresi, G., *Costs of Accidents*, New Haven, Yale University Press, 1970.

(3) Oi, W., "The Economics of Product Safety," *Bell Journal of Economics* 4:3-29, 1973.

(4) Spence, M., "Consumer Misperceptions, Product Failure, and Producer Liability," *Review of Economic Studies* 44:561-572, 1977.

Kapitel 4
Ökonometrie und Wirtschaftstheorie

4.1 Schätzen von Zwei-Faktoren-CES-Produktionsfunktionen

(Varian, Hinweis-Nr. 33) behauptet, daß CES-Funktionen oft zu restriktiv für effektive empirische Untersuchungen von Produktionsprozessen seien. Der Dualitätsansatz führt in der Folge zu Kosten- und Gewinnfunktionen, von welchen die Produktionsfunktion abgeleitet werden kann. Mitunter passen die CES-Spezifikationen jedoch sehr gut. Die vorliegende Aufgabe schlägt das Standardverfahren zum Schätzen einer Zwei-Faktoren-CES-Funktion mit besonderem Bedacht auf die Berechnung der Elastizität vor wie auch Verdachtsgründe, daß einige der resultierenden Schätzgrößen verzerrt sein könnten.

(a) Man nehme vollkommene Konkurrenz an und benutze die sich ergebende Gewinnmaximierungsbedingung, um zu einer linearen Gleichung zu gelangen, welche eine Schätzgröße für die Substitutionselastizität $\sigma = 1/(\rho - 1)$ liefert in

$$y = [a(E_L L)^{\rho} + (1-a)(E_K K)^{\rho}]^{1/\rho};$$

L und K repräsentieren Arbeit und Kapital und E_l sowie E_k geben Effizienzeinheiten wie in 1.1 an.

(b) Man unterstelle, daß eine Schätzgröße $\hat{\sigma} > -1$ sich finden läßt für Zeitreihendaten und daß eine Erhöhung von (K/L) einhergeht mit einem allmählichen Ansteigen des Lohnsatzes in den Daten. Verwende die Ergebnisse in 1.1(b) für die Behauptung, daß $\hat{\sigma} > -1$ von Null weg verzerrt sein könnte, womit die Substitutionsmöglichkeiten überbetont würden.

(a) Die besagte Produktionsfunktion lautet:

$$\frac{\partial y}{\partial L} = [a(E_L L)^\rho + (1-a)(E_K K)^\rho]^{(1-\rho)/\rho}[aE_L^\rho L^{\rho-1}]$$

$$= a[y/L]^{1-\rho}E_L{}^\rho.$$

Unter der Annahme vollkommener Konkurrenz und mit einer geeigneten Indexierung der Preise ist deshalb die Feststellung möglich, daß

$$w_L = a[y/L]^{1-\rho}E_L{}^\rho \quad ,$$

so daß

$$(y/L) = w_1^{\frac{1}{1-\rho}} \; a^{\frac{1}{\rho-1}} \; E_L^{\frac{\rho}{\rho-1}}. \tag{1}$$

Drückt man (1) in logarithmischen Ausdrücken aus, ergibt sich

$$\ln(y/L) = (\frac{1}{\rho-1} \ln a + \frac{\rho}{\rho-1} \ln E_L) - \sigma \ln(w_L) \quad ,$$

weil $\sigma = (1/\rho - 1)$. Die Regression ergibt

$$\ln(y/L)_t = \beta_0 + \beta_1 \ln(w_L)_t + e_t \tag{2}$$

und liefert damit konsequenterweise eine Schätzgröße für σ; d.h., $\hat{\sigma} = -\hat{\beta}_1$.

(b) Wenn das Grenzprodukt von L im Zeitverlauf ansteigt, weil (K/L) sich erhöht, dann impliziert $\sigma > -1$, daß der Anteil von L ebenfalls ansteigt (Siehe Aufgabe 1.1(b)). Somit ist ein Anreiz für arbeitssparenden technischen Fortschritt geschaffen, und es könnte sehr wohl sein, daß auch E_L ansteigt. Da e_t $(E_L)_t$ miteinschließt, existiert eine positive Korrelation und $\hat{\beta}_1$ ist eine überschätzte Größe (der Neigungskoeffizient absorbiert nicht nur den Effekt von $(W_L)_t$, sondern auch den Weiterungseffekt von $(E_L)_t$; es überschätzt daher die Wirkung von $(W_L)_t$). Das Ergebnis ist ein wesentlich stärkerer Hinweis als $\sigma > -1$ darauf, daß es nur geringe Möglichkeiten für die Substitution gibt.

Über das Aufzeigen des Verfahrens, mit dem allgemeine CES-Produktionsfunktionen geschätzt werden können, hinaus illustriert diese Aufgabe, daß Theorie angewendet werden kann, um statistische Probleme auszuwerten und Modelle zu spezifizieren. Eine empirische Untersuchung sollte deshalb niemals unbedachtsam den theoretischen Rahmen unbeachtet lassen, nachdem die Regression spezifiziert worden ist; er kann vielmehr Implikationen für die Prüfung der Zuverlässigkeit der Schätzgrößen liefern. Der interessierte Leser sei auf Binswanger (1) und Weitzman (3) verwiesen. Hier findet er Beispiele für das Vorgehen in Aufgabenteil (a). Weitzman verwendet in der Tat Zeitreihendaten und hat es mit dem Problem in (b) zu tun; dagegen verwendet Binswanger keine Zeitreihendaten und geht so dem Problem in (b) aus dem Wege.

LITERATURHINWEISE

(1) Binswanger, H.P., "The Measurement of Technical Change Biases with Many Factors of Production," *American Economic Review* 64:964-976, December 1974.

(2) Fellner, W., Lecture notes on microeconomic theory, mimeo at Yale University, 1971.

(3) Weitzman, M., "Soviet Postwar Economic Growth and Capital-Labor Substitution," *American Economic Review* 60:676-692, 1970.

4.2 Schätzen von CES-Produktionsfunktionen mit mehr als zwei Faktoren

Man erinnere sich daran, daß die Annahme der konstanten Substitutionselastizität jeglicher Art in einer Produktionsfunktion mit mehr als zwei Faktoren eine von zwei Restriktionen auferlegt:

(I) Die Elastizitäten zwischen allen Faktorpaaren sind gleich oder

(II) die Elastizitäten zwischen den Faktoren sind unterschiedlich, aber die Elastizität zwischen mindestens einem Paar beträgt -1.

In *(Varian, Hinweis-Nr. 34)* wird festgestellt, daß diese Bedingungen für empirische Untersuchungen von Produktionsprozessen unvernünftige Restriktionen darstellen; Alternativen, die angewandt wurden, sind die Untersuchung der Kostenfunktionen. Diewert und Translog-Funktionen lassen sich dabei ganz gut verfolgen. Ein Zusammenhang zwischen geschätzten Parametern und Substitutionselastizitäten läßt sich beobachten. Die vorliegende Aufgabe konzentriert sich auf die Frage, wie restriktiv denn nun genau die CES-Repräsentationen in der Liste bei *(Varian, Hinweis-Nr. 35)* sind.

(a) Betrachte eine Produktionsfunktion

$$y - f(x_1, x_2, x_3, x_4). \tag{1}$$

Man gebe die drei möglichen Formulierungen an, welche durch die Annahme konstanter (Allen-Uzawa) Elastizitäten zwischen allen Faktoren ermöglicht werden. Weiter schlage man eine Produktionsstruktur, die mit diesen konsistent ist, vor.

(b) Zeige, daß selbst eine Blockbildung in der zugrundeliegenden Struktur wie in (a) die CES-Restriktionen nicht erfüllt, indem gezeigt wird, daß die in Abb. 4.1 dargestellte Struktur sich nicht durch eine CES-(Allen-Uzawa-)Funktion vom in (1) angegebenen Typ repräsentieren läßt.

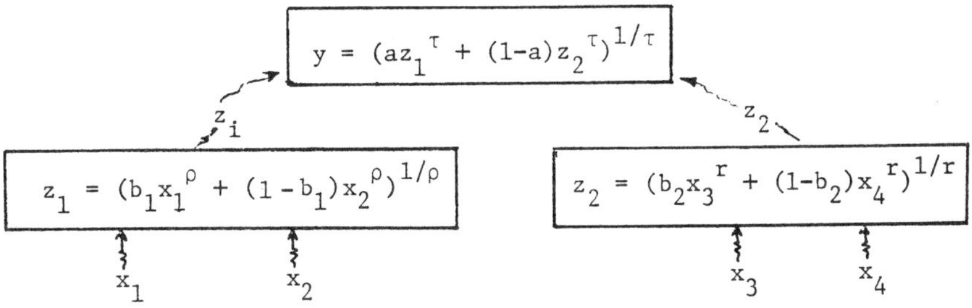

Abbildung 4.1

(a) Die erste Möglichkeit ist, daß die Elastizitäten zwischen allen Faktoren gleich sind:

$$y = [a_1 x_1^{\rho} + a_2 x_2^{\rho} + a_3 x_3^{\rho} + (1-a_1 - a_2 - a_3) x_4^{\rho}]^{1/\rho} \quad (2)$$

so daß $\sigma_{ij} = (1/\rho - 1)$. Verschiedene Elastizitäten lassen sich auf zwei Wegen erreichen. Ein Faktor könnte in Verbindung mit einem Produkt der anderen drei in spezieller Weise, wie in Abb. 4.2 gezeigt, beschäftigt werden. Die Funktionsrepräsentation lautet

$$y - [x_1^{\alpha}[a_1 x_2^{\rho} + a_2 x_3^{\rho} + (1-a_1 - a_2) x_4^{\rho}]^{(1-\alpha)/\rho}], \quad (3)$$

bei welcher $\sigma_{23} = \sigma_{24} = \sigma_{34} = 1/\rho - 1$ und $\sigma_{12} = \sigma_{13} = \sigma_{14} = -1$.

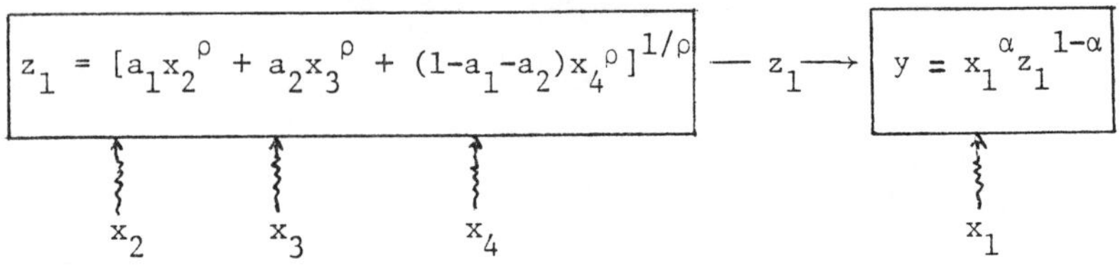

Abbildung 4.2

Schließlich ist bei der Produktion von y möglich, sie in zwei Unterprozesse aufzuspalten. Abb. 4.3 illustriert diesen Fall. Es ist dabei deutlich, daß es mit Gleichung (3) in 1.4(b) korrespondiert:

$$y = [ax_1^{\rho} + (1-a)x_2^{\rho})^{\alpha/\rho} (bx_3^{r} + (1-b)x_4^{r})^{1-\alpha/r}. \qquad (4)$$

Dort wurde gezeigt, daß $\sigma_{12} = 1/\rho -1$, $\sigma_{34} = 1/r-1$ und $\sigma_{13} = \sigma_{14} = \sigma_{23} = \sigma_{24} = -1$.

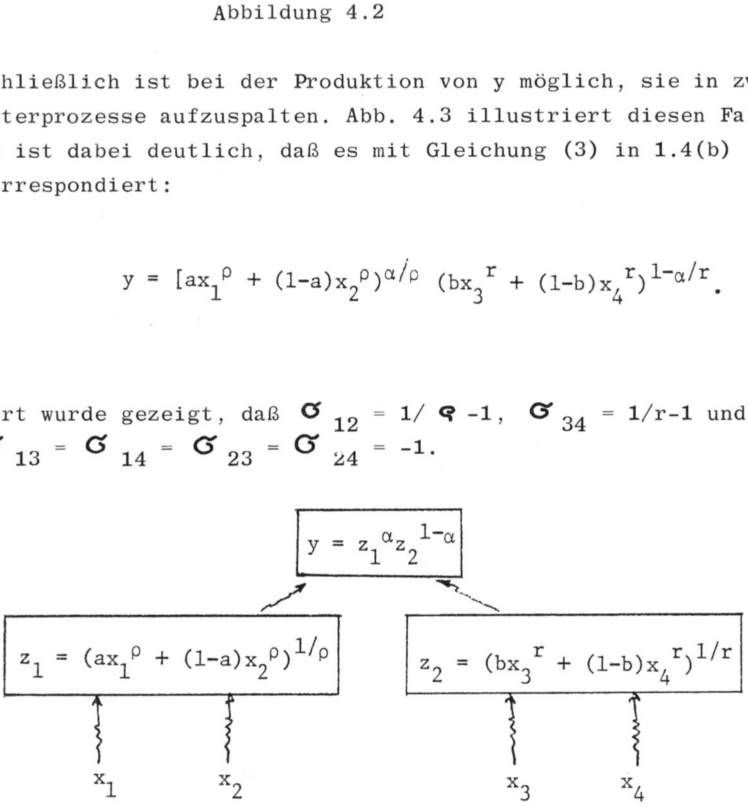

Abbildung 4.3

Die angegebenen Elastizitäten sind Anwendungen von (17) in 1.4(b), lassen sich aber direkt berechnen, wenn man die Einheitskostenfunktionen für (2), (3) und (4) ableitet und (7) aus 1.4(b) anwendet.

(b) Die mit Abb. 4.1 korrespondierende Produktionsfunktion ist der erste Schritt in einer logischen Erweiterung der Beispiele, die in (a) aufgelistet sind: z_1 und z_2 werden eingesetzt, um y mit einer allgemeinen Zwei-Faktoren-CES-Funktion zu produzieren. Algebraisch lautet dies:

$$y = [a(b_1x_1{}^{\rho} + (1-b_1)x_2{}^{\rho})^{\tau/\rho} + (1-a)(b_2x_3{}^{r} + (1-b_2)x_4{}^{r})^{\tau/r}]^{1/\tau}. \quad (5)$$

Man würde folgendes erwarten:

$$\sigma_{12} = 1/\rho - 1 \equiv \sigma_1, \quad (6a)$$

$$\sigma_{34} = 1/r - 1 \equiv \sigma_2, \quad (6b)$$

$$\sigma_{13} = \sigma_{14} = \sigma_{23} = \sigma_{24} = 1/\tau - 1 \equiv \sigma. \quad (6c)$$

Dies ist jedoch nicht der Fall. Folgt man dem in 1.4(b) skizzierten Verfahren, dann lautet die in z_i ausgedrückte und mit (5) korrespondierende Einheitskostenfunktion

$$c(w_1, w_2, 1) = [a^{-\sigma}w_1{}^{1+\sigma} + (1-a)^{-\sigma}w_2{}^{1+\sigma}]^{1/1+\sigma}, \quad (7)$$

wobei w_i die Grenzkosten der Produktion von z_i sind; d.h.,

$$w_1 = [b_1^{-\sigma_1} w_1^{\sigma_1+1} + (1-b_1)^{-\sigma_1} w_2^{\sigma_1+1}]^{\frac{1}{\sigma_1+1}},$$

$$w_2 = [b_2^{-\sigma_2} w_3^{\sigma_2+1} + (1-b_2)^{-\sigma_2} w_4^{\sigma_2+1}]^{1/\sigma_2+1}.$$

Die logarithmische Form von (7) lautet, wenn sie erweitert ist:

$$\Lambda(\vec{w}) = \frac{1}{1+\sigma} \log \{a^{-\sigma}(b_1^{-\sigma_1} w_1^{\sigma_1+1} + (1-b_1)w_2^{\sigma_1+1})^{\sigma+1/\sigma_1+1}$$

$$+ (1-a)^{-\sigma}(b_2^{-\sigma_2} w_3^{\sigma_2+1} + (1-b_2)w_4^{\sigma_2+1})^{\sigma+1/\sigma_2+1}\}. \quad (8)$$

Obgleich die umfängliche Arithmetik hier nicht wiedergegeben wird, wird jedermann, der damit beginnt, rasch klar werden, daß die Gleichungen (6) die Uzawa-Relation (3) nicht erfüllen, wenn (8) $\Lambda(\vec{w})$ definiert. Diese Relation

$$\frac{\partial^2 \Lambda}{\partial w_i \partial w_j} = (\sigma_{ij} - 1) \frac{\partial \Lambda}{\partial w_i} \frac{\partial \Lambda}{\partial w_j}; \quad i \neq j$$

wird tatsächlich unmittelbar zu erkennen geben, daß die Kreuzterme in

$$\frac{\partial^2 \Lambda}{\partial w_i \partial w_j}$$

konstante Substitutionselastizitäten zwischen irgendwelchen Faktorenpaaren nicht zulassen.

Die Ergebnisse waren natürlich mit Abschluß von 1.4 bekannt.

Diese Aufgabe wurde hier jedoch vor allem deshalb aufgenommen, um exakt zu illustrieren, wie restriktiv die Annahme konstanter Substitutionselastizitäten ist. Es ist obskur, nicht nur zu verlangen, daß sich der Produktionsprozeß auf realistische Weise aufspalten läßt, sondern daß auch die die Aufspaltung verknüpfenden Funktionen vom Typ Cobb-Douglas sein müssen. Während der Theoretiker in der Lage sein mag, solch eine Funktion durch sorgfältige Auswahl von Faktorindices zum Beweis einer Hypothese heranzuziehen, behindern derartige Restriktionen jede empirische Untersuchung erheblich. Welche a priori-Information kann dadurch gefördert werden, wenn man eine Elastizitätenmenge mit gleich -1 fixiert? Daher sind die Verallgemeinerungen, die man aus der Betrachtung von Kostenfunktionen gewinnt, notwendig, aber sie sind ihrerseits nicht ohne restriktive Implikationen. Aufgabe 4.3 wird ein Beispiel, die Translog-Kostenfunktion, untersuchen.

LITERATURHINWEISE

(1) Allen, R.G.D., *Mathematical Analysis for Economists*, London, Macmillan, 1938 (pages 503-509).

(2) McFadden, D., "Constant Elasticity of Substitution Production Functions," *Review of Economic Studies* 30:73-83, February 1963.

(3) Uzawa, H., "Production Functions with Constant Elasticities of Substitution," *Review of Economic Studies* 29:291-299, October 1962.

4.3 Translog-Kostenfunktion – Einige Eigenschaften

Die vorliegende Aufgabe wird einige Eigenschaften der Translog-Kostenfunktion, die in Aufgabe 4.2 angegeben ist, untersuchen. Eine Variante mit vier Variablen, welche bei Berndt und Wood (2) betrachtet wird, soll dabei zur Anwendung kommen:

$$\ln c(\vec{w},y) = \ln a_0 + \ln y + \sum_{j=1}^{4} a_j \ln w_j + \frac{1}{2} \sum_{i=1}^{4} \sum_{j=1}^{4} b_{ij} \ln w_i \ln w_j . \quad (1)$$

In Gleichung (1) ist $\vec{w} \equiv (w_1,w_2,w_3,w_4)$ der Preisvektor für die Produktionsfaktoren $\vec{x} = (x_1,x_2,x_3,x_4)$, $\sum_{j=1}^{4} a_j = 1$, $b_{ij} = b_{ji}$ und $\sum_{j=1}^{4} b_{ij} = 0$ für alle i; y ist der Output, und (1) ist die Dualform von $y = f(\vec{x})$. Während solche Translogfunktionen die empirische Forschung von den Restriktionen der CES-Funktionen befreien, wird gezeigt werden, daß die Kreuzelastizitäten der zugehörigen Faktornachfrage nicht notwendigerweise symmetrisch sind. Der Schlußteil wird nichtsdestotrotz die Relevanz von (1) erweitern, indem ein Verfahren skizziert werden wird, wodurch (1) zum Test der Validität bei Wertanalysen der Investition und bei Untersuchungen der Substitutionalität von $f(\vec{x})$ verwendet werden kann.

(a) Zeige, daß die Parameter-Restriktionen ($\sum_{j=1}^{4} a_i = 1$, $b_{ij} = b_{ji}$ und $\sum_{j=1}^{4} b_{ij} = 0$) notwendig sind, um sicherzustellen, daß $c(\vec{w},y)$ linear-homogen ist *(Varian, Hinweis-Nr. 36)*.

(b) Leite Ausdrücke für die für jedes x_i aufgewendeten Kostenanteile ab, bei Gewinnmaximierung mit $y = f(x)$; d.h., berechne $s_i = x_i w_i / c(\vec{w},y)$.

(c) Verwende das Uzawa-Ergebnis (3) (Aufgabe 1.4; Gleichung (5)), um Ausdrücke für die (Allen-Uzawa-) Substitutionselastizitäten, ausgedrückt in den s_i und den Parametern von (1), abzuleiten.

(d) Zeige, dass die Kreuzelastizitäten der Input-Nachfrage nicht symmetrisch sind; d.h., demonstriere, daß $n_{ij} \neq n_{ji}$, wobei

$$\eta_{ij} \equiv \frac{\partial x_i}{\partial w_j} \cdot \frac{w_k}{x_i} .$$

(e) Die Wertschöpfung von (x_1, x_2), produziert durch $y = f(\vec{x})$, kann wie folgt definiert werden:

$$p_v v \equiv w_1 x_1 + w_2 x_2 , \qquad (2)$$

wobei v die reale Wertschöpfung und p_v eine Art Deflator ist, der notwendig sein könnte. Untersucht man die Investition in x_1 oder x_2 oder die Substitution zwischen x_1 und x_2 durch (2), wobei (1) die reale Produktionsbeziehung $y = f(x_1, x_2, x_3, x_4)$ zusammenfaßt, so ist es erforderlich, daß Änderungen bei x_3 oder x_4 weder irgendeine Änderung bei x_1 oder x_2 induzieren oder reflektieren. Eine von drei Annahmen werden dabei typischerweise zur Stützung dieser Anforderung gemacht:

(i) x_3 und x_4 sind vollständig mit y korreliert (entweder durch Koinzidenz bei Nachfrage- oder Angebotsverschiebungen oder weil x_3 und x_4 in $f(x_1, x_2, x_3, x_4)$ in einer Leontief-(Unter-) Technologie eingehen);

(ii) w_3 und w_4 sind vollständig korreliert mit dem Preis von y (entweder durch Koinzidenz bei Nachfrage- und Angebotsverschiebungen oder weil x_3 und x_4 vollkommene Substitute und nichtnull sind).

(iii) x_1 und x_2 sind (schwach) separierbar von x_3 und x_4 (somit kann $f(x_1,x_2,x_3,x_4)$ geschrieben werden als $g(h(x_1,x_2),x_3,x_4))$.

Dieser Abschnitt wird die letztgenannte Möglichkeit untersuchen; die ersten beiden lassen sich in der Praxis leichter prüfen.

Schwache Separierbarkeit erfordert formal (definitionsgemäß), daß die technischen Substitutionsraten zwischen zwei beliebigen Faktoren in der separierten Partition invariant sind im Hinblick auf alle anderen Faktoren außerhalb der Partition.

(i) Zeige, daß (x_1,x_2) schwach separierbar von x_3 und x_4 sind, wenn und nur wenn $\sigma_{13} = \sigma_{23}$ und $\sigma_{14} = \sigma_{24}$.

(ii) Zeige dann, daß schwache Separierbarkeit erfordert, daß

$$b_{23}s_1 - b_{13}s_2 = 0 \tag{3a}$$

und

$$b_{24}s_1 - b_{14}s_2 = 0. \tag{3b}$$

(iii) Welche Restriktionen legen (3a) und (3b) auf die Parameter von (1), die durch Regression der s_i-Funktionen, die in (b) abgeleitet wurden, getestet werden können?

(a) Der Vektor $\vec{w}$ werde mit einer willkürlich gewählten Konstanten α multipliziert.

$$\ln c(\alpha\vec{w},y) = \ln a_0 + \ln y + \sum_{i=1}^{4} a_i \ln(\alpha w_i)$$

$$+ \frac{1}{2} \sum_{i=1}^{4} \sum_{j=1}^{4} b_{ij} \ln(\alpha w_i) \ln(\alpha w_j)$$

$$= \ln a_0 + \ln y + \ln\alpha \sum_{i=1}^{4} a_i + \sum_{i=1}^{4} a_i \ln w_i$$

$$+ \frac{1}{2} \{(\ln\alpha)^2 \sum_{i=1}^{4} \sum_{j-1}^{4} b_{ij} + \ln\alpha \sum_{i=1}^{4} \ln w_i \sum_{j=1}^{4} b_{ij}$$

$$+ \ln\alpha \sum_{j=1}^{4} \ln w_j \sum_{i=1}^{4} b_{ij} + \sum_{i=1}^{4} \sum_{j=1}^{4} b_{ij} \ln w_i \ln w_j\} . \quad (4)$$

Unter den angeführten Restriktionen jedoch wird (4) zu

$$\ln a_0 + \ln y + \ln\alpha + \sum_{i=1}^{4} a_i \ln w_i + \frac{1}{2} \sum_{i=1}^{4} \sum_{j=1}^{4} \ln w_i \ln w_j$$

$$= \ln c(\vec{w},y) + \ln \alpha .$$

Geringfügige Veränderung ergibt dann

$$\ln c(\vec{w},y) = \ln c(\alpha\vec{w},y) - \ln\alpha = \ln[c(\alpha\vec{w},y)/\alpha\ ],$$

so daß die Anwendung der Antilog-Transformation das gewünschte Ergebnis liefert:

$$\alpha c(\vec{w},y) = c(\alpha\vec{w},y).$$

(b) Differenziere (1) logarithmisch, um zu sehen, daß

$$\frac{\partial(\ln c(w,y))}{\partial \ln w_i} = a'_i + \sum_{j=1}^{4} b_{ij} \ln w_j = \frac{\partial c(\vec{w},y)}{\partial w_i} \cdot \frac{w_i}{c(\vec{w},y)}. \qquad (5)$$

Weil Shepard's Lemma *(Varian, Hinweis-Nr. 37)* angibt, daß

$$\frac{\partial c(\vec{w},y)}{\partial w_i} = x_i,$$

wird der für x_i aufgewendete Kostenanteil, bezeichnet mit s_i, einfach angegeben mit (5):

$$s_i = a_i + \sum_{j=1}^{4} b_{ij} \ln w_j . \qquad (5')$$

(c) Man erinnere sich aus (1.4), daß Uzawa gezeigt hat (3), daß

$$\sigma_{ik} = - \frac{c(\vec{w},1) \dfrac{\partial^2(c(\vec{w},1))}{\partial w_i \partial w_k}}{\dfrac{\partial c(\vec{w},1)}{\partial w_i} \quad \dfrac{\partial c(\vec{w},1)}{\partial w_k}} . \qquad (5 \text{ aus } 1.4)$$

Diese Relation läßt sich für jeden Output y anwenden, indem man einfach den Output fix hält. Es ist deshalb notwendig, lediglich (5') zu verwenden, um die angegebenen Partiale für ein beliebiges $\bar{y}$ zu berechnen. Zu diesem Zweck beachte man, daß

$$\frac{\partial c(\vec{w},\bar{y})}{\partial w_i} = \frac{a_i c(\vec{w},\bar{y})}{w_i} + \frac{c(\vec{w},\bar{y})}{w_i} \sum_{j=1}^{4} b_{ij} \ln w_j = \frac{c(\vec{w},\bar{y})}{w_i} s_i,$$

$$\frac{c(\vec{w},\bar{y})}{\partial w_k} = \frac{a_k c(\vec{w},\bar{y})}{w_k} + \frac{c(\vec{w},\bar{y})}{w_k} \sum_{j=1}^{4} b_{k_j} \ln w_j = \frac{c(\vec{w},\bar{y})}{w_k} s_k,$$

$$\frac{\partial^2 c(\vec{w},\bar{y})}{\partial w_i \partial w_k} = \frac{c(\vec{w},\bar{y})}{w_i} \frac{b_{ik}}{w_k} + \frac{1}{w_i} (a_i + \sum_{j=1}^{4} b_{ij} \ln w_j) \frac{c(\vec{w},\bar{y})}{\partial w_k} .$$

Verwendet man (5) aus 1.4, so ergibt sich

$$\sigma_{ik} = - \frac{c(\vec{w},\bar{y})\left\{ \frac{c(\vec{w},\bar{y}) b_{ik}}{w_i w_k} + \frac{c(\vec{w},\bar{y})}{w_i w_k} s_i s_k \right\}}{\frac{c(\vec{w},\bar{y})}{w_i} \frac{c(\vec{w},\bar{y})}{w_k} s_i s_k} = - \frac{b_{ik} + s_i s_k}{s_i s_k} . \qquad (6)$$

Beobachte, daß diese Elastizitäten wohldefiniert sind, aber nicht konstant sind, es sei denn, daß die Anteile beider Faktoren invariant gegenüber Änderungen bei $\vec{w}$ sind. Diese Beobachtung ist konsistent mit dem Schema in 4.2 für funktionale Formen, welche konstante (Allen-)Substitutionselastizitäten zulassen.

(d) Man beginnt mit (dem mittleren Schritt der Gleichung (5) in 1.4)

$$\sigma_{ik} = - \frac{c(\vec{w},\bar{y}) \partial x_i / \partial w_k}{x_i x_k} ,$$

und dann ist einfach zu zeigen, daß

$$\eta_{ik} = \frac{\partial x_i}{\partial w_k} \cdot \frac{w_k}{x_i}$$

$$= \frac{\partial x_i}{\partial w_k} \cdot \frac{w_k}{x_i}\left(\frac{c(\vec{w},\bar{y})}{w_k x_k} s_k\right)$$

$$= \sigma_{ik}\, s_k \quad ,$$

weil $s_k = w_k x_k / c(\vec{w},\vec{y})$. Da wahrscheinlich nicht oft s_i gleich s_k ist, sind die Kreuzelastizitäten der abgeleiteten Faktornachfragen nicht notwendigerweise wohldefiniert, obwohl (aus (6)) $\sigma_{ik} = \sigma_{ki}$.

(e) Schwache Separierbarkeit erfordert, daß die technische Substitutionsrate zwischen x_1 und x_2 invariant gegenüber Änderungen von x_3 und x_4 ist. Betrachtet man die Bedingungen erster Ordnung von

$$\min\ c(\vec{w},y)$$

$$\text{s.t.}^{*}\ y = f(x_1,x_2,x_3,x_4)\ ,$$

(* unter der Nebenbedingung)

dann zeigt sich, daß eine Version dieser technischen Rate lautet

$$\frac{\partial c(\vec{w},y)}{\partial w_1} \Big/ \frac{\partial c(\vec{w},y)}{\partial w_2} .$$

Die andere Version, eher eine Standardversion, bezieht die Partiale von f(x) im Hinblick auf x_1 und x_2 mit ein. Bei Varianz bezüglich x_3 und x_4 ist es deshalb erforderlich, daß entweder

$$\frac{\partial\left(\frac{\partial f}{\partial x_1}/\frac{\partial f}{\partial x_2}\right)}{\partial x_3} = \frac{\partial\left(\frac{\partial f}{\partial x_1}/\frac{\partial f}{\partial x_2}\right)}{\partial x_4} = 0,$$

oder daß

$$\frac{\partial\left(\frac{\partial c}{\partial w_1}/\frac{\partial c}{\partial w_2}\right)}{\partial w_3} = \frac{\partial\left(\frac{\partial c}{\partial w_1}/\frac{\partial c}{\partial w_2}\right)}{\partial w_4} = 0. \qquad (7)$$

Verwendet man (7), dann kann man jetzt zwei entscheidende Relationen konstatieren:

$$\frac{\partial c}{\partial w_2}\left(\frac{\partial^2 c}{\partial w_1 \partial w_3}\right) - \frac{\partial c}{\partial w_1}\left(\frac{\partial^2 c}{\partial w_2 \partial w_3}\right) = 0 \qquad (8a)$$

$$\frac{\partial c}{\partial w_2}\left(\frac{\partial^2 c}{\partial w_1 \partial w_4}\right) - \frac{\partial c}{\partial w_1}\left(\frac{\partial^2 c}{\partial w_2 \partial w_4}\right) = 0. \qquad (8b)$$

Formt man Gleichung (8a) wie folgt um, dann gilt

$$\frac{\frac{\partial^2 c}{\partial w_1 \partial w_3}}{\frac{\partial c}{\partial w_1}} = \frac{\frac{\partial^2 c}{\partial w_2 \partial w_3}}{\frac{\partial c}{\partial w_1}};$$

$$\frac{c\,\frac{\partial^2 c}{\partial w_1 \partial w_3}}{\frac{\partial c}{\partial w_3}\,\frac{\partial c}{\partial w_1}} = \frac{c\,\frac{\partial^2 c}{\partial w_2 \partial w_3}}{\frac{\partial c}{\partial w_3}\,\frac{\partial c}{\partial w_2}}. \qquad (9)$$

Wendet man (5) aus 1.4 auf (9) an, dann $\sigma_{13} = \sigma_{23}$. Eine ähnliche Umformung von (8b) ergibt $\sigma_{14} = \sigma_{24}$. Damit ist Aufgabenteil (i) abgeschlossen.

Für Aufgabenteil (ii) beachte man aus (i) und Gleichung (6), daß

$$\sigma_{13} = -\frac{b_{13} + s_1 s_3}{s_1 s_3} = -\frac{b_{23} + s_2 s_3}{s_2 s_3} = \sigma_{23}$$

$$\sigma_{14} = -\frac{b_{14} + s_1 s_4}{s_1 s_4} = -\frac{b_{24} + s_2 s_4}{s_2 s_4} = \sigma_{24}.$$

Das Multiplizieren dieser Gleichungen über Kreuz ergibt schließlich für (ii):

$$b_{23}s_1 - b_{13}s_2 = 0 \tag{10a}$$

$$b_{24}s_1 - b_{14}s_2 = 0. \tag{10b}$$

Gleichungen (10a) und (10b) werden unter zwei Bedingungen erfüllt:

$$\text{(I)}\; b_{23} = b_{13} = b_{24} = b_{14} = 0 \tag{11}$$

$$\text{(II)}\; s_1/s_2 = b_{13}/b_{23} = b_{14}/b_{24};$$

überdies wird Bedingung (II) erfüllt, wenn und nur wenn

$$a_1/a_2 = b_{11}/b_{21} = b_{12}/b_{22} = b_{13}/b_{23} = b_{14}/b_{24}. \tag{12}$$

Gleichung (11) gibt daher eine Menge von Konditionen an, die durch fortlaufende Regressionen der s_i getestet werden können; sie korrespondiert mit dem Cobb-Douglas-(Partial-)Fall, in dem $\sigma_{13} = \sigma_{23} = \sigma_{14} = \sigma_{24} = -1$. Gleichung (12) liefert eine zweite Restriktionenmenge, die ebenfalls durch das Durchlaufen der s_i-Regressionen getestet werden kann. Wenn diese beiden Konditionen verworfen werden können, dann kann von $f(\vec{x})$ nicht angenommen werden, daß es separierbar ist und daß z.B. die Verwendung des Konzepts der Wertschöpfung nicht gültig ist (es sei denn, daß es wie zuvor anderweitig gerechtfertigt werden kann). Man beachte schließlich, daß Kondition (I) impliziert, daß $s_1 + s_2$ (der gesamte Anteil von x_1 und x_2) konstant ist (eine Eigenschaft der Cobb-Douglas-Technologie), während Kondition (II) ein fixes Anteilsverhältnis (s_1/s_2) impliziert.

Diese Aufgabe hat zum großen Teil die Arbeit von Berndt und Wood (2) reproduziert und deren theoretischen Hintergrund dargestellt. Ihre Analyse ist aus zumindest zwei Gründen bedeutsam. Zum ersten haben sie festgestellt, daß Kapital und Energie Komplementärgüter sind, während Arbeit und Energie in etwa Substitutionsgüter darstellen. Eine Aufhebung der Preisbeschränkungen für Energie würde deshalb die Arbeit begünstigen <u>und</u> die steuerliche Investitionsförderung (wie auch andere wirtschaftspolitische Maßnahmen zur Investitionsförderung) würde eine energieintensive Wirtschaft hervorbringen. Wichtiger vielleicht ist, daß das Auferlegen der Restriktionen, welche mit schwacher Separierbarkeit konsistent sind und in (e) aus den Regressionen, wie sie durch Gleichung (5′) angezeigt sind, abgeleitet wurden, es ihnen erlaubte, Chi-Quadrat-Tests zu konstruieren, die die Anwendbarkeit von Wertschöpfungstechniken bei einem 99 %-Niveau streng zurückwiesen (die ersten beiden möglichen Rechtfertigungen konnten leicht verworfen werden). Ernste Zweifel gelten daher den veröffentlichten Schlußfolgerungen vieler, die das Verhältnis von Energieeinsatz und realer Wertschöpfung zur Projektion der Energienachfrage verwendet haben. Es soll schließlich bemerkt werden, daß die Bedingungen für die Separierbarkeit, wie in (e) angegeben, leicht für Partitionen mit mehr als zwei **Glieder** verallgemeinert werden können (siehe Berndt und Christensen (1)).

LITERATURHINWEISE

(1) Berndt, E.R. and Christensen, L.R., "The Internal Structure of Functional Relationships: Separability, Substitution and Aggregation," *Review of Economic Studies* 40:403-410, July 1973.

(2) _________, and Wood, D.O., "Technology, Prices and the Derived Demand for Energy," *Review of Economics and Statistics* 57:259-268, August, 1975.

(3) Binswanger, H.P., "The Measurement of Technical Change Biases with Many Factors of Production," *American Economic Review* 64:964-976. December 1974.

(4) Uzawa, H., "Production Functions with Constant Elasticities of Substitution," *Review of Economic Studies* 29:291-299, October 1962.

4.4 Flexible funktionale Darstellungen

In den letzten Jahren gab es ein gewisses Interesse an angewandter ökonometrischer Literatur, um flexible Funktionsformen zur Darstellung von Produktionstechnologien und Konsumentenpräferenzen zu entwickeln. Der Hintergrund dieses Interesses ist, daß die inflexiblen CES-Strukturen von eher herkömmlichen Funktionsformen in die Analyse systematische Fehler einbauen, wo die zugrundeliegende Struktur nicht homothetisch ist, variable Skalenerträge aufweist usw. Man nimmt an, daß der Einsatz von allgemeineren Darstellungen die Schätzung von Substitutionselastizitäten, Anteilsverhalten (Separierbarkeit), Nachfrageelastizitäten und Größenvariation stärken könnte. Die vorliegende Aufgabe wird eine flexible Form einführen, die aus dieser Literatur im Kontext mit der Produktion hervorgegangen ist, einige ihrer Eigenschaften untersuchen, angeben, wie sie mit bekannteren Formen unter speziellen Annahmen zusammenfällt, und die Translog-Approximation ihrer Dualform untersuchen, die in Schätzverfahren angewendet wird.

Man definiere eine Produktionsfunktion

$$y = \phi(x_1, \ldots, x_n) = g^{-1}[f(x_1, \ldots, x_n)] \quad , \tag{1}$$

wobei

$$g(y) = ye^{\theta y} \tag{2}$$

und

$$f(x_1, \ldots, x_n) = [\sum_{i=1}^{n} \delta_i x_i^{\rho_i}]^{1/\rho} \tag{3}$$

Hier wird der Output durch y repräsentiert, die Inputs durch die x_i. Man nehme nun an, daß jeder Input zu Einheitskosten w_i

verfügbar ist. Zieht man die Terme zusammen, läßt sich die Produktion wie folgt zusammenfassen:

$$y e^{\theta y} = \left[\sum_{i=1}^{n} \delta_i x_i^{\rho_i} \right]^{1/\rho} \quad . \tag{4}$$

Die parametrischen Restriktionen, die einige Eigenschaften eines geeigneten Verhaltens für alle $(x_1, \ldots, x_n)$ unterstellen, lauten

[1] $\theta > -1/y$;

[2] $\delta_i > 0 \qquad \sum \delta_i = 1$;

[3]

(i) $\rho < 0 \qquad \rho_i < 0$,

(ii) $\rho > 0 \qquad 1 > \rho_i > 0$,

(iii) $\rho = \rho_i = 0$.

Man beachte, daß, wenn $\theta = 0$ und $\rho_i = \rho$, dann (4) einfach eine CES-Funktion ist mit der Substitutionselastizität zwischen irgendeinem x_i und x_j von $(1/(1 + \rho))$. Wenn $\theta = \rho_i = \rho = 0$, dann ist (4) noch einfacher; es ist dann eine Cobb-Douglas-Funktion.

(a) Ein Expansionspfad ist radial, wenn es ein Strahl vom Ursprung des Input-/Faktor-Raumes ist. Zeige, daß alle Expansionspfade für die Cobb-Douglas-Technologie radial verlaufen und warum sie nicht radial verlaufen für eine Technologie wie in (4), es sei denn, daß $\rho_i = \rho_j$ für alle i & j = 1, ..., n.

(b) Zeige, daß die "Skalenertragselastizität" (d.h., für $y = f(\lambda x_1, \ldots, \lambda x_n)$ $(d\ell ny / d\ell n\lambda)$) für die Cobb-Douglas-Technologie eins beträgt, aber für die Technologie von (4) variabel ist.

(c) Es werde Gleichung (4) in ihrer Dualdarstellung durch die folgende Translog-Darstellung approximiert:

$$\ell nc(y, \vec{w}) = a_0 + a_y \ell ny + \frac{1}{2} a_{yy} (\ell ny)^2 + \sum_{i=1}^{n} a_i \ell nw_i$$

$$+ \frac{1}{2} \sum_{i=1}^{n} \sum_{j=1}^{n} a_{ij} \ell nw_i \ell nw_j$$

$$+ \sum_{i=1}^{n} a_{iy} \ell nw_i \ell ny \ . \qquad (5)$$

Beachte, daß dies die analoge Form ist zur Approximation im *(Varian, Hinweis-Nr. 38)* . Drücke den Anteil, der für x_i aufgewendet wird (er werde mit S_i bezeichnet), in den Parametern in (5) aus.

(d) Drücke die Allen-Uzawa-Elastizitäten der Substitution in den Parametern in (5) aus und die Anteile, die für die verschiedenen Inputs aufgewendet werden.

(a) Expansionspfade sind radial, wenn irgendein (w_1/w_2)-Verhältnis eine kostenminimierende Unternehmung zum selben x_1/x_2-Verhältnis führt, unabhängug davon, welches die absoluten Beschäftigungsniveaus sind; d.h., $(\lambda \bar{x}_1/\lambda \bar{x}_2)$ ist verbunden mit $(\bar{w}_1/\bar{w}_2)$ für jeden Wert von λ für alle $(\bar{w}_1/\bar{w}_2)$ und $(\bar{x}_1/\bar{x}_2)$, welche auf der Einheitsisoquante ausgewählt werden. Für den einfachen Cobb-Douglas-Fall gilt

$$\frac{w_1}{w_2} = \frac{a}{1-a}\,\frac{\lambda x_1}{\lambda x_2} = \frac{a}{1-a}\,\frac{x_1}{x_2} \quad ,$$

und die Expansionspfade sind radial. Für die in (4) ausgedrückte Formulierung gilt jedoch

$$\frac{w_1}{w_2} = \frac{\partial y/\partial x_1}{\partial y/\partial x_2} = \frac{\rho_i \delta_i (\lambda x_i)^{-\rho_i - 1}}{\rho_j \delta_j (\lambda x_j)^{-\rho_j - 1}}$$

$$= \left\{\frac{\rho_i \delta_i x_i^{-\rho_i - 1}}{\rho_j \delta_j x_j^{-\rho_j - 1}}\right\} \left\{\frac{\lambda^{-\rho_i - 1}}{\lambda^{-\rho_j - 1}}\right\}$$

$$\neq \left\{\frac{\rho_i \delta_i x_i^{-\rho_i - 1}}{\rho_j \delta_j x_j^{-\rho_j - 1}}\right\} \quad ,$$

es sei denn, daß $\rho_i = \rho_j$.

(b) Für den einfachen Cobb-Douglas-Fall gilt

$$\frac{\partial y}{\partial \lambda} = ax_1(\lambda x_1)^{-1}y + (1 - a)x_2(\lambda x_2)^{-1}y$$

$$= \lambda^{-1}y \quad ,$$

so daß

$$\frac{\partial \ell ny}{\partial \ell n\lambda} = \left(\frac{\lambda}{y}\right) \lambda^{-1} y = 1 \quad .$$

Indessen gilt für (4)

$$\frac{\partial y}{\partial \lambda} = \frac{\frac{1}{\rho}\Sigma\delta_i\rho_i(\lambda x_i)^{-\rho_i}x_i}{e^{\theta y}(1+\theta y)}$$

und

$$\frac{\partial \ell ny}{\partial \ell n\lambda} = \frac{\lambda}{\rho}\,\frac{\Sigma\delta_i\rho_i(\lambda_i x_i)^{-\rho_i}x_i}{ye^{\theta y}(1+\theta y)} \neq 1 \quad . \tag{7}$$

(c) Gegeben sei die Translog-Approximation, wie in (5) berichtet,

$$\frac{\partial \ell nc}{\partial \ell nw_i} = a_i + \sum_{j=1}^{n} a_{ij}\ell nw_j + a_{iu}\ell nu$$

$$= \frac{\partial c}{\partial w_i}\,\frac{w_i}{C} \quad . \tag{8}$$

Aber wieder kommt Shepard's Lemma ins Spiel und führt zu

$$\frac{\partial C}{\partial w_i} = x_i$$

und

$$a_i = \sum_{j=1}^{n} a_{ij} \ln w_j + a_{iu} \ln u = \frac{w_i x_i}{C} = S_i$$

(d) Man erinnere sich an das Uzawa-Ergebnis, daß

$$\sigma_{ik} = - \frac{C(\vec{w},1) \frac{\partial^2 C(\vec{w},1)}{\partial w_i \partial w_k}}{\frac{\partial C(\vec{w},1)}{\partial w_i} \frac{\partial C(\vec{w},1)}{\partial w_k}} \quad . \tag{9}$$

Wir wissen aus (8), daß

$$\frac{\partial C(\vec{w},1)}{\partial w_i} = \frac{C(\vec{w},1)}{w_i} \left\{ a_i + \sum_{j=1}^{n} a_{ij} \ln w_j + a_{iu} \ln u \right\} = S_i \quad ,$$

$$\frac{\partial C(\vec{w},1)}{\partial w_k} = \frac{C(\vec{w},1)}{w_k} \left\{ a_k + \sum_{j=1}^{n} a_{kj} \ln w_j + a_{ku} \ln u \right\} = S_k \; .$$

Darüberhinaus

$$\frac{\partial^2 C(\vec{w},1)}{\partial w_i \partial w_k} = \frac{1}{w_i}\left\{C(\vec{w},1)\frac{a_{ik}}{w_k} + (a_i + \sum_{j=1}^{n} a_{ij}\ell n w_j + a_{iu}\ell n u)\frac{\partial C(w,1)}{\partial w_k}\right\}$$

$$= C(\vec{w},1)\left\{\frac{a_{ik}}{w_i w_k} + (a_i + \sum_j a_{ij}\ell n w_j + a_{iu}\ell n u)\right.$$

$$\left.\left(a_k + \sum_j a_{kj}\ell n w_j + a_{ku}\ell n u\right)\right\}$$

$$= \frac{C(\vec{w},1)}{w_i w_k}\left\{a_{ik} + S_i S_k\right\} \quad .$$

Deshalb ergibt sich aus (9)

$$\sigma_{ik} = -\frac{\frac{[C(\vec{w},1)]^2}{w_i w_k}\left\{a_{ik} + S_i S_k\right\}}{\left\{\frac{C(\vec{w},1)}{w_i}S_i\right\}\left\{\frac{C(\vec{w},1)}{w_k}S_k\right\}} = -\frac{a_{ik} + S_i S_k}{S_i S_k} \quad .$$

Es kostet etwas, wenn man flexible Funktionsformen mit Translog-Darstellungen approximiert. Thursby und Lovell (4) und Wales (5) sind besorgt um die Verschlechterung der Approximationen mit zunehmendem Umfang der Beobachtungen. Guilkey und Lovell (3) machen sich Sorgen über den Umfang an Komplexität, welche die Approximationen noch akkurat handhaben können. Der Leser sei auf diese Arbeiten und weitere, die in deren Quellenangaben angegeben sind, verwiesen, falls die hier skizzierten Verfahren nützlich erscheinen.

LITERATURHINWEISE

(1) Berndt, E. R. and M. S. Khaled, "Parametric Productivity Measurement and Choice Among Flexible Functional Forms." Journal of Political Economy 87:1220-1245, 1939.

(2) Berndt, E. R. and D. O. Wood, "Technology, Prices, and the Derived Demand for Energy," Review of Economics and Statistics 57:259-268, 1975.

(3) Guilkey, C. K. and C. A. Knox Lovell, "On the Flexibility of the Translog Approximation," International Economic Review 21:137-143, 1980.

(4) Thursby, J. and C. A. K. Lovell, "An Investigation of the Kmenta Approximation to the CES Function," International Economic Review 19:363-397, 1938.

(5) Wales, T. J., "On the Flexibility of Flexible Functional Forms," Journal of Econometrics 5:183-193, 1978.

Kapitel 5
Theorie des allgemeinen Gleichgewichts und Wohlfahrtsökonomie

5.1 Die Edgeworth-Geometrie des allgemeinen Gleichgewichts

Im Varianschen Lehrbuch wird im *(Varian, Hinweis-Nr. 39)* eine graphische Darstellung des Walrasianischen Gleichgewichts vorgestellt, die bemerkenswert robust ist. Die zugrundeliegende Geometrie läßt sich dazu verwenden, verschiedenartige Ergebnisse aus der wirtschaftswissenschaftlichen Literatur zu stützen. Die vorliegende Aufgabe wird drei Vorschläge aus drei separaten Forschungsfeldern stützen. Der erste behandelt Stabilitätsmuster multipler Gleichgewichte; man kann das als eine elementare Einführung in die dynamische Modellierung betrachten, die bei Varian später eingeführt wird *(Varian, Hinweis-Nr. 40)*. Es ist sogar aufschlußreich für die Suffizienz der Bruttosubstitutionalität für die Gewährleistung eindeutiger Gleichgewichte. Ein zweiter Teil wird einen optimalen Importzoll im Zwei-Länder-Fall des internationalen Handels vorführen. Der Schlußteil wird ähnliche Verfahren auf zukünftige Märkte anwenden. Diese Modellbildung wurde konstruiert, um verschiedene wichtige, von Foley berichtete Ergebnisse zu illustrieren. Er und Hahn (2 und 4) haben unabhängig voneinander gezeigt, daß dann, wenn Märkte nicht frei sind, Gleichgewichte erreicht werden, die in dramatischer Weise von denen abweichen, die von kostenlosen Transaktionen gestützt werden, ja, daß überhaupt keine Gleichgewichte existieren können. Die Edgeworth-Geometrie wird das alles zeigen.

(a) Betrachte Abbildung 5.1. Argumentiere, daß I und III stabile Gleichgewichte sind, aber II ein unstabiles Gleichgewicht darstellt, wenn die Preisanpassung der üblichen Regel folgt:

Wenn $f_i(\vec{p})$ die Überschußnachfrage nach x_i repräsentiert, dann

$$\dot{p}_i \gtreqless 0, \text{ wenn und nur wenn } f_i(\vec{p}) \gtreqless 0. \tag{1}$$

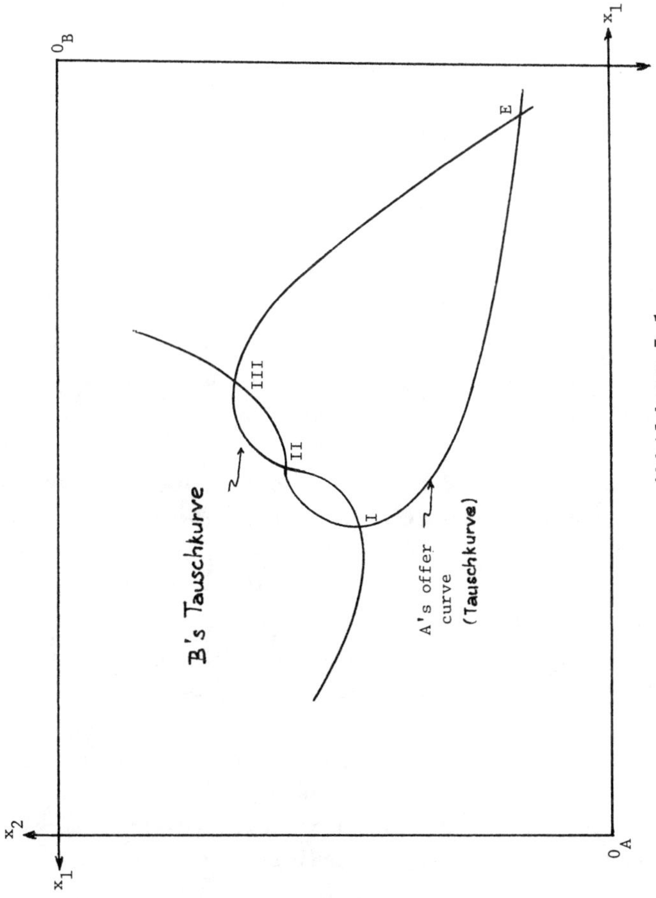

Abbildung 5.1

Bedingung (1) gibt einfach an, daß dann, wenn die Nachfrage nach x_i das Angebot übersteigt (gleich ist, geringer ist), der Preis p_i steigt (gleich bleibt, fällt). In *(Varian, Hinweis-Nr. 41)* sind zwei Güter "Bruttosubstitute", wenn und nur wenn

$$\frac{\partial f_i(\vec{p})}{\partial p_j} > 0 \qquad \frac{\partial f_j(\vec{p})}{\partial p_i} > 0.$$

Ein Theorem auf derselben Seite *(Varian, Hinweis-Nr. 42)* besagt, daß: Wenn alle Güter Bruttosubstitute für alle Preise sind, dann ist, falls $\vec{p}^*$ ein Gleichgewichtspreisvektor ist, dieser der eindeutige Gleichgewichtspreisvektor.

Erkläre, warum Abbildung 5.1 die Bedingung der Bruttosubstitutionalität verletzt.

(b) In der Literatur über den internationalen Handel wird das Konzept eines optimalen Importzolls häufig erörtert. Es seien A und B hier die Länder und es sei angenommen, daß die Tauschkurven nur sich zweimal schneiden (einschließlich der Ausstattung). Zeige einen Zoll (Wertsteuer) auf, der B's Verkäufe von x_2 optimal aus der Sicht des A-Landes beschränkt. Verwende die Geometrie, um diesen Optimalzoll zu berechnen.

(c) Eine der Annahmen der standardmäßigen Allgemeinen Gleichgewichtstheorie lautet, daß die Märkte kostenlos geräumt werden. Wenn das nicht der Fall ist, sind die Gleichgewichte sicherlich verschieden und sie mögen sogar überhaupt nicht existieren. Tritt dies ein, ist der Markt einfach zu kostenintensiv, damit er sich lohnen würde, und er scheitert. Wieder sollen sich die Tauschkurven zweimal schneiden. Es sei x_i der Konsum in Periode 1 und x_2 der Konsum in Periode 2. Man nehme an, daß die Welt nach der Periode 2 aufhört. Erkläre sorgfältig, was geschehen ist, wenn A und B sich von der Ausstattung E zum Gleichgewicht E′ in einem kostenfreien Markt bewegen. Man nehme dann an, daß der Markt kostenaufwendig ist; man unterstelle, daß ein Kreditnehmer nicht nur Zins an den Kreditgeber (in Periode 2), sondern auch die Kosten der Markteinrichtung (in Periode 1) bezahlen muß. Wenn r_b der vom Kreditnehmer entrichtete Zinssatz und r_l der vom Kreditgeber empfangene Zinssatz ist, dann nehme man insbesondere an, daß

$$r_b = r_l + c \,. \tag{2}$$

Der Parameter c reflektiert die Marktkosten. In diesem Kontext

(i) charakterisiere graphisch das Gleichgewicht, wenn die Märkte entsprechend zu (2) kostenintensiv sind;

(ii) argumentiere, daß $r_b > r > r_l$, wobei r der bezahlte <u>und</u> empfangene Zins im kostenlosen Fall ist;

(iii) zeige, daß ein $\bar{c}$ derart existiert, daß $c \geq \bar{c}$ bedeutet, daß sich kein Markt formiert.

(a) Betrachte die Preislinie, die von der Ausstattung E durch die Region zwischen den Gleichgewichten II und III in Abbildung 5.2 gezogen wurde. Bei diesen Preisen bietet A weniger x_1 zum Verkauf an, als B nachfragt, und B bietet mehr x_2 zum Verkauf an, als A zu kaufen bereit ist. Deshalb wird entsprechend zu (1) p_1 ansteigen und p_2 sinken, und die Preislinie wird gezwungen, sich nach III zu drehen. Genau der gleiche Gedankengang läßt sich anwenden, um zu zeigen, daß:

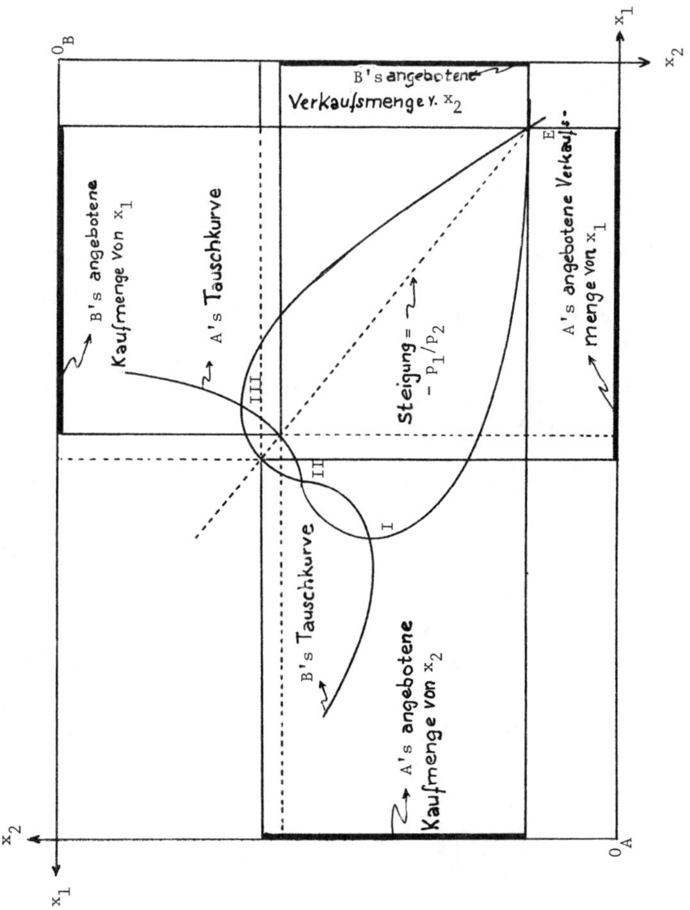

Abbildung 5.2

(i) die Preislinien oberhalb von III (wie ρ_1) sich nach III drehen werden,

(ii) die Preislinien zwischen II und I (wie ρ_2) sich nach I drehen werden, und

(iii) die Preislinien unterhalb von I (wie ρ_3) sich nach I drehen werden.

Schließlich ergeben die Preislinien, die E mit I, II und III verbinden, markträumende Gleichgewichte für x_1 und x_2. Klarerweise sind dann bei gegebenem E sowohl I wie II und III alles mögliche Gleichgewichte, aber II ist instabil. Jede Störung von II wird tatsächlich ein neues Gleichgewicht herbeiführen, entweder in II oder in III.

Die multiplen Intersektionen, welche die multiplen Gleichgewichte ergeben, sind das Resultat der rückwärtsgewendeten Tauschkurventeile. Diese Teile weisen ein besonderes Verhalten auf und ihre Charakterisierung ist erhellend. Man betrachte B's Kurve. Im ganzen Bereich seines rückwärtsgewendeten, positiv geneigten Abschnitts verursachen Abnahmen von p_1 tatsächlich eine Steigerung von B's Konsum von x_2. Das ist genau das Verhalten, das durch die Bruttosubstitutionalität nicht erlaubt ist; das Theorem, das bei *(Varian, Hinweis-Nr. 43)* entwickelt wird, überrascht daher nicht. Die Stützung eines zweiten Theorems, das auf der Indexanalyse basiert, findet sich hier ebenfalls. Die Indexierungsbedingung, die für die Eindeutigkeit angegeben wird, erfordert, daß der Einkommenseffekt nicht so groß ist, daß er den Substitutionseffekt auslöscht. Es handelt sich um die Slutsky-Darstellung von $\frac{\partial x_2}{\partial p_1}$, welche ebenfalls die Verletzung durch rückwärtsgerichtete Tauschkurven, wie sie in Abbildung 5.3 eingezeichnet sind, ausschließt.

(b) A muß sich wie ein Stackelberg-Oligipolist verhalten, um seinen Optimalzoll auszuschöpfen; d.h., A muß annehmen, daß sich B entlang seiner Tauschkurve bewegt. Deshalb ist die Wohlfahrtsmaximierung unter Berücksichtigung von B's Tauschkurve die beste Strategie. In Abbildung 5.3 repräsentiert E'den Punkt, der dieses Maximum erzielt. Es läßt sich durch eine heimische Preisbindung $(\bar{p}_1/\bar{p}_2)$, die durch die Steigung der Linie (a) angegeben wird, und einen ausländischen Preis, welcher der Steigung der Linie (b) gleich ist, unterstützen. A importiert x_2; somit muß ein Wertzoll von t^*, der auf $\bar{p}_2$ aufgeschlagen wird, folgendes erfüllen:

$$(\bar{p}_1/\bar{p}_2\ (1 + t^*)) = \text{Steigung von (b)}.$$

Konstruiert man eine Menge sekundärer Achsen mit dem originalen E, so ermöglicht das, daß

$$(\bar{p}_1/\bar{p}_2\ (1 + t^*)) = \text{Steigung von (b)} = \frac{E'N}{EN} \quad (2)$$

Mit der gleichen Perspektive gilt:

$$(\bar{p}_1/\bar{p}_2) = \text{Steigung von (a)} = \frac{E'N}{EN}. \quad (3)$$

Formt man (2) im Hinblick auf (3) um, dann

$$(1+t^*) = \frac{E'N}{MN}\,\frac{EN}{E'N} = \frac{EN}{MN}$$

und

$$t^* = \frac{EN - MN}{MN} = \frac{EM}{MN}.$$

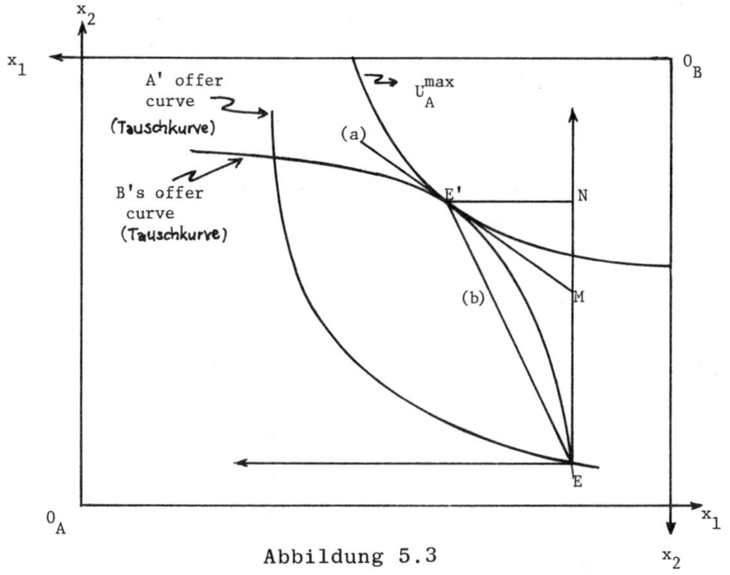

Abbildung 5.3

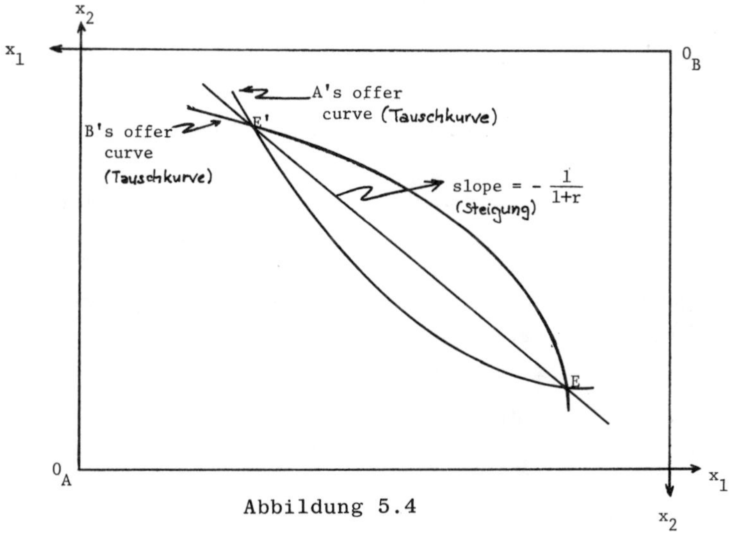

Abbildung 5.4

(c) Ein Weg, die Kosten der Markterrichtung für künftige Güter zu modellieren, besteht darin, die Interpretation von Tauschkurven zu manipulieren. Um zu erkennen, wie das bewerkstelligt werden kann, muß man zuerst sorgfältig das kostenfreie Modell beschreiben. In Abbildung 5.4 zum Beispiel möchte das Individuum A den erhöhten Konsum der Periode 2 durch Entleihe seiner Ausstattung der Periode 1 finanzieren. B wünscht seinerseits in Periode 1 Kredit aufzunehmen; somit wird das Gleichgewicht in E'erreicht. Die Steigung der Geraden (a) ist das Preisverhältnis der Periode 1 und der Konsum in Periode 2; es ist gleich $-1/(1+r)$, wobei r der Zinssatz ist, der von B bezahlt und von A empfangen wird.

Sei angenommen, daß die Errichtung dieses Marktes Kosten verursacht. Angenommen sei insbesondere, daß die Kosten einen fixen Aufschlag auf die Erträge des Kreditgebers ausmachen und daß sie vom Kreditnehmer bei Kreditaufnahme zu entrichten sind. Wenn c die Kosten angibt, dann

$$r_b = r_l + c, \tag{2}$$

wobei r_b den Zinssatz des Kreditnehmers und r_l den Zinssatz des Kreditgebers angibt. Geometrisch sucht man nun nach einem derartigen Niveau von $\hat{X}_2$, daß der horizontale Abstand zwischen den beiden Tauschkurven (innerhalb des Kerns) genau gleich ist dem horizontalen Abstand zwischen den Preisgeraden, welche durch E gehen mit den Steigungen $-1/(1+r_b)$ und $-1/(1+r_l)$. Unter solchen Umständen würde der Konsumbetrag der Periode 1, der A verloren geht, aufgeteilt zwischen B und den Markterrichtungskosten in Übereinstimmung mit (2). Die volle Bezahlung in Konsum der Periode 2 würde ebenfalls von B auf A transferiert.

Abbildung 5.5 zeigt ein solches Gleichgewicht. Man beachte, daß A einen geringeren Ertrag ($r_l < r$) als zuvor erhält, aber B einen höheren Satz bezahlt ($r_b > r$). Beide Partizipanten tragen deshalb die Kosten. Es ist auch ohne weiteres möglich, daß Märkte zu kostenaufwendig für irgendwelche Transaktionen sind. Die letzte Abbildung zeigt einen Kern, der eine Disparität zwischen r_b und r_l widerspiegelt. Diese ist so groß, daß der Kern zur Gänze im Inneren liegt. Kein Markt kommt zum Vorschein, weil er weder A noch B besser stellen würde. Es existiert tatsächlich ein $\bar{c}$ derart, daß $c > \bar{c}$ das Auftreten eines Marktes für zukünftige Güter verhindert. Um das zu sehen, sei M_k (E) die Steigung von von k's Tauschkurve in E (k = A, B) und sei angenommen, daß x_1 und x_2 Bruttosubstitute sind. Die Tauschkurven sind also schön geformt, und ein Kern mit einem größeren Winkel als die Fläche zwischen den Kurven kann beide Seiten niemals schneiden.

Klarerweise definiert dann

$$M_A(E) - M_B(E) \leq \frac{1}{1+r_l} - \frac{1}{1+r_l + \bar{c}}$$

das voraussichtliche $\bar{c}$; d.h.,

$$[M_A(E) - M_B(E)]\ (1 + r_l)\ (1 + r_b) = \bar{c}.$$

Es könnte nun gleichwohl scheinen, daß das Problem in der Dünne in einem speziellen Sinne liegt: Der Bereich der nach dem Pareto-Kriterium verbessernden Transaktionen ist klein. Wenn die Fläche zwischen den Tauschkurven größer und ausgedehnter wäre (die gestrichelten Geraden in Abbildung 5.6), wäre die Nichtexistenz-Möglichkeit verringert (freilich nicht mit Sicherheit ausgeschaltet).

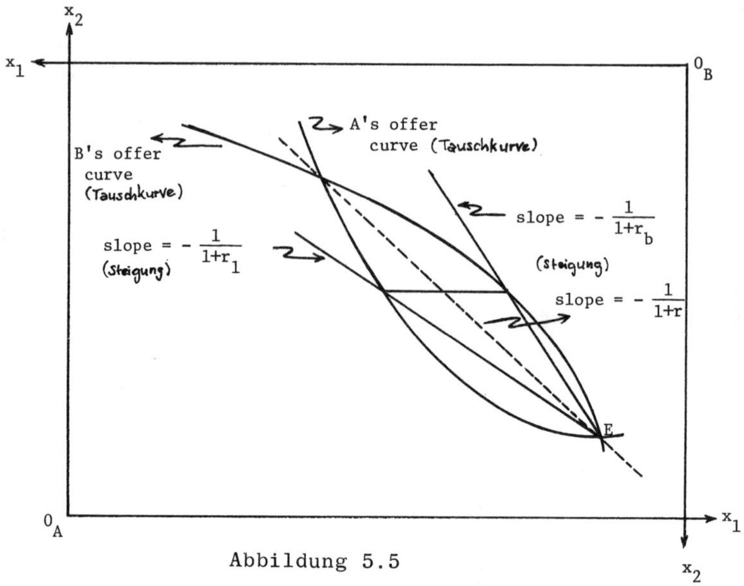

Abbildung 5.5

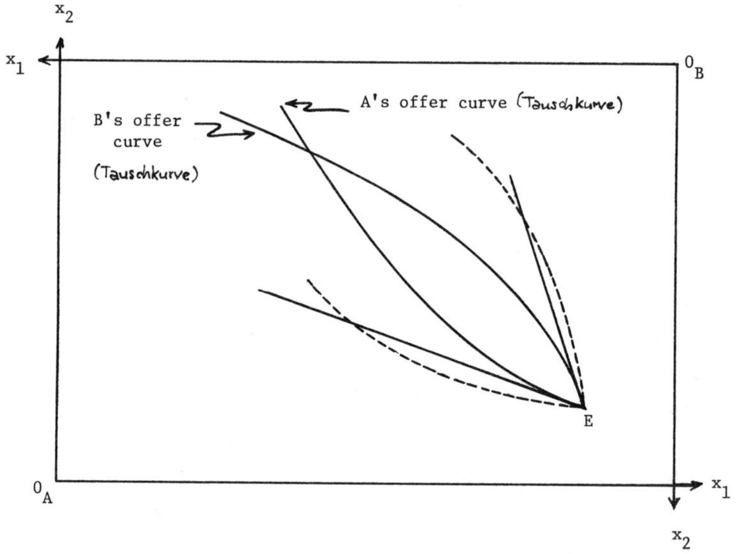

Abbildung 5.6

Diese Aufgabe ist so gestaltet, damit sie etwas von der immensen Vielseitigkeit der Edgeworth-Geometrie vermitteln kann. Die Teile (a) und (b) sind in etwa Standardillustrationen. Es wurde gezeigt, daß der Optimalzoll in der Tat $(\varepsilon^* - 1)^{-1}$ gleich ist, wobei ε^* die Elastizität von B's Tauschkurve in E'ist. Dabei wurde nur diese Geometrie verwendet (siehe Caves und Jones (1), Seite 239, Abbildung 12.7). Teil (b) ist der erste Schritt im Beweis dazu. Der letzte Aufgabenteil ist freilich weniger traditionell und herkömmlich. Er wurde durch die Arbeit von Foley (2) und Hahn (4) angeregt. Beide haben beobachtet, daß das Arrow-Debreu-Modell des allgemeinen Gleichgewichts die Existenz von viel mehr Märkten vorausgesagt hat, als tatsächlich zu beobachten sind. Diese Märkte sind in der Tat derart extensiv, daß rationale Wesen ihre gesamte Lebenszeit innerhalb dieses Rahmens planen könnten. Wirtschaftswissenschaftler, wenn man sie auf diesen Widerspruch hingewiesen hat, haben immer betont, daß es Unsicherheit und Risiko gibt. Sie versicherten, daß die Zukunft einfach zu ungewiß sei, als daß es genügend Menschen gäbe, um alle die vorausgesagten Märkte für zukünftige Güter zu unterstützen. Foley und Hahn fanden freilich eine andere Ursache, und die Edgeworth-Geometrie stützt ihre Analyse. Der interessierte Leser kann auch die Arbeit von Green und Sheshinski (3) konsultieren. Die anfänglichen Arbeiten werden darin mit Weiterungen der jüngsten Zeit versehen.

LITERATURHINWEISE

(1) Caves, R.E. und R.W. Jones, World Trade and Payments, Boston, Little, Brown and Company, 1973.

(2) Foley, D., "Economic Equilibria with Costly Markets," Journal of Economic Theory 2: 276-291, 1970.

(3) Green, J. und E. Sheshinski, "Competitive Inefficiencies in the Presence of Constrained Transactions," Journal of Economic Theory 10: 343-357, 1975.

(4) Hahn, F., "Equilibrium with Transactions Cost," Econometrica 39: 417-439, 1971.

5.2 Die Rybczynski- und Stolper-Samuelson-Theoreme

Das Rybczynski-Theorem und das Stolper-Samuelson-Theorem werden üblicherweise dem Gebiet der internationalen Wirtschaftsbeziehungen zugerechnet, sie sind jedoch tatsächlich elementare Konzepte des allgemeinen Gleichgewichts. Die vorliegende Aufgabe wird beide Theoreme präsentieren. Sei angenommen, daß es zwei Güter (y_1 und y_2) gäbe, die gemäß von homogenen Produktionsfunktionen vom Grade 1 mit zwei Faktoren (x_1 und x_2) produziert würden; d.h., sei

$$y_i = f_i(x_{1i}, x_{2i}); \; i = 1, 2.$$

Sei angenommen, daß x_1 und x_2 in fester Angebotsmenge verfügbar sind, so daß

$$x_{j1} + x_{j2} \leq \bar{x}_j; \; j = 1, 2.$$

Es ist bequem, die Produktion in Ausdrücken von Beschäftigungsverhältnissen darzustellen, somit sei

$$y_i = x_{2i} f_i([x_{1i}/x_{2i}], 1) \equiv \phi_i(\chi_i); \; i = 1, 2,$$

wobei $\chi_i \equiv (x_{1i}/x_{2i})$. Man erinnere sich der Aufgabe 1.3. Danach gilt, daß

$$w_i = p_i(d\phi_i/d\chi_i); \; i = 1, 2 \tag{1}$$

$$w_2 = p_i[\phi_i(\chi_i) - \chi_i(d\phi_i/d\chi_i)]; \; i = 1, 2. \tag{2}$$

Diese Beziehungen reichen aus, die beiden Theoreme zu beweisen.

(a) Zeige, daß χ_1 und χ_2 <u>beide</u> sich in die gleiche Richtung bewegen in Reaktion auf eine Änderung der relativen Faktorpreise $\omega \equiv w_2/w_1$.

(b) (Stolper-Samuelson-Theorem) Zeige, daß ein Ansteigen (Sinken) der relativen Preise von y_2 und y_1 (bezeichnet mit $\rho \equiv p_2/p_1$) den Reallohn des intensiv bei der Produktion von y_2 (von y_1) genutzten Faktors ansteigen läßt. Die Produktion von y_i heißt intensiv in x_j, wenn und nur wenn $(x_{ji}/x_{ki}) > (x_{jl}/x_{kl})$ für $i \neq 1$ und $k = j$. Insbesondere ist y_i intensiv in x_1, wenn und nur wenn $\chi_i > \chi_j$ für $i \neq j$; sonst ist y_i intensiv in x_2.

(c) (Rybczynski-Theorem) Hält man $\rho \equiv p_2/p_1$ fix, zeige dann, daß das Ansteigen der Verfügbarkeit eines Faktors die Branche dazu veranlasst, die diesen Faktor intensiv verwendet, zu expandieren und die andere Branche dazu bringt, zu schrumpfen.

(d) Betrachte die Produktionsmöglichkeiten-Grenzlinien vor und nach der Angebotserhöhung, wie sie in (c) vorgesehen ist. Wenn weder y_1 noch y_2 inferior sind, gebe den Bereich auf der neuen Produktionsbegrenzung an, wo das neue Gleichgewicht liegen muß, so ρ sich bewegen darf. Weise nach, daß der Preis des expandierenden Gutes fallen muß.

Die ersten beiden Aufgabenteile folgen gänzlich aus einer Manipulation von (1) und (2). Die Aufgabenteile (c) und (d) lassen sich auch auf diese Weise belegen, aber es stärkt den Wert der Edgeworth-Geometrie, mindest die Hälfte der vorliegenden Aufgabe ohne algebraische Rechnung anzugehen.

(a) Aus Aufgabe 1.3 ziehen wir heran, daß

$$w_1 = p_i(d\phi_i/d\chi_i) \tag{1}$$

$$w_2 = p_i[\phi_i(\chi_i) - \chi_i(d\phi_i/d\chi_i)]; \quad i = 1, 2. \tag{2}$$

Daraus ergibt sich, daß

$$\omega \equiv \frac{w_2}{w_1} = [\phi_i(\chi_i)/(d\phi_i/d\chi_i)] - \chi_i; \quad i = 1, 2. \tag{3}$$

Die Beschäftigungsverhältnisse hängen lediglich vom Faktorpreisverhältnis ab. Darüberhinaus ergibt sich aus (3):

$$\frac{d\omega}{d\chi_i} = \frac{\{[d\phi_i/d\chi_i]^2 - \phi_i(\chi_i)d^2\phi_i/d\chi_i^2\}}{[d\phi_i/d\chi_i]^2} - 1$$

$$= -\frac{\phi_i(\chi_i)[d^2\phi_i/d\chi_i^2]}{[d\phi_i/d\chi_i]^2} > 0; \quad i = 1, 2. \tag{4}$$

Die Beschäftigungsverhältnisse beider Industrien reagieren deshalb bei Änderungen von ω in der gleichen Richtung.

(b) Aus (1) ergibt sich klar, daß

$$w_1 = p_1(d\phi_1/d\chi_1) = p_2(d\phi_2/d\chi_2).$$

Das ergibt:

$$\frac{p_2}{p_1} \equiv \rho = \frac{[d\phi_1/d\chi_1]}{[d\phi_2/d\chi_2]}. \quad (5)$$

Differenziert man (5) und verwendet (4), so zahlt sich das jetzt aus, jedoch wird die Notation erheblich vereinfacht, wenn man die Konvention übernimmt, daß $d\phi_i/d\chi_i = \phi'_i(\chi_i)$ und $d^2\phi_i/d\chi^2_i = \phi''_i(\chi_i)$:

$$\frac{d\rho}{d\omega} = \frac{\phi''_1(\chi_1)}{\phi'_2(\chi_2)}\frac{d\chi_1}{d\omega} - \frac{\phi'_1(\chi_1)\phi''_2(\chi_2)}{[\phi'_2(\chi_2)]^2}\frac{d\chi_2}{d\omega}$$

$$= -\frac{\phi''_1(\chi_1)}{\phi'_2(\chi_2)}\frac{[\phi'_1(\chi_1)]^2}{\phi_1(\chi_1)\phi''_1(\chi_1)} + \frac{\phi'_1(\chi_1)\phi''_2(\chi_2)}{[\phi'_2(\chi_2)]^2}\cdot\frac{[\phi'_2(\chi_2)]^2}{\phi_2(\chi_2)\phi''_2(\chi_2)}$$

$$= \frac{\phi'_1(\chi_1)}{\phi_2(\chi_2)} - \frac{[\phi'_1(\chi_1)]^2}{\phi'_2(\chi)\phi_1(\chi_1)}. \quad (6)$$

Dividiert man (6) durch ρ und beobachtet, daß

$$\rho = [d\phi_1/d\chi_1]/[d\phi_2/d\chi_2],$$

dann kann man sehen, daß

$$\frac{1}{\rho}\frac{d\rho}{d\omega} = \frac{\phi'_2(\chi_2)}{\phi_2(\chi_2)} - \frac{\phi'_1(\chi_1)}{\phi_1(\chi_1)}. \quad (7)$$

Man beachte jedoch, daß (2) übergeht in

$$\phi_i(\chi_i) = (w_2/p_i) + \chi_i\phi'_i(\chi_i)$$

$$= \phi'_i(\chi_i)[\chi_i + (w_2/p_i\phi'_i(\chi_i))]$$

$$= \phi'_i(\chi_i)[\chi_i + (w_2/w_1)].$$

Daraus ergibt sich

$$\frac{1}{\rho}\,\frac{d\rho}{d\omega} = \frac{1}{\chi_2 + \omega} - \frac{1}{\chi_1 + \omega}\,.$$

Deshalb ist klarerweise

$$\frac{d\rho}{d\omega} \gtreqless 0 \qquad \chi_2 \lesseqgtr \chi_1. \tag{8}$$

Wenn der relative Preis von y_2 ansteigt (fällt), muß deshalb auch der reale Ertrag des Faktors, der in der Produktion von y_2 intensiv genutzt wird, steigen (fallen). Wenn $(x_{11}/x_{12}) = \chi_1 < \chi_2 = (x_{21}/x_{22})$ zum Beispiel, dann würde die Produktion von y_2 den Faktor x_1 intensiv nutzen und (8) würde vorhersagen, daß $\omega = w_2/w_1$ ansteigen (fallen) würde, falls ρ fallen (steigen) würde.

(c) Aufgabenteil (a) offenbart, daß die Faktorenbeschäftigungsrelationen von ρ abhängen; um das zu erkennen, erinnere man sich einfach an (5):

$$\rho = \phi'_1(\chi_1)/\phi'_2(\chi_2) \tag{5}$$

und man beachte aus (2), daß auch

$$\rho = [\phi_1(\chi_1) - \chi_1\phi'_1(\chi_1)]/[\phi_2(\chi_2) - \chi_2\phi'_2(\chi_2)], \quad (9)$$

Diese beiden Gleichungen in χ_1 und χ_2 sind fixiert durch ρ. Wenn ein Anstieg von $\bar{x}_1$ gezeichnet wird, muß deshalb χ_1 und χ_2 fixiert sein, wenn ρ sich nicht ändert. Diese Relationen werden natürlich deutlich in den Steigungen der Linien, die das Gleichgewicht mit den Ursprüngen von y_1 und y_2 verbinden.

Abbildung 5.7 illustriert die Situation, wenn $\bar{x}_1$ ansteigt. Man beachte, daß der y_1-Ursprung verlegt wird. Punkt **E** ist das anfängliche Gleichgewicht, und (Steigung O_1E) = $\chi_1 > \chi_2$ = (Steigung O_2E) zeigt, daß y_1 intensiv x_1 verwendet. Hält man ρ fix, muß das neue Gleichgewicht entlang einer Linie von O'_1 mit der gleichen Steigung wie O_1E liegen, wenn χ_1 konstant gehalten werden soll. Diese Linie ist eingezeichnet und wird mit O'_1S bezeichnet. Wenn χ_2 konstant sein soll, muß jedoch das neue Gleichgewicht entlang O_2E liegen. O_2E und O'_1S schneiden sich im Punkt E′, dem neuen Gleichgewicht. Aus der Geometrie ist klar, daß E′ näher am O_2-Ursprung liegt als E. Der Anstieg von $\bar{x}_1$ hat deshalb die Produktion von y_2, der Industrie, die $\bar{x}_1$ nicht intensiv einsetzt, schrumpfen lassen. Die bei y_2 freigesetzten Ressourcen plus die zusätzlichen Einheiten von x_1 wandern jetzt alle in die Produktion von y_1. Somit muß sich y_1 ausgedehnt haben.

(d) Abbildung 5.8 zeigt zwei Produktionsmöglichkeiten-Fronten für die Fälle der Abbildung 5.7. Die Kurve AEB ist die ursprüngliche Produktionsmöglichkeiten-Frontkurve; E gibt das anfängliche Gleichgewicht an. Wenn $\bar{x}_1$ ansteigt, kann y_1 unter totaler Spezialisierung weiter als y_2 expandieren, weil y_1 intensiv x_1 nutzt.

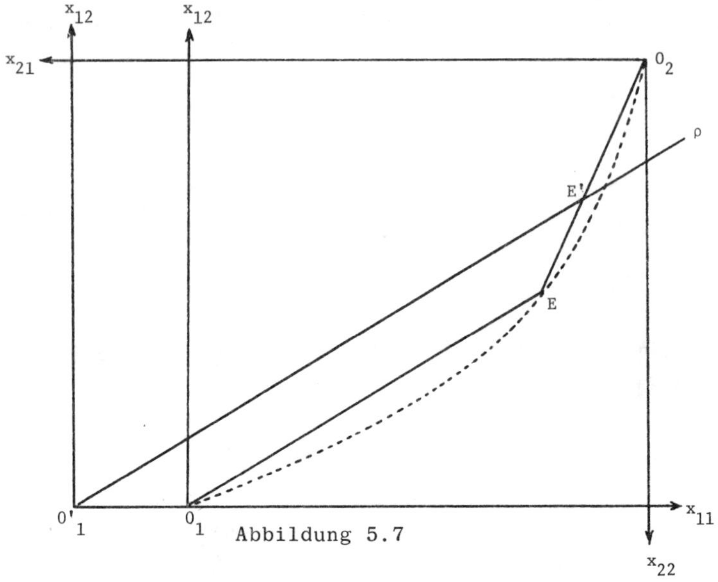

Abbildung 5.7

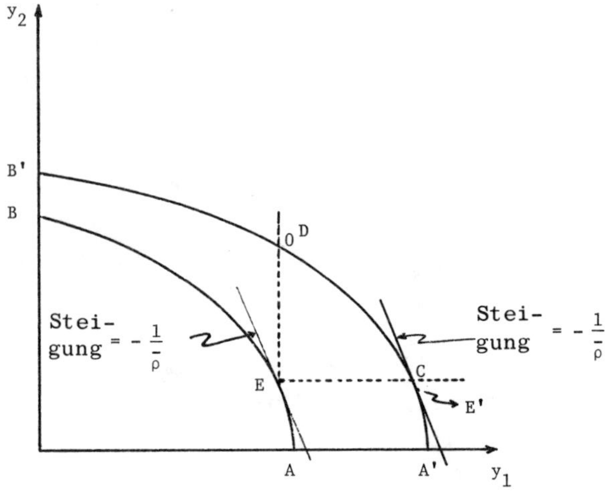

Abbildung 5.8

Das Ergebnis ist: A' - A > B' - B. Der Aufgabenteil (c), das Rybczynski-Theorem, zeigt, daß das mit $\bar{\rho}$ verbundene E′ unterhalb von Punkt C auf A'E'B' liegen muß, weil y_2 schrumpfen muß. Ein neues Gleichgewicht kann nicht unterhalb von E′liegen, weil nämlich die Normalitätsannahme gilt. Um unterhalb von E′zu kommen, müßte (p_1/p_2) über $\bar{\rho}$ hinaus ansteigen, selbst wenn (x_1/x_2) ansteigt; x_1 müßte also inferior gewesen sein. Das neue Gleichgewicht kann auch nicht oberhalb von D sein, weil $(p_1/p_2) < \bar{p}$ dann von einer Reduktion des Verhältnisses (x_1/x_2) begleitet sein würde; x_1 wäre wiederum inferior. Der Bereich auf A'E'B' zwischen E' und D muß deshalb der Ort des neuen Gleichgewichts sein. Im neuen Gleichgewicht E" jedoch ist die Steigung der Frontkurve, die gleich dem neuen Preisverhältnis ist, in der Höhe geringer als $\bar{\rho}$. Der Relativpreis von y_1, der expandierenden Industrie, ist wegen der Expansion gefallen.

Diese Ergebnisse sind "herkömmlicher Standard". Sie finden sich in jedem Außenwirtschaftslehrbuch. Sie werden extensiv in der gesamten Außenhandels- und Steuerinzidenztheorie verwendet.

Kemp's Lehrbuch ist eine ausgezeichnete Quelle für Abhandlungen und Anwendungen beider Theoreme. Beide werden dort auf Zwischenprodukte und variable Skalenerträge erweitert. Der interessierte Leser sei aber nichtsdestotrotz auf die Originalarbeiten und auf jüngere Ergänzungsarbeiten, die unten angegeben sind, verwiesen.

LITERATURHINWEISE

(1) Jones, R.W., "The Structure of Simple General Equilibrium Models," *Journal of Political Economy* 73:557-572, 1965.

(2) Kemp, M., *The Price Theory of International Trade and Investment*, Englewood Cliffs, Prentice Hall, 1969.

(3) Minabe, Nobuo, "The Stolper-Samuelson, The Rybczynski Effect, and the Heckscher-Ohlin Theory of Trade Pattern and Factor Price Equilization: The Case of Money-Commodity, Many-Factor Country," *Canadian Journal of Economics and Political Science*, 33:401-419, 1967.

(4) Rybczynski, T.N., "Factor Endowments and Relative Commodity Prices," *Economica* 22:336-341, 1955.

(5) Samuelson, P.A., "Prices of Factors and Goods in General Equilibrium," *Review of Economic Studies* 21:1-20, 1953.

(6) Uekawa, Yasuo, "On the Generalization of the Stolper-Samuelson Theorem," *Econometrica* 39:197-218, 1971.

5.3 Der Optimalzoll

Aufgabe 5.1 enthielt einen kurzen Abschnitt über Optimalzölle in einem sehr begrenzten Modell des allgemeinen Gleichgewichts (zwei Güter sind in fixen Beträgen verfügbar). Das vorliegende Problem erweitert diese Erörterung auf viele Güter, deren Menge lediglich durch eine konvexe Produktionsbegrenzung limitiert ist. Die Aufgabe folgt der einführenden Analyse des Kapitels 12 in Kemp's Lehrwerk (1) und behält auch die dortige Schwerpunktsetzung bei. Die algebraische Berechnung tritt zuück hinter die Konstruktion eines Rahmens, der die Analyse einer Vielzahl von Umständen erlaubt. Die Anfangsübung errichtet diesen Rahmen. Die nachfolgenden Abschnitte werden dann diesen Rahmen ausfüllen. Sowohl Kemp's Lehrwerk als auch die Literatur zum internationalen Handel gehen weit über die Ergebnisse hier hinaus. Der interessierte Leser dürfte Kemp's Literaturangaben dazu geradezu als erschöpfend empfinden.

Sei angenommen, es gibt n Waren, die gehandelt werden, $x_1,...,x_n$, und die ausländische Überschußnachfrage werde repräsentiert durch

$$z_i = z_i(\vec{p}^*); \quad i = 1,...,n \quad ,$$

wobei $\vec{p}^* = (p_1^*,...,p_n^*)$ die Preise sind, denen sich die ausländischen Teilnehmer auf dem Markt gegenübersehen. Das Gleichgewicht der Zahlungsbilanz verlangt, daß

$$\sum_{i=1}^{n} p_i^* z_i(\vec{p}^*) = 0. \quad (1)$$

Die Frontbegrenzung der heimischen Produktion werde wie folgt bezeichnet

$$T(\vec{x}) \equiv T(x_1,...x_n) = 0$$

und die heimische Wohlfahrt mit $u(\vec{x})$. Sei angenommen, daß die ausländischen Preise und die heimischen Preise nur durch Zölle verzerrt werden; d.h., sei angenommen, daß

$$p_i = \pi_i p_i^*; \; i = 1,\ldots,n, \tag{2}$$

wobei $p = (p_1,\ldots,p_n)$ der heimische Preisvektor ist und

$$\pi_i = \begin{cases} (1+\tau_i) & x_i \text{ importiert, somit } z_i(\vec{p}^*) < 0. \\ (1+\tau_i)^{-1} & x_i \text{ exportiert, somit } z_i(\vec{p}^*) > 0. \end{cases} \tag{2'}$$

(a) Zeige, daß die optimale Zollmenge $(\hat{\tau}_1,\ldots,\hat{\tau}_n)$ folgendes erfüllen muß:

$$\sum_{i=1}^{n} \hat{\pi}_i p_i^* \frac{\partial z_i}{\partial p_j^*} = 0; \quad j = 1,\ldots,n, \tag{3}$$

wobei $\hat{\pi}_i$ durch (1) definiert ist bei $\tau_i = \hat{\tau}_i$.

(b) Zeige, daß es stets möglich ist, zumindest einen Zoll im Optimum gleich Null zu setzen.

(c) Sei angenommen, daß einige Zwischenprodukte gehandelt werden, die lediglich in der Produktionsbegrenzung (und nicht in u(---)) vorkommen. Zeige, daß (2) noch gilt.

(d) Sei angenommen, es gebe nur zwei Güter, die gehandelt werden. Zeige, daß die Festsetzung eines optimalen Importzolles $\hat{\tau}_1$ gleichbedeutend ist dem Festsetzen eines optimalen Exportzolles $\hat{\tau}_2$ und daß $\hat{\tau}_1 = \hat{\tau}_2$.

(e) Wie hoch ist der Optimalzoll auf x_i, wenn x_i produziert und verkauft wird von einem Monopolisten, und zwar sowohl im Inland als auch im Ausland (die Antwort auf diese Frage findet sich zum ersten Male bei Pollak (2))?

(a) Bei gegebener Spezifikation der Aufgabe lautet die dazugehörige Lagrange-Form

$$L(\vec{x},\vec{p}^*,\lambda_1,\lambda_2) = u[x_1 - z_1(\vec{p}^*),\ldots,x_n - z_n(\vec{p}^*)]$$

$$+ \lambda_1 \sum_{i=1}^{n} p_i^* z_i(\vec{p}^*) + \lambda_2 T(\vec{x}). \qquad (4)$$

Die Bedingungen erster Ordnung, die zu den p_j^* gehören, sind sehr nützlich. Differenziert man (4) nach jenen p_j^*, so gelangt man dazu, daß

$$-\sum_{i=1}^{n} \frac{\partial u}{\partial x_i} \frac{\partial z_i}{\partial p_j^*} + \lambda_1 \left(\sum_{i=1}^{n} p_i^* \frac{\partial z_i}{\partial p_j^*} + z_j(\vec{p}^*) \right) = 0;\ j = 1,\ldots,n. \qquad (5)$$

Aus (1) wird klar freilich, daß

$$\sum_{i=1}^{n} p_i^* \frac{\partial z_i}{\partial p_j} + z_j(\vec{p}^*) = 0$$

für $j = 1,\ldots,n$, wodurch sich (5) unmittelbar reduziert auf

$$\sum_{i=1}^{n} \frac{\partial u}{\partial x_i} \frac{\partial z_i}{\partial p_j^*} = 0;\quad j = 1,\ldots,n. \qquad (5')$$

Im Gleichgewicht jedoch gilt:

$$\frac{\partial u}{\partial x_i} = kp_i$$

für ein k und alle $i = 1,\ldots,n$ *(Varian, Hinweis-Nr. 44)*.
Darüberhinaus zeigt (2), daß

$$\pi_i p_i^* = p_i; \quad i = 1,\ldots,n.$$

Mit dem Ergebnis, daß (5') schließlich wie folgt geschrieben werden kann:

$$\sum_{i=1}^{n} \hat{\pi}_i p_i^* \frac{\partial z_i}{\partial p_j^*} = 0; \quad j = 1,\ldots,n. \tag{5''}$$

(b) Die Überschußnachfragefunktionen sind homogen vom Grade Null *(Varian, Hinweis-Nr. 45)*. Wenn $\vec{\pi}_0$ eine Lösung für (5") darstellt, ist deshalb auch a $\vec{\pi}_0$ eine Lösung. Damit besitzt man die Freiheit, willkürlich ein $\hat{\pi}_j$ auszuwählen und nach den verbleibenden n-1 Sätzen aufzulösen. Setzt man schließlich $\vec{\pi}_j = 1$, dann ergibt sich endlich der zugehörige Zoll mit Null.

(c) Ordne die Güter derart, daß die ersten m Güter Endprodukte sind, die in u(---) eingehen, und die restlichen (n-m) Güter reine Zwischenprodukte sind. Die Produktionsbegrenzung lautet somit $T(x_1,\ldots,x_m,\ldots,x_n) = 0$, aber $x_i = z_i(\vec{p}^*)$ für $i = m+1, \ldots, n$. Die Optimalzölle lösen deshalb

$$\max u\,[x_1 - z_1(\vec{p}^*),\ldots,x_m - z_m(\vec{p}^*)]$$

$$\text{s.t.}^* \quad T(x_1,\ldots,x_m,z_{m+1}(\vec{p}^*),\ldots,z_n(\vec{p}^*))$$

$$\sum_{i=1}^{n} p_i^* z_i(\vec{p}^*) = 0.$$

* (mit den Nebenbedingungen)

Bildet man wie oben die Lagrange-Form, so erhält man Bedingungen erster Ordnung für x_i (i = 1,...,m) und p_j^* (j = 1,...,n):

$$\frac{\partial u}{\partial x_i} = \lambda_2 \frac{\partial T}{\partial x_i} \qquad i = 1,\ldots,m \qquad (6)$$

$$-\sum_{i=1}^{m} \frac{\partial u}{\partial x_i} \frac{\partial z_i}{\partial p_j^*} + \lambda_1 \left(\sum_{i=1}^{n} p_i^* \frac{\partial z_i}{\partial p_j^*} + z_j(\vec{p}^*) \right)$$

$$+ \lambda_2 \sum_{i=m+1}^{n} \frac{\partial T}{\partial x_i} \frac{\partial z_i}{\partial p_j^*} = 0; \quad j = 1,\ldots,n. \qquad (7)$$

Der mittlere Term ist immer noch Null, womit das Einsetzen von (6) in (7) offenbart, daß

$$\lambda_2 \sum_{i=1}^{n} \frac{\partial T}{\partial x_i} \frac{\partial z_i}{\partial p_j^*} = 0; \quad j = 1,\ldots,n. \qquad (8)$$

Im Gleichgewicht jedoch gilt:

$$\frac{\partial T}{\partial x_i} = k' p_i$$

für irgendein k' und i = 1,...,n und $\pi_i p_i^* = p_i$. Gleichung (8) repliziert daher Gleichung (5"):

$$\sum_{i=1}^{n} \hat{\pi}_i p_i^* \frac{\partial z_i}{\partial p_j^*} = 0; \quad j = 1,\ldots,n.$$

(d) Der einfachste Weg, diese Behauptung zu belegen, führt über die Schreibweise von (5") in Matrix-Form. Da ein Zoll immer Null sein kann, läßt sich der Fall, in dem y_1 sich einem optimalen Importzoll gegenübersieht, für den Zwei-Güter-Fall wie folgt darstellen:

$$((1+\hat{\tau}_1)p_1^* \quad p_2^*) \begin{pmatrix} \frac{\partial z_i}{\partial p_i^*} & \frac{\partial z_2}{\partial p_2^*} \\ \frac{\partial z_1}{\partial p_1^*} & \frac{\partial z_2}{\partial p_2} \end{pmatrix} = \begin{pmatrix} 0 \\ 0 \end{pmatrix}$$

$$((1+\hat{\tau}_1)p_1^*/p_2^* \quad 1)D\vec{z}(\vec{p}^*) = (0 \quad 0)^t.$$

Der entgegengesetzte Fall unterstellt, daß y_2 sich einem optimalen Exportzoll gegenübersieht, und löst

$$(p_1^* \quad p_2^*/(1+\hat{\tau}_2))D\vec{z}(\vec{p}^*) = (0 \quad 0)^t. \tag{9}$$

Manipuliert man (9) nur leicht, dann gilt

$$(p_1^*(1+\hat{\tau}_2)/p_2^* \quad 1)D\vec{z}(\vec{p}^*) = (0 \quad 0)^t.$$

Dann ist klar, daß $\hat{\tau}_1$ und $\hat{\tau}_2$ Lösungen der gleichen Gleichung bilden und daß $\hat{\tau}_1 = \hat{\tau}_2$.

(e) Das heimische Land kann den Optimalzoll nur erheben, indem es seine Monopolmacht über seine eigenen Güter ausübt (wenn andere Länder identische Güter herstellen, wären die Optimalzölle alle

Null, weil die ausländischen Überschußnachfragekurven vollkommen elastisch sind). Wenn der Exportsektor durch ein Monopol kontrolliert würde, um damit zu beginnen, würde diese Monopolmacht bereits von privater Seite ausgeübt und der Optimalzoll wäre Null. Die heimische Wohlfahrt wäre freilich geringer, weil die heimischen Preise auch den Optimalzoll miteinschließen würden.

Diese Übungen sind nur der Anfang einer gründlichen Erörterung der Optimalzölle. Der Leser sei auf Kapitel 13 in Kemp (1) verwiesen. Dort findet er eine erschöpfende Darstellung. Kemp gibt sich viel Mühe, die Umstände aufzuzeigen, unter denen die besten Zölle alle nichtnegativ, nichtpositiv und vermischt sind. Zusätzlich wird der Einfluß heimischer Verzerrungen auf den Optimalzoll aufgezeigt. Die zitierten Quellen in Kemp's Werk sind eine Fundgrube für zusätzliches Quellenmaterial.

LITERATURHINWEISE

(1) Kemp, M., *The Pure Theory of International Trade and Investment*, Englewood Cliffs, Prentice-Hall, 1969.

(2) Pollak, J.J.,"'The Optimal Tariff' and the Cost of Imports," *Review of Economic Studies* 19:36-41, 1951-52.

Kapitel 6
Ausgewählte Probleme der allgemeinen Gleichgewichtstheorie

6.1 Reine öffentliche Güter

In einem Seminarpapier (3) führte Samuelson den Begriff des reinen öffentlichen Gutes ein - ein Gut, das in jedermann's Nutzen mit dem gleichen Betrag einging, weil jedermann es zur gleichen Zeit "konsumieren" konnte. Die Anwendung seines Konzeptes direkt auf die Realität hat sich als schwierig erwiesen, weil es sehr wenige reine öffentliche Güter gibt. Es gibt jedoch viele Güter, welche viele der Eigenschaften öffentlicher Güter in unterschiedlichem Ausmaß aufweisen (siehe Abbildung 6.1). Es ist deshalb nützlich, die Gleichgewichtsbedingungen zu analysieren, welche aus dem reinen Fall hervorgehen, ungeachtet der begrenzten direkten Anwendbarkeit.

Betrachtet werde eine Gruppe von m Konsumenten, von denen jeder Nutzenfunktionen besitzt, die von n privaten Gütern und einem öffentlichen Gut abhängen, d.h., für Konsument j (j = 1,...,m) gilt

$$u_j = u_j(\vec{x}_j, G),$$

wobei $\vec{x}_j = (x_j^1,\dots,x_j^n)$ ein Vektor der privaten Güter und G das öffentliche Gut ist. Man fasse die Produktionsmöglichkeiten, die der Wirtschaft zur Verfügung stehen, wie folgt zusammen:

$$T\left(\sum_{j=1}^{m} x_j^1,\dots,\sum_{j=1}^{m} x_j^n, G\right) = 0.$$

(a) Charakterisiere die Pareto-Optimalität ausgedrückt in Grenzraten der Substitution und Grenzraten der Transformation in der Produktion.

(b) Sei angenommen, es gebe zwei Konsumenten, ein privates Gut und ein öffentliches Gut. Illustriere (a) graphisch!

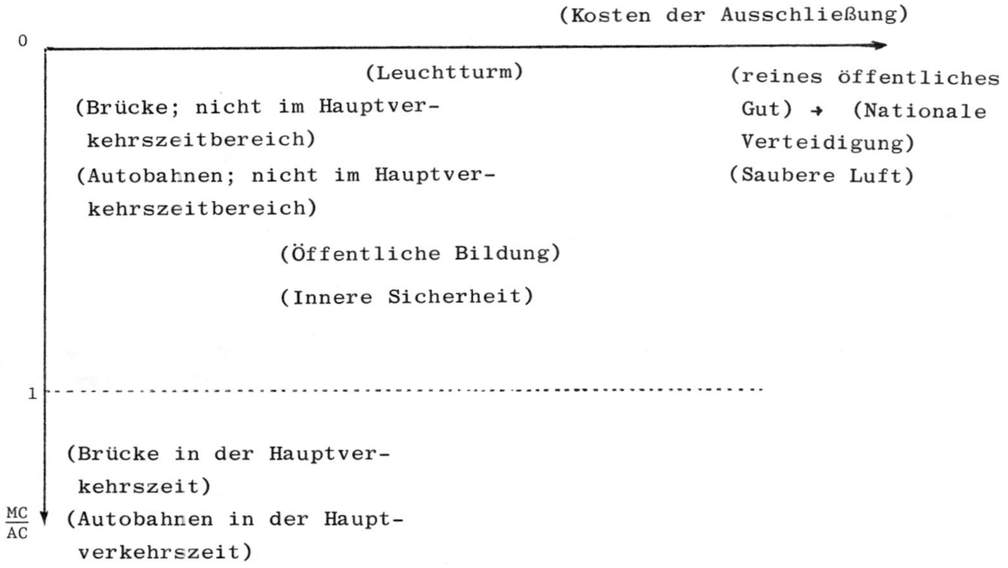

Abbildung 6.1

Die praktischen Eigenschaften öffentlicher Güter umfassen hohe Ausschließungskosten, um irgendjemanden vom Konsum auszuschließen, und ein geringes Verhältnis der Grenzkosten, einen weiteren Konsumenten zuzulassen, zu den Durchschnittskosten der Zurverfügungstellung. Einige Beispiele für Güter mit diesen Eigenschaften in variierendem Ausmaß werden aufgeführt. (MC = Grenzkosten; AC = Durchschnittskosten)

Pareto-Optimalität läßt sich betrachten als die Maximierung des Nutzens einer Person unter Berücksichtigung der Zulässigkeitsbeschränkung und dem Konstanthalten des Nutzens aller anderen auf einem vorgegeben Niveau (siehe *Varian, Hinweis-Nr. 46)*.
Ausgedrückt in der Lagrange-Form lautet daher die Aufgabe:

$$\max \{u_1(\vec{x}_1, G) - \sum_{j=2}^{m} \lambda_j [u_j(\vec{x}_j, G) - \bar{u}_j] + [T(\vec{X}, G)]\},$$

wobei $\vec{x}_j \equiv (x_j^1, \ldots, x_j^n)$ der Konsumvektor der j-ten Person ist,

$X^k \equiv \sum_{i=1}^{m} x_i^k$ der totale Konsum des k-ten Gutes ist und

$\vec{X} \equiv (X^1, \ldots, X^n)$. Die Bedingungen erster Ordnung umfassen die Erfordernisse, daß

$$\frac{\partial u_1(\vec{x}_1^*, G^*)}{\partial x_1^k} = t \frac{\partial T(\vec{X}^*, G)}{\partial X^k}; \quad k = 1, \ldots, n; \tag{1}$$

$$-\lambda_j \frac{\partial u_j(\vec{x}_j^*, G)}{\partial x_j^k} = t \frac{\partial T(\vec{X}^*, G^*)}{\partial X^k}; \quad k = 1, \ldots, n; \; j = 2, \ldots, m; \tag{2}$$

$$\frac{\partial u_1(\vec{x}_1^*, G^*)}{\partial G} = \sum_{j=2}^{m} \lambda_j \frac{\partial u_j(\vec{x}_j^*, G^*)}{\partial G} + t \frac{\partial T(X^*, G^*)}{\partial G}. \tag{3}$$

Durch Umformen von (3) ergibt sich, daß

$$\frac{1}{t} \frac{\partial u_1(\vec{x}_1^*, G^*)}{\partial G} - \sum_{j=2}^{m} \frac{\lambda_j}{t} \frac{\partial u_j(\vec{x}_j^*, G^*)}{\partial G} = \frac{\partial T(\vec{X}^*, G^*)}{\partial G}. \tag{4}$$

Aus (1) und (2) jedoch ergibt sich

$$\frac{1}{t} = \frac{\partial T(\vec{X}^*, G^*)}{\partial X^k} \Bigg/ \frac{\partial u_1(\vec{x}_1^{\,*}, G^*)}{\partial x_1^k}$$

$$-\frac{\lambda_j}{t} = \frac{\partial T(\vec{X}^*, G^*)}{\partial X^k} \Bigg/ \frac{\partial u_j(\vec{x}_j^{\,*}, G^*)}{\partial x_j^k} .$$

Mit dem Ergebnis, daß (4) wird zu

$$\frac{\dfrac{\partial T(\vec{X}^*, G^*)}{\partial X^k}}{\dfrac{\partial u_1(\vec{x}_1^{\,*}, G^*)}{\partial x_1^k}} \; \frac{\partial u_1(\vec{x}_1^{\,*}, G^*)}{\partial G} + \sum_{j=2}^{m} \frac{\dfrac{\partial T(\vec{X}^*, G^*)}{X^k}}{\dfrac{\partial u_j(\vec{x}_j^{\,*}, G^*)}{\partial x_j^k}} \; \frac{\partial u_j(\vec{x}_j, G^*)}{\partial G}$$

$$= \frac{\partial T(\vec{X}^*, G^*)}{\partial G} .$$

Nochmaliges Umformen führt zu einem bekannten Ergebnis:

$$\frac{\dfrac{\partial u_1(\vec{x}_1^{\,*}, G^*)}{\partial G}}{\dfrac{\partial u_1(\vec{x}_1^{\,*}, G^*)}{\partial x_1^k}} + \sum_{j=2}^{m} \frac{\dfrac{\partial u_j(\vec{x}_j^{\,*}, G^*)}{\partial G}}{\dfrac{\partial u_j(\vec{x}_j^{\,*}, G^*)}{\partial x_j^k}} = \frac{\dfrac{\partial T(\vec{X}^*, G^*)}{\partial G}}{\dfrac{\partial T(\vec{X}^*, G^*)}{\partial X^k}} . \qquad (5)$$

Gleichung (5) gilt für alle $k = 1,...,n$. Sie verlangt, daß für jedes private Gut X^k die Grenzrate der Transformation zwischen diesem Gut und G (die rechte Seite von (5)) gleich sein muß der Summe der Grenzraten der Substitution zwischen diesem Gut und G über die gesamte Bevölkerung hin (linke Seite von (5)). Darüberhinaus zeigen (1) und (2) in der Kombination, daß

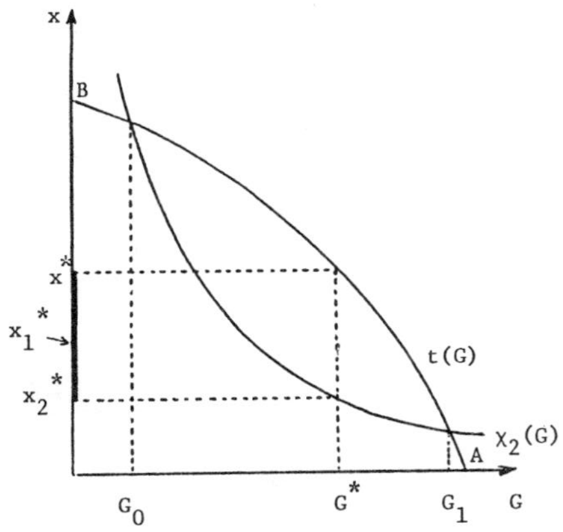

Abbildung 6.2 ung 6.2

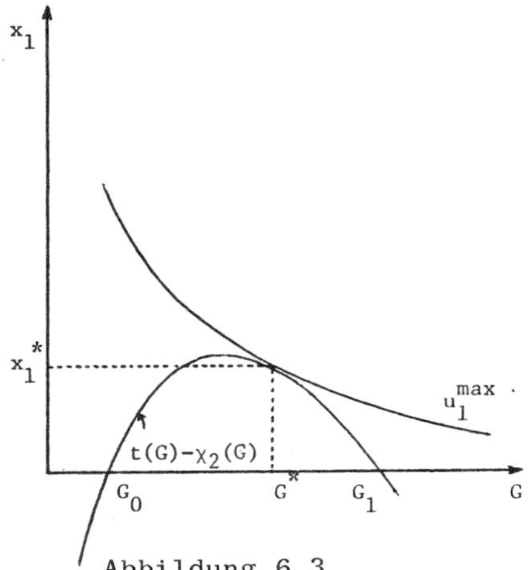

Abbildung 6.3

Maximiert man $u_1(x_1,G)$ unter Berücksichtigung der Produktionsmöglichkeiten-Frontkurve AB und unter Beibehaltung von $u_2(x_2,G) = \bar{u}_2$, bedeutet das die Maximierung von $u_1(x_1,G)$ unter Berücksichtigung der vertikalen Differenz zwischen AB und der Isoquante von $u_2(x_2,G)=\bar{u}_2$. Um das zu erkennen, wird die Produktionsmöglichkeiten-Frontkurve und das $\bar{u}_2$ als Funktion von G ausgedrückt: $x = t(G)$ und $x_2 = \chi_2(G)$. Dann muß für jedes G der Konsument 1 G konsumieren und verfügt über $x - x_2 = t(G) - \chi_2(G)$. Abbildung 6.2 vollzieht die Substraktion. Maximiert man $u_1(x_1,G)$ unter Berücksichtigung von $x_1 = t(G) - \chi_2(G)$, führt daher zu der Tangentenlösung, die in Abbildung 6.3 eingezeichnet wurde - einer Tangentenlösung, die charakterisiert wird durch

$$\text{Steigung } u_1(x_1^*, G^*) = \text{Steigung } (t(G^*) - \chi_2(G^*)) = \text{Steigung } t(G^*) - \text{Steigung } \chi_2(G^*)$$

Umformung und Abstellen auf Absolutbeträge führen zur Erkenntnis, daß

$$|\text{Steigung } u_1(x_1^*, G^*)| + |\text{Steigung } \chi_2(G^*)| = |\text{Steigung } t(G^*)|$$

weil die Steigungen sowohl von $u_1(x_1,G)$ als auch von χ_2 negativ sind. Die linke Seite ist die Summe der Grenzraten der Substitution, die rechte Seite ist die Grenzrate der Transformation.

$$\frac{\dfrac{\partial u_1(\vec{x}_1^{\,*},G^*)}{\partial x_1^k}}{\dfrac{\partial u_1(\vec{x}_1^{\,*},G^*)}{\partial x_1^\ell}} = \frac{\dfrac{\partial T(\vec{X}^*,G^*)}{\partial X^k}}{\dfrac{\partial T(\vec{X}^*,G^*)}{\partial X^\ell}} = \frac{\dfrac{\partial u_j(\vec{x}_j^{\,*},G^*)}{\partial x_j^k}}{\dfrac{\partial u_j(\vec{x}_j^{\,*},G^*)}{\partial x_j^\ell}} \qquad \begin{array}{l} j = 2,\dots,m \\ k = 1,\dots,n \\ \ell \neq k = 1,\dots,n. \end{array}$$

Die Grenzraten der Substitution zwischen beliebigen zwei privaten Gütern sind gleich der Grenzrate der Transformation zwischen diesen Gütern, und zwar für jedes Individuum.

Über öffentliche Güter läßt sich freilich viel mehr sagen. Im Moment ging es nur um die Technik der Charakterisierung der Pareto-Optimalität im Rahmen des Modells des allgemeinen Gleichgewichts. Es ist deutlich, daß die Bedingungen, die hier abgeleitet wurden, identisch sind mit jenen, die sich aus der Maximierung einer sozialen Wohlfahrtsfunktion ergeben, wobei diese Funktion jedermann's Nutzenfunktion in ihrem Argument enthält. Der interessierte Leser wird verwiesen auf Samuelson (3,4 und 5) und Margolis (2). Dort findet er eine solide, historisch orientierte Einführung in die Literatur über öffentliche Güter.

LITERATURHINWEISE

(1) Buchanan, J.M., and M.Z. Kafoglis, "A Note on Public Goods Supply," *American Economic Review* 53:403-414, 1963.

(2) Margolis, J., "A Comment on the Price Theory of Public Expenditure," *Review of Economics and Statistics* 37:347-349, 1955.

(3) Samuelson, P.A., "The Pure Theory of Public Expenditure," *Review of Economics and Statistics* 36:387-389, 1954.

(4) ______________, "Diagrammatic Exposition of the Theory of Public Expenditure," *Review of Economics and Statistics* 37:350-356, 1955.

(5) ______________, "Aspects of Public Expenditure Theories," *Review of Economics and Statistics* 40:332-338, 1958.

6.2 Externalität des Ressourcenbestandes: Allgemeines Gleichgewicht

Die vorliegende Aufgabe untersucht ein Ressourcenbestand-Externalitäten-Modell unter den Bedingungen des allgemeinen Gleichgewichts. Sei angenommen, daß es n Unternehmungen gebe, die Fisch (y_1) produzieren, und n Unternehmungen, die ein anderes Gut (y_2) herstellen in Übereinstimmung mit

$$y_1 = f_1(x_1,Y) \qquad y_2 = f_2(x_2). \tag{1}$$

Sei angenommen, daß $f_1(0,Y) = f_1(x_1,0) = f_2(0) = 0$. Der einzige, beiden gemeinsame Produktionsfaktor soll annahmegemäß in fixem Angebot verfügbar sein:

$$x_1 + x_2 = (\bar{X}/n) \equiv \bar{x}. \tag{2}$$

Die Variable Y repräsentiert die Biomasse Fisch, die im Meer verfügbar ist. Diese Population wird perpetuiert über die Zeitperioden hinweg durch eine mit F(Y) bezeichnete Reproduktionsfunktion. Es gibt Niveaus $\hat{Y}$ und $\bar{Y}$ derart, daß $F(\bar{Y}) = F(0) = 0$ und $dF/dY\ (\hat{Y}) = 0$. Die Variable y_1 gibt die Zahl der Fische an, die der Population pro Unternehmung und Zeitperiode verlorengeht. Somit kann der "steady "-Zustand charakterisiert werden durch

$$F(Y) - nf_1(x_1,Y) = 0. \tag{3}$$

Die Nutzenfunktion eines jeden Konsumenten werde gegeben durch

$$u=u(y_1,y_2) \ ,$$

und der jeder Einheit von x bezahlte Lohn sei w.

(a) Charakterisiere die Produktionsmöglichkeiten-Front zwischen y_1 und y_2 für gegebenes $\bar{x}$ und Y. Zeichne die Frontkurve und zeige, was geschieht, wenn Y bei einem fixen $\bar{x}$ ansteigt.

(b) Charakterisiere den Ort der Paare (y_1, y_2), die (1), (2) und (3) erfüllen für ein ausgewähltes $\bar{x}$. Zeichne diesen Ort und berechne seine Steigung. Setze diese Steigung in Relation zur Steigung der Produktionsmöglichkeiten-Frontkurve.

(c) Vergleiche das Konkurrenzgleichgewicht mit der Pareto-Optimalität.

(d) Zeige, daß das Konkurrenzgleichgewicht sich auf eine Linie mit dem Pareto-Optimum bringen läßt, wenn man die Fischer belastet mit

$$\hat{c} = - \{n \frac{\partial f_1}{\partial Y} \frac{\partial f_2}{\partial x} / \frac{dF}{dY} \frac{\partial f_1}{\partial x}\}$$

für jeden gefangenen Fisch.

Die Aufgabenteile (a) und (b) ergeben sich aus den totalen Ableitungen der sie definierenden Gleichungen. Aufgabenteil (c) ergibt sich direkt aus den Definitionen des Konkurrenzgleichgewichtes und der Pareto-Optimalität, und (d) wird im Verlauf des Lösens von (c) deutlich werden.

(a) Die Produktionsmöglichkeiten-Front $P(\bar{x}, Y)$ ist ein Ort der Paare (y_1, y_2), welche den Markträumungsbedingungen in (1) und (2) für ein gegebenes $(\bar{x}, Y)$ genügen. Aus diesen Markträumungsbedingungen läßt sich für gegebenes Y erkennen, daß

$$dy = \frac{\partial f_1}{\partial x} dx_1;$$

$$dy_2 = \frac{\partial f_2}{\partial x} dx_2;$$

$$dx_1 = -dx_2.$$

Mit dem Ergebnis:

$$\left.\frac{dy_2}{dy_1}\right|_{p(\bar{x},y)} = \frac{\partial f_2}{\partial x} dx_2 / \frac{\partial f_1}{\partial x} dx_1 = -\left\{\frac{\partial f_2}{\partial x} / \frac{\partial f_1}{\partial x}\right\} < 0.$$

Abbildung 6.4A illustriert eine solche Frontkurve, ebenso die Wirkung eines Anstiegs von Y auf eine solche; ändert man Y, so zeigt dies keine Auswirkung auf den Maximalbetrag von y_2, der produziert werden kann (mit $\bar{y}_2$ bezeichnet), aber es ändert das Potential von y_1.

(b) Smith's Hinweis auf ein bionomisches Gleichgewicht $B(\bar{x})$ zeigt dieses als einen Ort von Paaren (y_1, y_2), welche nicht nur (1) und (2) für ein gegebenes $\bar{x}$ erfüllen, sondern auch (3). Es läßt sich zeigen, daß $B(\bar{x})$ wie ein Tränentropfen, der von $\bar{y}_2$ herabfällt, geformt ist. Um das zu erkennen, sei zunächst festgehalten, daß $Y = 0$ und $Y = \bar{Y}$ (1), (2) und (3) in $(0, \bar{y}_2)$ erfüllen können:

$$0 = f_1(0,0);\ \bar{y}_2 = f_2(\bar{x});\ 0 + \bar{x} = \bar{x}; \qquad F(0) = nf_1(0,0) = 0$$

$$0 = f_1(0,\bar{Y});\ \bar{y}_2 = f_2(\bar{x});\ 0 + \bar{x} = \bar{x}; \qquad F(\bar{Y}) = nf_1(0,\bar{Y}) = 0.$$

Man betrachte nun Y' und Y'' derart, daß $0 < Y' < \hat{Y} < Y'' < \bar{Y}$ (wobei $\hat{Y}$ definiert ist durch $\frac{dF}{dY}(\hat{Y}) = 0$) und $F(Y') = F(Y'')$. Es seien

$$nf_1(x'_1, Y') = ny'_1 = F(Y') \tag{4}$$

$$nf_1(x''_1, Y'') = ny''_1 = F(Y''). \tag{5}$$

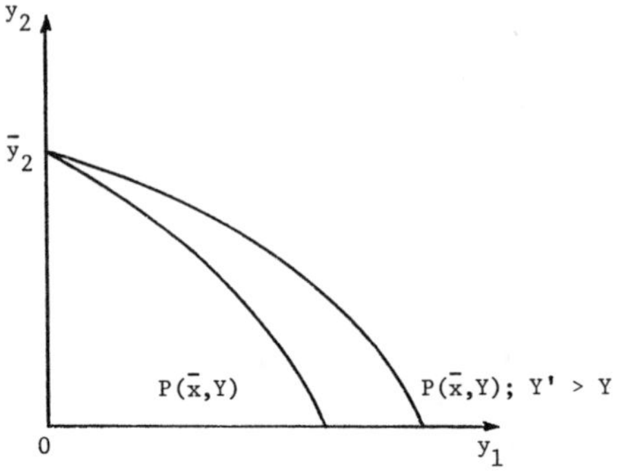

Abbildung 6.4A

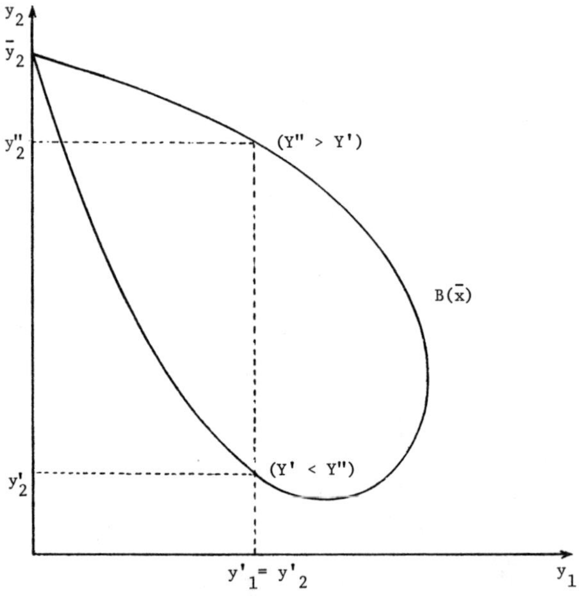

Abbildung 6.4B

Klarerweise implizieren dann (4) und (5), daß

$$y'_1 = y''_1 \ .$$

Weil jedoch $Y' < Y''$, gilt $x'_1 > x''_1$, so daß $\bar{x} - x'_1 \equiv x'_2 < x''_2 \equiv \bar{x} - x''_1$. Mit dem Ergebnis, daß

$$f_2(x'_2) \equiv y'_2 < y''_2 \equiv f_2(x''_2).$$

Für $y_1 = y'_1 = y''_1$ liegen daher (y'_1, y'_2) und (y''_1, y''_2) beide auf $B(\bar{x})$. Abbildung 6.4A illustriert diesen Ort. Um die Steigung von $B(\bar{x})$ zu berechnen, sei festgestellt, daß die totale Diffentiation von (1) und (3) ergibt

$$dy_1 = \frac{\partial f_1}{\partial x} dx_1 + \frac{\partial f_1}{\partial Y} dY; \ dy_2 = \frac{\partial f_2}{\partial x} dx_2; \ dx_1 = - dx_2;$$

$$[\frac{dF}{dY} - n \frac{\partial f_1}{\partial Y}] \ dY = n \frac{\partial f_1}{\partial x} dx_1.$$

Kombiniert man diese, kann man sehen, daß

$$dy_1 = \frac{\partial f_1}{\partial x} dx_1 + \frac{\partial f_1}{\partial Y} [n \frac{\partial f_1}{\partial x} dx_1/(\frac{dF}{dy} - n \frac{\partial f_1}{\partial Y})]$$

$$= \frac{- \frac{\partial f}{\partial x} (\frac{dF}{dY} - n \frac{\partial f_1}{\partial Y}) - \frac{\partial f_1}{\partial Y} n \frac{\partial f_1}{x}}{\frac{\partial f_2}{\partial x} (\frac{dF}{dY} - n \frac{\partial f_1}{\partial Y})} dy_2.$$

Weitere Umformungen ergeben schließlich

$$\left.\frac{dy_2}{dy_1}\right|_{B(\bar{x})} = - \left\{\frac{\partial f_2}{\partial x} \Big/ \frac{\partial f_1}{\partial x}\right\} + \left\{n \frac{\partial f_1}{\partial Y} \frac{\partial f_2}{\partial x} \Big/ \frac{\partial f_1}{\partial x} \frac{dF}{\partial Y}\right\} \tag{6}$$

$$= \left.\frac{\partial y_2}{\partial y_1}\right|_{P(\bar{x},Y)} + \left\{n \frac{\partial f_1}{\partial Y} \frac{\partial f_2}{\partial x} \Big/ \frac{\partial f_1}{\partial x} \frac{\partial F}{\partial Y}\right\}.$$

(c) Aus (1) und der Darstellung der Konsumentennutzen wird deutlich, daß das Konkurrenzgleichgewicht charakterisiert wird durch ein Preisverhältnis, das wie folgt definiert ist

$$\frac{P_1}{P_2} = \left\{\frac{\partial u}{\partial y_1} \Big/ \frac{\partial u}{\partial y_2}\right\} = \left\{\frac{\partial f_2}{\partial x} \Big/ \frac{\partial f_1}{\partial x}\right\}; \tag{7}$$

die gesellschaftliche Indifferenzkurve muß die Produktionsmöglichkeiten-Frontkurve $P(\bar{x},Y)$ tangieren. Um das zu erkennen, sei festgestellt, daß jede Unternehmung soviel x beschäftigen wird, bis ihr Grenzwertprodukt gleich w wird; d.h., $P_1(\partial f_1/\partial x) = w = P_2(\partial f_2/\partial x)$. Pareto-Optimalität ist indessen charakterisiert durch die Bedingungen erster Ordnung zu folgendem Problem

$$\max_{x_1,\, x_2,\, Y} \{u[f_1(x_1,Y),\, f_2(x_2)]\}$$

$$x_1 + x_2 = \bar{x}$$

$$F(Y) = nf_1(x_1,\, Y).$$

Die zugehörigen Bedingungen erster Ordnung lauten

$$\frac{\partial u}{\partial y_1}\frac{\partial f_1}{\partial x} - \lambda - \mu n \frac{\partial f_1}{\partial x} = 0$$

$$\frac{\partial u}{\partial y_2}\frac{\partial f_1}{\partial x} - \lambda = 0$$

$$\frac{\partial u}{\partial y_1}\frac{\partial f_1}{\partial Y} + \mu\left[\frac{dF}{dY} - n\frac{\partial f_1}{\partial Y}\right] = 0$$

Kombiniert man diese Bedingungen derart, daß die Schattenpreise eliminiert werden, ergibt sich

$$\frac{\partial u}{\partial y_1}\frac{\partial f_1}{\partial x} - \frac{\partial u}{\partial y_2}\frac{\partial f_2}{\partial x} + \left[n\frac{\partial f_1}{\partial x}\frac{\partial u}{\partial y_1}\frac{\partial f_1}{\partial Y} \Big/ \left(\frac{dF}{dY} - n\frac{\partial f_1}{\partial Y}\right) = 0. \qquad (8)$$

Nach etlicher Algebra wird (8) zu

$$\left\{\frac{\partial u}{\partial y_1} \Big/ \frac{\partial u}{\partial y_2}\right\} = \left\{\frac{\partial f_2}{\partial x} \Big/ \frac{\partial f_1}{\partial x}\right\} - \left\{n\frac{\partial f_1}{\partial Y}\frac{\partial f_2}{\partial x} \Big/ \frac{dF}{dY}\frac{\partial f_1}{\partial x_1}\right\}. \qquad (9)$$

Weil die rechten Seiten von (6) und (9) übereinstimmen, kann man sehen, daß die Pareto-Optimalität durch das Tangieren von gesellschaftlicher Indifferenzkurve und dem geometrischen Ort $B(\bar{x})$ charakterisiert ist.

Abbildung 6.5 zeigt einen Pareto-optimalen Punkt in E^*; er muß stets im oberen negativ geneigten Bereich von $B(\bar{x})$ liegen (siehe Smith (4), Seite 113). Das Konkurrenzgleichgewicht kann zu Über- und Unterfischen führen. Das hängt vom Ort $P(\bar{x}, Y)$ ab. Abbildung 6.5 zeigt beide möglichen Fälle in C^* und C^{**}.

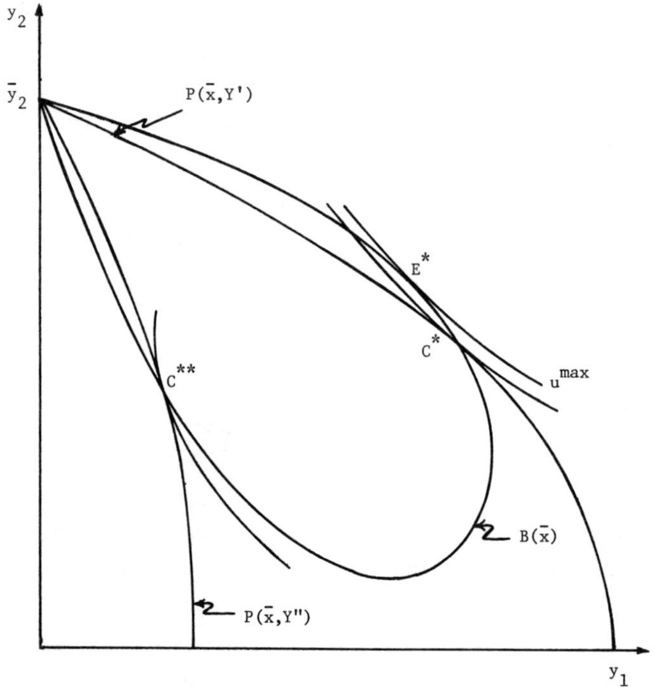

Abbildung 6.5

(d) Wenn eine Gebühr in Höhe von c auf jeden gefangenen Fisch gelegt wird, würde jede Unternehmung $(p_1-c)f_1(x_1,Y) - w_1x_1$ maximieren im Hinblick auf x_1. Die Bedingung erster Ordnung für die Beschäftigungsentscheidung würde dann wie folgt lauten:

$$(p_1-c)\,\frac{\partial f_1}{\partial x} - w = 0.$$

Die Tangentialbedingung für Konkurrenzgleichgewicht würde dann zu

$$\frac{p_1}{p_2} = \{\frac{\partial u}{\partial y_1} \,/\, \frac{\partial u}{\partial y_2}\} = \{\frac{\partial f_2}{\partial x} \,/\, \frac{\partial f_1}{\partial x}\} + c.$$

Pareto-Optimalität ließe sich dann erreichen durch Setzen von

$$\hat{c} = - \{n\,\frac{\partial f_1}{\partial Y}\,\frac{\partial f_2}{\partial x} \,/\, \frac{dF}{dY}\,\frac{\partial f_1}{\partial x}\}.$$

Weil die obere Region von $B(\bar{x})$ $\frac{dF}{dY} < 0$, $\hat{c} > 0$.

Der Schwerpunkt in der Arbeit von Smith's Papier liegt in der Konstruktion und in der Analyse der Produktionsmöglichkeiten-Fronten. Das war auch der Schwerpunkt in dieser Aufgabe. Je nach Einstellung wird man die Rückmeldungen aus dem allgemeinen Gleichgewicht an die Fischereiindustrie bei Konkurrenz als hinreichenden Schutz gegen Überfischen betrachten können oder auch nicht.

LITERATURHINWEISE

(1) Gordon, H.S., "The Economic Theory of a Common-Property Resource: The Fishery," *Journal of Political Economy* 62:124-142, 1954.

(2) Plourde, C., "Exploitation of Common Property Replenishable Natural Resources," *Western Economic Journal* 9:256-266, 1971.

(3) Smith, V., "Economics of Production from Natural Resources," *American Economic Review* 58:409-431, 1968.

(4) ________, "General Equilibrium with a Replenishable Natural Resource," *Review of Economic Studies, Symposium on the Economics of Natural Resources:* 105-116, 1974.

Kapitel 7
Ausgewählte Probleme der Wohlfahrtsökonomie

7.1 Optimale Warenbesteuerung auf die Konsumentenrente

Die Legitimität der Anwendung der Konsumentenrente als Maß der gesellschaftlichen Wohlfahrt wird in dieser Aufgabe betont; frühere Ergebnisse (siehe Aufgabe 3.1), welche die optimale Warenbesteuerung betreffen, lassen sich mit einem solchen Maß präzise reproduzieren. Es wird jedoch deutlich werden, daß theoretische Anwendungen der Konsumentenrente auf ihrer wahren Definition beruhen müssen; die (Hicksschen) kompensierten Nachfragekurven müssen den Ausgangspunkt bilden.

Sei im Kontext der Aufgabe 3.1 angenommen, daß die Produktion konstante Skalenerträge aufweist und nur einen Produktionsfaktor, nämlich Arbeit, beschäftigt. Sei weiter angenommen, daß $u(\vec{x})$ kompensierte Nachfragefunktionen für jedes Gut generiert, die lediglich vom Einkommen und vom eigenen Preis abhängig sind. Alle anderen Bedingungen der Aufgabe 3.1 werden beibehalten.

(a) Man erinnere sich daran, daß die Schaffung eines vorgegebenen Betrages an Steueraufkommen mit der besten Menge an Nichtlohn-Steuern ein solches Anordnen der Steuern durch den Staat verlangt, daß die kompensierte Nachfrage nach jedem Gut im gleichen Verhältnis reduziert wird. Man argumentiere, daß in einer solchermaßen beschriebenen Situation dieses Ergebnis impliziert, daß

$$\frac{t_i^*}{p_i} = \frac{\Theta}{\varepsilon_i}, \qquad (1)$$

wobei Θ eine Konstante und ε_i die Preiselastizität der Hicksschen Nachfrage ist.

(b) Mit jeder Verbrauchsteuer ist ein Wohlfahrtsverlust verbunden *(Varian, Hinweis-Nr. 47)*. In diesem Falle ist sie gleich dem Verlust an Konsumentenrente über die erhobenen Steuern hinaus bzw. oberhalb davon. Warum spielt die Produzentenrente hierbei keine Rolle? Repliziere Bedingung (1) dadurch, daß der gesamte Wohlfahrtsverlust über <u>alle</u> Güter hinweg durch ein gesamtes Steueraufkommen von R minimiert wird.

(c) Zeige, daß die Verwendung der Marshallschen Nachfrage einen entscheidenden Fehler hervorgebracht haben würde: die errechneten Steuern würden die Wirkungen der Einkommenselastizität außer Acht gelassen haben.

(a) Die Lösung von Aufgabe 3.1 führte zu der Erfordernis, daß

$$\sum_{k=o}^{n} \frac{t_k^*}{x_i} \left(\frac{\partial x_i}{\partial p_k}\right)\Bigg|_{\bar{u}} \equiv \Theta \qquad (2)$$

für alle i = 0,1,...,n. Wenn jedoch die Hickssche Nachfrage nur vom eigenen Preis abhängig ist, reduziert sich (2) zu

$$\frac{t_i^*}{x_i} \left(\frac{\partial x_i}{\partial p_i}\right)\Bigg|_{\bar{u}} = \Theta \quad , \qquad (3)$$

weil alle anderen Partialterme verschwinden. Gleichung (1) folgt unmittelbar aus der Multiplikation der linken Seite von (3) mit (p_i/p_i). Zudem ergibt sie sich aus der Definition der Preiselastizität.

(b) Die kompensierte Nachfrage läßt sich wie folgt schreiben:

$$x_i^c = h_i(p_i, y) \quad ,$$

soweit die vorliegende Aufgabe betroffen ist, so daß die Beziehung zwischen t_i und der Konsumentenrente einfach lautet:

$$S_i(t_i) = \int_{p_i}^{p_i + t_i} h_i(z, y)dz. \qquad (4)$$

Indessen: die durch t_i bedingten Steuereinnahmen sind

$$R_i(t_i) = t_i h_i(p_i^0 + t_i, y). \qquad (5)$$

Der Wohlfahrtsverlust, der mit Gut x_i verbunden ist, ist dann

$$D_i(t_i) = S_i(t_i) - R_i(t_i), \tag{6}$$

weil die Erörterung hier auf ein langfristige Gleichgewicht, konstante Skalenerträge, Produktion nur mit dem Faktor Arbeit und auf fixen Lohn abgestellt ist; d.h., weil die Angebotskurven horizontal verlaufen.

Das der Regierung gestellte Problem lautet daher

$$\min \sum_{i=1}^{n} D_i(t_i)$$

$$\text{s.t.}^{*} \sum_{i=1}^{n} R_i(t_i) > R.$$

(* unter der Nebenbedingung)

Die resultierenden Bedingungen erster Ordnung verlangen, daß

$$\frac{dD_i(t_i)}{dt_i} \Big/ \frac{dR_i(t_i)}{dt_i} = -\lambda, \quad i = 1, \ldots, n. \tag{7}$$

Der Parameter λ ist der Schattenpreis der Steuereinnahme, ausgedrückt als Wohlfahrtsverlust. Die natürliche Interpretation von (7) liegt in der Forderung, daß die letzte erhobene Währungseinheit das gleiche kostet, unabhängig davon, welches Gut besteuert wird. Im Lichte von (4), (5) und (6) kann man erkennen, daß (7) erweitert wird zu

$$\frac{t_i^* \dfrac{\partial x_i^c}{\partial p_i} + h_i(p_i^0 + t_i^*, y)}{t_i^* \dfrac{\partial x_i^c}{\partial p_i}} = \frac{1}{\lambda}; \; i = 1, \ldots, n$$

(weil $\dfrac{dS_i(t_i)}{dt_i} = h_i(p_i^0 + t_i, y)$), aber schließlich reduziert auf

$$\frac{x_i^c}{t_i^*} \frac{dp_i}{dx_i^c} = \frac{1}{\lambda} - 1 \equiv \Theta, \; i = 1, \ldots, n. \tag{8}$$

Gleichung (8) reproduziert (3); somit ist das Ergebnis bewiesen.

(c) Aus den Slutsky-Gleichungen *(Varian, Hinweis-Nr. 48)*
wird deutlich, daß

$$\varepsilon_i = \eta_i + S_i \eta_y^i, \tag{9}$$

wobei η_i repräsentiert die Preiselastizität der Marshallschen Nachfrage nach x_i, $S_i \equiv (p_i x_i)/y$ den Ausgabenanteil vor Steuer, der für x_i aufgewendet wird, und η_y^i die Einkommenselastizität der Marshallschen Nachfrage nach x_i. Gleichung (9) folgt aus der Multiplikation beider Seiten der Slutsky-Gleichungen mit (p_i/x_i).
Werden nun Steuern derart erhoben, daß sie

$$\frac{\tilde{t}_i}{p_i} = \frac{\Theta}{\eta_i},$$

lösen (Steuern, die sich in (b) ergeben würden, wenn man Marshallsche Nachfrage anwenden würde anstelle von Hicksscher Nachfrage), dann würde man den gewichteten Effekt von η_y^i übersehen. Güter mit hohen (niedrigen) Einkommenselastizitäten würden mit einem höheren (niedrigerem) $\bar{t}_i$ belastet.

Diese Aufgabe verdeutlicht mehrere Punkte. Erstens kann die Konsumentenrente, bei richtiger Definition, sowohl für den Theoretiker als auch für den Empiriker ein geeignetes Instrument sein. Weiter zeigt die Aufgabe die Notwendigkeit, die Hicksschen kompensierten Nachfragen zu verwenden, wann immer eine theoretische Frage untersucht wird. Die Näherungsmaße, die aus den Marshallschen Funktionen gewonnen werden, mögen nützliche Werte für Kosten-Nutzen-Analysen ergeben, sie stellen aber nur Näherungswerte dar; sie können in systematischer Weise einige ökonomische

Wirkungen übergehen, die in einem anderen als dem rechnerischen Kontext signifikant sind. Das hier vorgeführte Beispiel hat mit optimaler Warenbesteuerung zu tun. Die Verwendung der Marshallschen Maße würde zur routinemäßigen Nichtbeachtung der Einkommenselastizitäten bei der Gestaltung der Steuerstruktur führen. Würde sich ein Wissenschaftler auf die sich ergebenden Formeln stützen, würde er das erhebliche Auseinanderklaffen von Gleichbehandlung und Effizienz unbeachtet lassen, das evident in der erweiterten Version von (1) wird:

$$\frac{t_i^*}{p_i} = \frac{\Theta}{\eta_i + S_i \eta_y}. \tag{10}$$

Lebensnotwendige Güter, die üblicherweise eine niedrige Einkommenselastizität aufweisen, würden bei gegebenem Steueraufkommen eine Belastung mit höheren Steuern zu tragen haben als Luxusgüter, die typischerweise eine höhere Einkommenselastizität besitzen. Dieser Effekt im Verein mit dem schwächeren, aber parallel wirkenden Einfluß der Preiselastizitäten erweist deutlich, daß die lebensnotwendigen Güter die Hauptlast der Besteuerung zu tragen hätten. Dies macht freilich Sinn, weil ergiebige Steuern so eingerichtet werden, daß sie die verschiedenen Märkte so wenig wie möglich beeinflussen. Es ist weit einfacher, das Aufkommen einer Steuer zu sichern, indem ein Gut besteuert wird, dessen Konsum nur geringfügig zurückgeht (sowohl durch die Substitutions- als auch durch die Einkommenswirkungen), als das bei der Besteuerung eines Gutes möglich ist, dessen Konsum dramatisch abnehmen würde. Gleichung (10) schließt beides ein und reflektiert zudem die qualitativen Ergebnisse, die in Atkinson und Stiglitz (1) zu finden sind.

Der Leser sei zwecks weiterer und verwandter Literatur auf die Hinweise am Ende der Aufgabe 3.1 verwiesen.

LITERATURHINWEISE

(1) Atkinson, A.B. and J.E. Stiglitz, "The Structure of Indirect Taxation and Economic Efficiency." *Journal of Public Economics* 1: 97-120, 1972.

(2) Willig, R., "Consumer Surplus without Apology." *American Economic Review* 66: 589-597, 1976.

7.2 Wählen und die Versorgung mit lokalen öffentlichen Gütern

Ein Weg, Menschen dazu zu bewegen, ihre wahren Präferenzen für ein öffentliches Gut zu offenbaren, speziell auf lokaler Ebene, besteht darin, eine Reihe von Referenden abzuhalten, in denen sie einen Anreiz haben, in Übereinstimmung mit jenen Präferenzen zu wählen. Die angelsächsischen Schuldistrikte, die sich jedes Jahr zur Budgetverabschiedung der Wahl stellen müssen, erinnern daran, daß solche Wahlverfahren tatsächlich Anwendung finden. Politische Instrumente sind nicht notwendig die besten Lösungen für ökonomische Probleme und freilich wird ein Ökonom immer die Eigenschaften solcher Ergebnisse zweifelnd betrachten. Im Hinblick auf die Abstimmungslösung für das Problem öffentlicher Güter zum Beispiel kann man fragen, ob die Reihe von Referenden zu einer Pareto-optimalen Allokation führt.

Um die Komplexität dieser Fragestellung zu verdeutlichen, betrachte man eine Reihe von Referenden, die wie folgt strukturiert seien: graduell ansteigende Versorgungsniveaus mit öffentlichen Gütern und ihre Preisschilder werden zur reihenweisen Wahl gestellt, die erst endet, wenn die klarste Majorität affirmativ wählt. Der Wahlvorgang wird dann gestoppt und das gewählte Güterpaket zur Versorgung bereitgestellt. Die Bürger der Gemeinde werden nach diesem Schema bestimmen, welches Niveau sie für das beste halten und mit "ja" stimmen, bis das vorgeschlagene Niveau ihre Wahl übersteigt; an diesem Punkt werden sie beginnen,mit "nein" zu stimmen. Sei in diesem Kontext angenommen, daß G ein lokal angebotenes öffentliches Gut ist, das außerhalb der Gemeinde zu einem festen Satz aus der zusammengefassten Haltung eines zweiten Gutes y in der Gemeinde gekauft werden kann; die Grenzrate der Transformation zwischen G und y kann deshalb ohne Verlust an Allgemeingültigkeit als gleich 1 erklärt werden. Sei weiter angenommen, daß das Versorgungsniveau von G aus einer proportionalen Steuer finanziert werden soll, und zwar einer Steuer auf die Ausstattung der Gemeinde mit dem zweiten Gut. Schließlich sei angenommen, daß es N Gemeindemitglieder gibt und daß jeder eine Anfangsausstattung $\bar{y}_i$ besitzt.

(a) Charakterisiere das Niveau des öffentlichen Gutes, das sich aus den Referenden bildet, wenn ein willkürliches $u(G,y_i)$ jedermanns Nutzen repräsentiert.

(b) Sei angenommen, daß für das i-te Individuum gilt

$$u(G,y_i) = \ln(y_i) + V(G).$$

Ist das charakterisierte Wahlergebnis zum Teil Pareto-optimal?

(c) Sei angenommen, daß

$$u(G,y_i) = -\frac{1}{\alpha} y_i^{-\alpha} + V(G); \quad \alpha \neq 0.$$

Unter welchen Bedingungen ist die Abstimmung Pareto-optimal?

(d) Im letzten Abschnitt wird sich ergeben haben, daß sogar eine symmetrische Einkommensverteilung nicht ausreicht, die Pareto-Optimalität des Wahlergebnisses sicherzustellen. Symmetrie in der Verteilung des bevorzugten Versorgungsniveaus kann jedoch ausreichen. Sei nun angenommen, daß es M verschiedene Typen von Menschen mit

$$u^i(G,y_i) = (G_i^* - G)^2 + y_i + \alpha$$

gibt, welches die Nutzenfunktion für die $f(G_i^*)$ Menschen vom Typ i repräsentiert. Definiert man

$$R \equiv \sum_{k=1}^{M} \bar{y}_k f(G_i^*)$$

als die totale Ausstattung der Gemeinde, dann lautet die kombinierte Ressourcenbeschränkung

$$R \geq G + \sum_{i=1}^{M} y_i f(G_i^*).$$

Zeige, daß Symmetrie in der Verteilung von G_i^* garantiert, daß das Wahlergebnis Pareto-optimal ist.

(a) Für jedes Individuum lautet das Problem:

$$\max u(G,y_i) \tag{1}$$

unter der Nebenbedingung:

$$y_i = (1-t)\bar{y}_i \tag{2}$$

$$t = G/\sum_{k=1}^{N} \bar{y}_k. \tag{3}$$

Substituiert man (3) in (2) und dann (2) in (1), so führt die Maximierung von G zu der Bedingung erster Ordnung

$$\frac{\partial u}{\partial G} = u_1 - u_2 \; (\bar{y}_i / \sum_k \bar{y}_k) = 0. \tag{4}$$

Gleichung (4) verlangt, daß der Grenznutzen aus der Finanzierung der letzten Einheit von G gleich ist dem marginalen Nutzenentgang durch den Verzicht eines Individuums auf seinen Finanzierungsanteil. Würden wir nun die Wähler in (aufsteigender) Ordnung nach ihren Präferenzen für G auflisten, würde sich das vom Medianwähler gewählte Niveau als Gewinner in der Reihe der Referenden herausstellen, und es würde (4) für die Medianausstattung von y erfüllen.

(b) Aus Gleichung (4) ist deutlich, daß das Wahlergebnis für den Medianwähler charakterisiert wird durch

$$V'(\tilde{G}) - \left(\frac{1}{(1-t)\bar{y}_i}\right) \; (\bar{y}_i / \sum_k \bar{y}_k) = 0;$$

die reduzierte Form dieser Bedingung ist jedoch von seiner Ausstattung unabhängig:

$$V'(\tilde{G}) \quad [(1-t) \sum_k \bar{y}_k] = 1. \tag{5}$$

Eine Pareto-optimale Versorgung muß indessen die Bedingung erfüllen, daß *(Varian, Hinweis-Nr. 49)*

$$\sum_{i=1}^{N} MRS_k = MRT = 1;$$

$$\sum_{k=1}^{N} V'(\hat{G}) \; (1-t)\bar{y}_k = 1, \tag{6}$$

weil für die i-te Person gilt, daß

$$(u_1/u_2) = [V'(G)/(1/(1-t)\bar{y}_i)].$$

Gleichung (6) dupliziert (5), so daß $\hat{G} = \tilde{G}$ und das Wahlergebnis Pareto-optimal ist.

(c) Wenden wir uns wiederum (4) zu, so löst das Wahlergebnis

$$V'(\tilde{G})\ (1-t)^{\alpha+1}\ \bar{y}_i^{\ \alpha}\ \sum_k \bar{y}_k = 1 \quad ,$$

während die Pareto-Optimalität verlangt, daß

$$\Sigma\ MRS_i = \sum_k V'(\hat{G})\ (1-t)^{\alpha+1}\ \bar{y}_k^{\ \alpha+1} = 1.$$

$\hat{G}$ und $\tilde{G}$ sind nur dann identisch, wenn

$$\bar{y}_i^{\ \alpha}\ \sum_k \bar{y}_k = \sum_k \bar{y}_k^{\ \alpha+1}; \qquad (7)$$

(7) trifft nur zu, wenn entweder $\alpha = 0$ (eine nicht zulässige Bedingung) oder $y_i = \bar{y}_k$ für alle Gemeindemitglieder (d.h., wenn alle identisch sind). Um das zu erkennen, beachte, daß

$$\sum_k \bar{y}_k^{\ \alpha+1} = \sum_k \bar{y}_i^{\ \alpha}\ \bar{y}_k - \sum_k (\bar{y}_k(\bar{y}_i^{\ \alpha} - \bar{y}_k)) \qquad (8)$$

und beobachte, daß der zweite Term in (8) nur verschwindet, wenn $\alpha = 0$ oder $y_i = \bar{y}_k$ für alle $k = 1,\ldots,n$. Sonst wird je nach dem, welches Vorzeichen α besitzt und welche Verteilung die $\bar{y}_i$ aufweisen, Unter- oder Überversorgung mit G auftreten.

(d) Eine alternative, aber gleichermaßen geeignete Formulierung des Problems der Pareto-Optimalität verlangt von der Regierung, ein Niveau $\hat{G}$ derart zu wählen, daß es das Problem löst

$$\max \quad u^1(G,y_1)f(G_1^{\ *})$$

$$\text{s.t.}^{\circledast}\ u^j(G,y_j) = \bar{u}^j; \quad j = 2, \ldots, N$$

$$R \geq \sum_{k=1}^{N} y_k f(G_k^{\ *}) + G.$$

Maximiert man den Nutzen von Gruppe 1 unter Konstanz des Nutzens aller anderen, schafft das sicherlich eine Situation, in welcher keine Gruppe besser gestellt werden kann, ohne eine andere schlechter zu stellen. Die damit korrespondierende Lagrange-Funktion

---

⊛ unter der Nebenbedingung, daß

lautet:

$$L(y_1,\dots,y_N,G) = u^1(G,y_1)f(G_1^*) + \sum_{k=2}^{N} \lambda_k(u^k(G,y_k)-\bar{u}^k)f(G_k^*)$$

$$+ \lambda_R(G - \sum_{k=1}^{N} y_k f(G_k^*) - R)\;,$$

und die Maximierung führt zu folgenden Bedingungen erster Ordnung:

$$\frac{\partial L}{\partial G} = f(G_1^*)\,\frac{\partial u^1}{\partial G} + \sum_{k=2}^{N} \lambda_k f(G_k^*)\,\frac{\partial u^k}{\partial G} + \lambda_R = 0 \qquad (9a)$$

$$\frac{\partial L}{\partial y_1} = f(G_1^*) - \lambda_R f(G_1^*) = 0 \qquad (9b)$$

$$\frac{\partial L}{\partial y_j} = \lambda_j f(G_j^*) - \lambda_R f(G_j^*) = 0;\; j = 2, \dots, n. \qquad (9c)$$

Die Kombination der Gleichungen (9b) und (9c) verlangt, daß

$$\lambda_R = \lambda_j;\quad j = 2, \dots N$$

Wegen $(\partial u^j/\partial y^j) = 1$ reduziert sich die Gleichung (9a) zu einer Form, die eine ähnliche Interpretation zuläßt:

$$-\sum_{k=1}^{N} \frac{\partial u^k}{\partial G} f(G_k^*) = 1 = MRT; \qquad (10)$$

d.h., die Summe der Grenzraten der Substitution über die Bevölkerung hinweg muß der Grenzrate der Transformation gleich sein. Die Beobachtung, daß

$$\frac{\partial u^k}{\partial G} = -2(G_k^* - G);\quad k = 1, \dots, N, \qquad (11)$$

reduziert (10) zu

$$\hat{G} = \sum_{k=1}^{N} G_k^* \left(\frac{f(G_k^*)}{\Sigma f(G_j^*)}\right) + \frac{1}{\Sigma f(G_j^*)} \simeq \mu_{G_k^*}.$$

Aus Gleichung (11) ist jedoch ersichtlich, daß G_k^* als das optimale Niveau von G durch die Mitglieder der Gruppe k betrachtet wird und damit $\mu_{G_k^*}$ der Mittelwert der Wahlentscheidungen der einzelnen Personen ist. Weil sich der Median G_k^* aus der Reihe der Referenden ergibt, ist das Wahlergebnis Pareto-optimal, wenn das arithmetische Mittel dem Median gleich ist; d.h., die Referenden führen dann zu Pareto-Optimalität, wenn die Verteilung der präferierten Niveaus des öffentlichen Gutes (nicht notwendigerweise des Einkommens) symmetrisch ist.

Versuche, das "Trittbrettfahrer"-Problem durch die Konstruktion von Schemata anzugehen, die zur Bekanntgabe wahrer individueller Präferenzen für öffentliche Güter führen, machen einen wesentli- Teil der finanzwissenschaftlichen Literatur aus. Die vorliegende Aufgabe hat nur kurz eine solche Schemaversion berührt - den Wahlmechanismus bei proportionaler Besteuerung. Unter den unten angegebenen Quellen befindet sich die Arbeit von Musgrave (5), die einen eher standardmäßigen Überblick über solche Lösungen gibt. Arrow (1), Inada (3) und Tollock (7) weiten die Analyse in verschiedenen Richtungen aus. Die These, daß Pareto-Optimalität die Versorgung mit dem (gewichteten) Durchschnitt aus der "besten" Wahl der Individuen verlangt, ist jedoch ziemlich gesichert.

Die Aufmerksamkeit wurde hier auch auf ein lokal zur Versorgung bereitgestelltes öffentliches Gut gelenkt, für das ein Wahlmechanismus besonders geeignet ist. Obwohl es so aussieht, als daß diese Perspektive nicht viel mehr als eine Klärung von Reichweite und Gestalt der Ressourcenbeschränkung ergeben hat (das Festsetzen der Grenzrate der Transformation gleich 1 ist höchst konsistent mit der Verwendung von lokalen Steuereinnahmen zum Kauf von öffentlichen Gütern außerhalb der Gemeinde), hat es doch den Leser sehr nahe an die Hypothese von Tiebout herangeführt (siehe (6)). Grob gesprochen schlägt Tiebout vor, daß dann, wenn Städte als distinkte Bündel öffentlicher Güter, die zu unterschiedlichen Preisen (Steuersätzen) verfügbar sind, betrachtet werden, die Menschen ihre wahren Präferenzen für öffentliche Güter durch den bloßen Wahlakt des Ortes, wo sie leben wollen, offenbaren. Der andere Aspekt der Hypothese kann sich zumindest suggestiv aus dem letzten Teil der vorliegenden Aufgabe ergeben. Sei angenommen, man suche eine Pareto-besserstellende Aufteilung der Gemeinde in zwei Teile. Man kommt dann zu einer kontinuierlichen Dichtefunktion für die G_k^* und es läßt sich leicht zeigen, daß eine solche Aufteilung existiert. Es läßt sich auch zeigen, daß der beste Grenzverlauf zwischen dann hoch und niedrig versorgten Gemeindeteilen ein Niveau $\bar{G}$ ist, das der Durchschnitt der Pareto-optimalen Versorgungsniveaus dieser zwei neuen Gemeinden ist. Führt man eine solche Aufteilung an die Grenze, so ist ersichtlich, daß Tiebout nur dann richtig sein kann, wenn es mindestens so viele Städte gibt wie G_k^*. Weiter differenzierte Überlegungen zu dem von Tiebout vorgetragenen Problem der lokalen öffentlichen Güter sind seitdem angestellt worden. Der interessierte Leser sei auf Williams (6) sowie Brainard und Dolbear (2) bezüglich der Forschungsgrundlagen, die gegenwärtig eine Renaissance erleben, verwiesen.

LITERATURHINWEISE

(1) Arrow, K., *Social Choice and Individual Values*, New Haven, Yale University Press, 1951.

(2) Brainard, W. and F. Dolbear, "The Possibility of Oversupply of Local Public Goods: A Critical Note," *Journal of Political Economy* 75: 86-92, 1967.

(3) Inada, K., "A Note on the Simple Majority Decision Rule," *Econometrica* 32: 525-31, 1964.

(4) Johansen, L., "Some Notes on the Lindahl Theory of Determination of Public Expenditure," *International Economic Review* 4: 346-358, 1973.

(5) Musgrave, R., *Theory of Public Finance*, New York, McGraw-Hill, 1959.

(6) Tiebout, C.M., "A Pure Theory of Local Expenditures," *Journal of Political Economy* 64: 416-24, 1956.

(7) Tullock, G., "Some Problems with Majority Voting," *Journal of Political Economy* 67: 571-79, 1959.

(8) Williams, A., "The Optimal Provision of Public Goals in a System of Local Government," *Journal of Political Economy* 74: 18-33, 1966.

7.3 Konsumentenrente mit multiplen Gütern

Die Konsumentenrente ist mit der Integration einer Nachfragekurve zwischen zwei Preisextremen, die spezifiziert sind, verbunden. Die anfängliche Schwierigkeit liegt in der Spezifikation dieser Kurve, ist sie doch eine Hicksche kompensierte Nachfragekurve, die nicht beobachtet werden kann. Das Problem läßt sich dadurch umgehen, daß man aus Marshallschen Kurven obere und untere Grenzen berechnet. Wenn die Einkommenselastizität konstant ist, sind solche Grenzen exakt. Andernfalls, wenn die Einkommenselastizität nicht (zumindest lokal) konstant ist, werden Näherungswerte zweiter Ordnung herangezogen *(Varian, Hinweis-Nr. 50)*. In jedem Fall sind Wohlfahrtsvergleiche möglich.

Wenn mehr als ein Gut im Spiel ist, können verschiedene Pfade zwischen den Preisextremen eingeschlagen werden. Welcher dieser Pfade ist richtig? Sei zum Beispiel angenommen, daß zwei Güter betrachtet werden sollen (sagen wir x_1 und x_2). Wenn die Konsumentenrente zwischen $(p_1^o, p_2^o, \vec{q}, y_0)$ und $(p_1', p_2', \vec{q}, y_0)$ berechnet werden soll, wobei $\vec{q}$ ein fixer Vektor der anderen Preise und die Nachfrage nach x_i bei gegebenem Einkommen y_0 $x_i(p_1, p_2, \vec{q}, y_0)$ ist, wie wählt man dann zwischen

(i) der Integration von $x_1(p_1, p_2, \vec{q}, y_0)$ über die Region zwischen p_2^o und p_1' und dann $x_2(p_1, p_2, \vec{q}, y_0)$ zwischen p_2^o und p_2' mit $p_1 = p_1'$ und

(ii) der Integration von $x_2(p_1, p_2, \vec{q}, y_0)$ über die Region zwischen p_2^o und p_2' mit p_1 fixiert bei p_1^o und dann $x_1(p_1, p_2, \vec{q}, y_0)$ zwischen p_1^o und p_1' mit $p_2 = p_2'$?

Ökonomisch sollte es keinen Unterschied machen; lediglich eine Indexzahl unterscheidet x_1 und x_2. Die mathematische Geschichte kann jedoch ganz anders sein, weil der Wert des Integrals leicht von der Wahl des Pfades abhängen kann.

Konstante Einkommenselastizitäten sind wiederum der Schlüssel. Sowohl x_1 als auch x_2 weisen konstante Einkommenselastizitäten genau dann auf, wenn

$$\frac{\partial x_1}{\partial p_2} = \frac{\partial x_2}{\partial p_1} . \tag{1}$$

Indessen läßt sich nach Stokes' Theorem zeigen, daß innerhalb eines einfachen verbundenen Bereiches (grob gesprochen: ein Bereich ohne "Löcher") das Integral

$$\int f(x, y, \vec{Z})dx + \int g(x, y, \vec{Z})dy$$

genau dann pfadunabhängig ist, wenn

$$\frac{\partial g}{\partial x} = \frac{\partial f}{\partial y} .$$

Gleichung (1) garantiert deshalb, daß der gewählte Pfad für die Berechnung der Konsumentenrente nicht wichtig ist, aber nur, wenn die Nachfrage konstante Einkommenselastizität aufweist. Die vorliegende Aufgabe wird diese Beobachtung auf eine Spezifikation der zugrundeliegenden indirekten Nutzenfunktion ausdehnen, von der dann ein multidimensionales Wohlfahrtskriterium abgeleitet wird. Dies bezieht sich auf den Schlußteil der Arbeit von Varian (3). Konstante Einkommenselastizitäten der Nachfrage für x_1 und

x_2 werden durchwegs angenommen.

(a) Zeige, daß die indirekte Nutzenfunktion der Form

$$v(p_1,p_2,\vec{q},y) = G[(A(p_1,p_2) + \frac{y_0^{\eta} y^{1-\eta}}{1-\eta}), \vec{q}] \quad \eta \neq 1 \qquad (2a)$$

$$= G[(A(p_1,p_2) + y_0 \ln y), \vec{q}] \quad \eta = 1 \qquad (2b)$$

Nachfragefunktionen der folgenden Form produziert

$$\underline{\bar{X}}_i(p_1,p_2, \vec{q}, y) = x_i(p_1,p_2, \vec{q}, y_0)(y^{\eta}/y_0^{\eta}) , \qquad (3)$$

wobei

$$A(p_1,p_2) = \int_{p_1}^{\bar{p}_1} x_1(s,p_2, \vec{q}, y_0)ds + \int_{p_2}^{\bar{p}_2} x_2(\bar{p}_1,s, \vec{q}, y_0)ds \qquad (4)$$

die zweidimensionale Konsumentenrente entlang von Pfad (i) und G monoton ist. Es sei daran erinnert, daß die Nachfragefunktionen, die in (3) angegeben sind, die allgemeinsten Funktionen konstanter Einkommenselastizitäten sind.

(b) Verwende (a), um zu zeigen, daß $(p_1^o, p_2^o, \vec{q}, y^o)$ genau dann $(p_1', p_2', \vec{q}, y')$ vorgezogen wird, wenn

$$\int_{p_1^o}^{p_1'} x_1 (s, p_2^o, \vec{q}, y^o) ds + \int_{p_2^o}^{p_2'} x_2(p_1', s, \vec{q}, y^o) ds$$

$$> \frac{[(y')^{1-\eta} - (y^o)^{1-\eta}] \, y_0^{\eta}}{1-\eta} \qquad \eta \neq 1 \tag{5a}$$

$$> [\ln y' - \ln y^o] y_0 \qquad \eta = 1. \tag{5b}$$

(a) Wegen Roy's Identität (Varian, Hinweis-Nr. 51) ist die Marshallsche Nachfrage aus (2a)

$$-\left\{\frac{\partial v(p_1, p_2, \vec{q}, y)}{\partial p_1}\right\} / \left\{\frac{\partial v(p_1, p_2, \vec{q}, y)}{\partial y}\right\}$$

$$= -\left\{\frac{\partial A(p_1, p_2)}{\partial p_1}\right\} / (y/y_0)^{-\eta}$$

$$= x_1(p_1, p_2, \vec{q}, y_0) \, (y/y_0)^{\eta}; \qquad \eta \neq 1;$$

der gleiche Ausdruck resultiert, wenn $\eta = 1$ und (2b) als Ausgangspunkt verwendet wird.

(b) Eine Situation $(\vec{p}^o, \vec{q}, y^o)$ wird genau dann $(\vec{p}', \vec{q}, y')$ vorgezogen, wenn

$$v(\vec{p}^o, \vec{q}, y^o) > v(\vec{p}', \vec{q}, y'). \tag{6}$$

Weil G monoton ist, ist (6) gleichbedeutend mit

$$A(p_1^o, p_2^o) - A(p_1', p_2') > (y_0^{1-\eta} - (y')^{1-\eta})/1-\eta \qquad (7)$$

für jedes $\vec{q}$, wenn $\eta \neq 1$. Wegen (4) enthält die linke Seite von (7) zwei Linienintegrale; die Pfade sind in Abbildung 7.1 angegeben. Zum Beispiel integriert $A(p_1^o, p_2^o)$ entlang der Linie $p_2 = p_2^o$ bis $p_1 = \bar{p}_1$, dann klettert es hinauf zu $p_2 = \bar{p}_2$ entlang der Linie $p_1 = \bar{p}_1$. $A(p_1', p_2')$ integriert entlang der Linie $p_2 = p_2'$ bis $p_1 = \bar{p}_1$ und dann hinauf bis $p_2 = \bar{p}_2$. Das Minus-Zeichen in (7) läßt sich dadurch handhaben, daß man den zweiten Pfad umkehrt, so daß die gesamte linke Seite von (7) wirklich ein Integral entlang einem Pfad ist, welcher

(i) entlang der Geraden $p_2 = p_2^o$ bis $p_1 = \bar{p}_1$ verläuft,
(ii) hinauf zur Geraden $p_1 =$ bis $p_2 = \bar{p}_2$ verläuft,
(iii) wieder herunterfällt zur Geraden $p_1 = \bar{p}_1$ bis $p_2 = p_2'$ und schließlich
(iv) zurückfällt nach unten zur Geraden $p_2 = p_2'$ bis $p_1 = p_1'$.

Aus Abbildung 7.2 wird deshalb deutlich, daß dieser gesamte Pfad einfach von (p_1^o, p_2^o) nach (p_1', p_2') verläuft. Weil der eingeschlagene Pfad keine Wirkung auf das Integral wegen

$$\frac{\partial x_1}{\partial p_2} = \frac{\partial x_2}{\partial p_1},$$

besitzt, kann man schreiben:

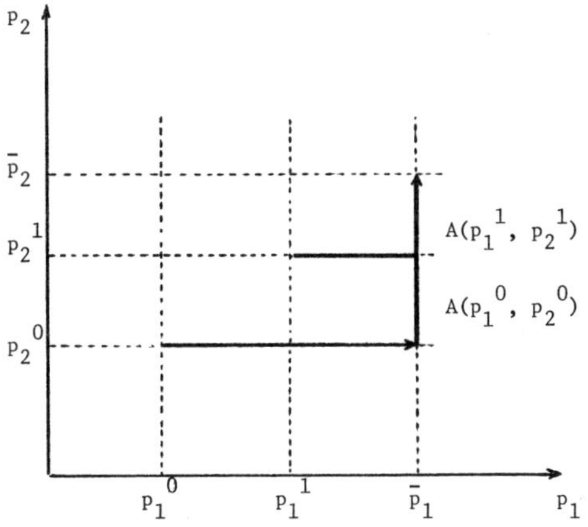

Abbildung 7.1

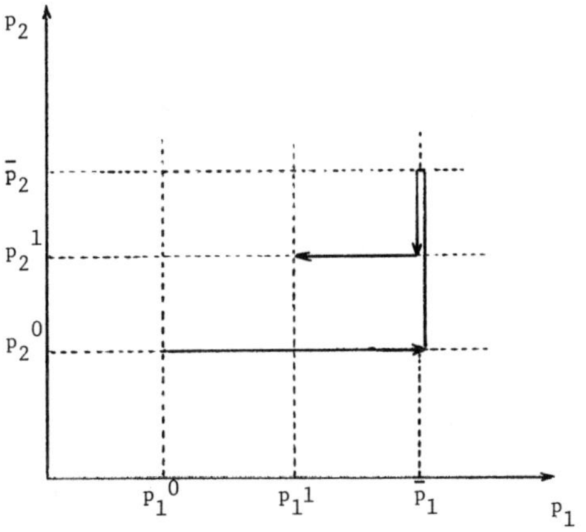

Abbildung 7.2

$$A(p_1^o, p_2^o) - A(p_1', p_2') = \int_{p_1^o}^{p_1'} x_1(s, p_2^o, \vec{q}, y_0)ds + \int_{p_2^o}^{p_2'} x_2(p_1', s, \vec{q}, y_0)ds. \qquad (8)$$

Das Ergebnis folgt aus dem Einsetzen von (8) in (7). Die gleiche Überlegung führt auch zur Lösung des Falles, in dem $\eta = 1$; nur die rechte Seite wird geändert. In jedem Fall steigt der Nutzen genau dann an, wenn besagte Einkommensfunktion ansteigt.

Ein Vergleich von (5) mit der üblichen Berechnung der Konsumenrente ist nun angemessen. Wenn die Einkommenselastizitäten Null betragen, fallen die Hicksschen kompensierten Nachfragefunktionen exakt mit den Marshallschen Funktionen zusammen. In diesem Fall liefert (5) den herkömmlichen Vergleich der Konsumentenrente. Wenn die Elastizitäten konstant, aber nicht Null sind, liefert (5) wiederum ein präzises Kriterium, das direkt angewendet werden kann. In jeder anderen Situation fällt die Eigenschaft der Pfadunabhängigkeit in sich zusammen. Dann müssen die eingeschränkten Ergebnisse, die von Willig (3) genannt werden, angewendet werden.

LITERATURHINWEISE

(1) Varian, H., "A Note on Locally Constant Income Elasticities," *Economic Letters* 1:9-13, 1978.

(2) Willig, R., "Integrability Implications for Locally Constant Demand Elasticities," *Journal of Economic Theory* 12:391-401, 1976.

(3) __________, "Consumer's Surplus without Apology," *American Economic Review* 66:589-597, 1976.

Kapitel 8
Ausgewählte Probleme der Informationsökonomie

8.1 Effiziente Märkte und Transaktionskosten

Trotz des ziemlich weitverbreiteten Glaubens in verschiedenen Formen an die Hypothese des effizienten Marktes, glauben einige Wissenschaftler, daß systematische Trends in (z.B. Aktien-, Anleihe-, Waren-) Preisen wegen der Transaktionskosten nicht ausgeschöpft werden. Es wird speziell argumentiert, daß eine profitable Kauf-/Verkauf-Gelegenheit ignoriert wird, weil die Kommissionsgebühren, die zur Abwicklung der Transaktion bezahlt werden müssen, zu hoch sind (siehe z.B. Alexander (1 und 2), Fama (3) und Levy (4-7)). Die vorliegende Aufgabe wird ein simplifiziertes Modell konstruieren, um diese Möglichkeit zu untersuchen.

Sei angenommen, um damit zu beginnen, das Modell zu konstruieren, daß der Pfad eines Aktienpreises im Zeitverlauf wie folgt repräsentiert werden könnte:

$$p(t) = \{p_0(1+g)^t\} + a\cos[\pi + (2\pi t/L)] + \eta(t) \quad , \qquad (1)$$

wobei der erste Ausdruck einen konstanten Wachstumstrend mit der Rate g beginnend in p_0 , der zweite Ausdruck ein Muster verhersagbarer Variation um diesen Trend herum mit der Amplitude a und der Periode L sowie η (t) eine Ungewißheit angibt, die irgendwie um das arithmetische Mittel von Null verteilt ist. Abbildung 1 illustriert einen solchen Preispfad mit $\eta(t) \equiv 0$, $g = 0$ (Abb. 1a) und $g > 0$ (Abb. 1b). Abbildung 1 illustriert auch das Kauf-(niedrig)Muster und Verkauf-(hoch)Muster, das ausgeschöpft werden könnte. Man nehme an, daß es zwei Perioden (Zeiteinheiten) bis zur Bestimmung dauert, wann ein kritischer Punkt erreicht wurde; z.B., daß der Preis steigen (fallen) muß in zwei aufeinander folgenden Zeitperioden, ehe ein Kauf (Verkauf) in Gang gesetzt wird. Und schließlich soll r den geeigneten Zinssatz/Diskontfaktor repräsentieren.

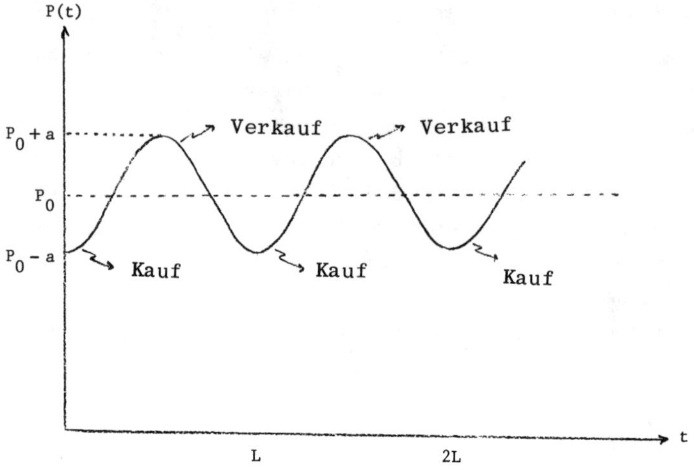

Abbildung 1a

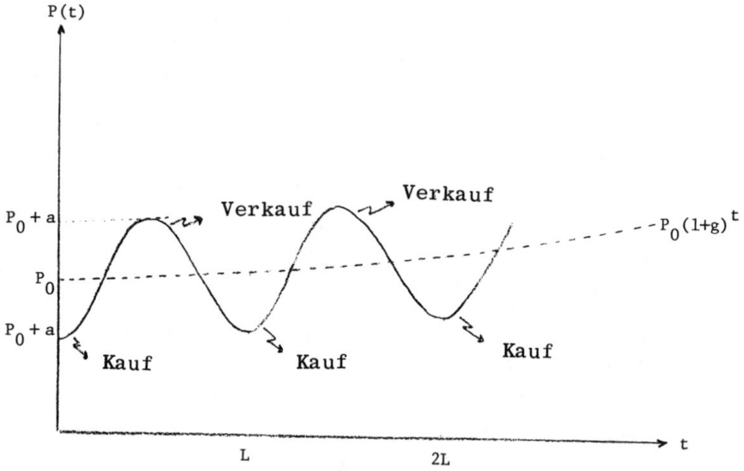

Abbildung 1b

(a) Charakterisiere die Entscheidungsregel bei gegebener prozentualer Kommission c, die entweder auf eine Kauf- oder eine Verkaufsorder bezahlt wird, unter den Annahmen, daß g = 0, $\eta(t) \equiv 0$ und daß der Investor nur potentielle Gewinne in Betracht zieht.

(b) Zeige, daß größere Amplituden im Zyklus höhere Kommissionen als konsistent mit der Profitabilität des Kauf-/Verkaufsprogramms zulassen.

(c) Zeige, daß höhere Zinssätze und/oder längere Periodizität in den Zyklen geringere Kommissionsbeträge erfordern, damit der Zyklus profitabel ausgeschöpft werden kann.

(d) Verfolge die Auswirkung von $g \neq 0$ auf die "Breakeven"-Kommissionsgebühr.

(e) Sei angenommen, daß der Investor seinen Nutzen aufgrund von potentiellen Gewinnen maximiert. Verändert sich irgendetwas an den Antworten zu (a) bis (d), wenn man zuläßt $\eta(t) \sim N(0, \sigma)$?

(a) Für $g \equiv 0$ und $\eta(t) = 0$ beträgt der relevante Gegenwartswert

$$\text{PDV} = \frac{(\%\text{ von } P(To) \text{ nach Kommission})}{(1 + r)^{To}} = (P(2) + \text{Kommission})$$

$$= \frac{(1 - c)P(To)}{(1 + r)^{To}} - (1+c)P(2),$$

wobei $t = (To) = (\frac{L}{2} + 2)$ die Verkaufszeit und $t = 2$ die Kaufzeit ist. Deshalb ergibt Substitution aus (1)

$$PDV = \frac{(1-C)}{(1+r)^{To}} \left\{a \cos[2\pi + \frac{4\pi}{L}]\} - (1+c)\{a\cos[\pi + \frac{4\pi}{L}]\right\}; \quad (2)$$

und die Gelegenheit wird solange ergriffen wie PDV $\geq$ 0. Um die Wirkung von c auf die Wahrscheinlichkeit, daß diese Bedingung eintritt, abzuschätzen, betrachte man die Wirkungen auf $\hat{c}$, der Kommissionsrate, welche PDV = 0 setzt, durch Änderungen von a, r und L. Die totale Ableitung von ( ) mit PDV $\equiv$ 0 wird verlangt:

$$0 = dPDV = -a\left\{\frac{\cos[2\pi + (4\pi/L)]}{(1+r)^{To}} + \cos[\pi + (4\pi/L)]\right\}d\hat{c}$$

$$+ \left\{\frac{(1-\hat{c})\cos[2\pi + (4\pi/L)]}{(1+r)^{To}} - (1+\hat{c})\cos[\pi + (4\pi/L)]\right\}da$$

$$- \frac{4\pi a}{L^2}\left\{\frac{(1-\hat{c})\sin[2\pi + (4\pi/L)]}{(1+r)^{To}} - (1+\hat{c})\sin(\pi + (4\pi/L)]\right\}dL$$

$$- \frac{(1-\hat{c})(L/2)a}{(1+r)^{To-1}}\left\{\cos[2\pi + (4\pi)/L\right\}dr \quad (3)$$

(b) Wertet man (3) aus mit dr = dL = 0, dann

$$\left.\frac{dc}{da}\right|_{dr = dL = 0} = -\left\{\frac{(1-\hat{c})\cos[2\pi + 4\pi/L)]}{(1+r)^{To}} - (1+\hat{c})\cos[\pi + (4\pi/L)]\right\}/D ,$$

wobei

$$D \equiv \frac{\cos[2\pi + (4\pi/L)]}{(1+r)^{To}} + \cos[\pi + 4\pi/L)] < 0 .$$

Das Vorzeichen von D folgt aus $|\cos[2\pi + (4\pi/L]| = |\cos[\pi + (4\pi/L)]|$ und $r > 0$. Ähnlich läßt sich erkennen, daß der Zähler positiv ist, so daß

$$\left.\frac{d\hat{c}}{da}\right|_{dr=dL=0} = -\frac{(+)}{(-)} > 0$$

ein Ansteigen der Amplitude im Zyklus (d.h., es handelt sich um die Größe der Variation des Systems) die prozentuale Kommission in Konsistenz mit der Ausschöpfung des Musters durch den Investor ansteigen läßt.

(c) Die identische Prozedur zeigt, daß

$$\left.\frac{d\hat{c}}{dr}\right|_{da=dL=0} = \left\{\frac{(1-c)(L/2)}{(1+r)^{To}} a\cos[2\pi + (4\pi/L)]\right\} / D \tag{4}$$

$$= \frac{(+)}{(-)} < 0$$

$$\left.\frac{d\hat{c}}{dL}\right|_{da=dr=0} = -\frac{4\pi}{L^2}\left\{-\frac{(1-c)\sin[2\pi + (4\pi/L)]}{(1+r)^{To}} + (1+c)\sin[\pi + (4\pi/L)]\right\} / D$$

$$= -\frac{(-)}{(-)} < 0 .$$

Ceteris paribus erhöht sich entweder die Zykluslänge oder der Diskontfaktor senkt die erforderliche Kommissionsrate.

(d) Will man den Fall $g \neq 0$ behandeln, dann beachte man, daß

$$PDV = P_0 \left| \left\{ \frac{1+g}{1+r} \right\}^{To} - 1 \right| + PDV \Big|_{g=0} ,$$

so daß

$$dPDV = \frac{ToP_0(1+g)^{To-1}}{(1+r)^{To}} dg - \frac{ToP_0(1+g)^{To}}{(1+r)^{To+1}} dr + dPDV \Big|_{g=0} . \quad (5)$$

Klarerweise ist deshalb

$$\frac{d\hat{c}}{dg} \Big|_{da=dr=dL=0} = - \left\{ \frac{ToP_0(1+g)^{To-1}}{(1+r)^{To}} \right\} / D = - \frac{(+)}{(-)} > 0 ;$$

höhere Wachstumsraten bedeuten höhere Kommissionsgebühren. Indessen bewirkt das Arbeiten mit (5) anstelle von (3) lediglich (4): — der Zähler wird erhöht und $\hat{c}$ wird sensitiver gegenüber Veränderungen des Zinssatzes.

(e) Wenn der Investor risiko-neutral wäre, dann wäre die operative Nutzenfunktion linear und der Operator des Erwartungswertes würde sich sowohl über die Nutzenfunktion als auch durch die Ertragskalkulation verteilen. Im Ergebnis würde der Effekt der Ungewißheit verschwinden und (a) bis (d) wären noch gültig. Wenn der Investor risiko-scheu wäre, dann würde jedoch die Ungewißheit den erwarteten Wert des Nutzens, der aus einer gegebenen Gelegenheit erwächst, senken und ebenfall $\hat{c}$ senken.

Das Modell erforscht das Hindernis, das Transaktionskosten auf dem Weg des Marktprozesses bilden können. Es handelt sich dabei um ein simplifiziertes Modell in dem Sinne, daß Ungewißheit auf eine sehr superfizielle Weise in das Modell eingeht. Ernster freilich ist der Hintergrund der Hypothese des effizienten Marktes. Je nach fürwahrgehaltener Version könnte eine Senkung der Kommissionsrate, um den Zyklus profitabel werden zu lassen, einfach zu einer Steigerung der Nachfrage im Tief und zu einer Steigerung des Angebotes im Hoch führen und damit die Zyklusamplitude reduzieren, und zwar gerade weit genug, um die Profitabilität zu verhindern.

LITERATURHINWEISE

(1) Alexander, Sidney S., "Price Movements in Speculative Markets: Trends or Random Walk,s" Industrial Management Review, II, 726, 1961.

(2) ________, "Price Movements in Speculative Markets: Trends or Random Walks, Number 2," Industrial Management Review, V, 25-46, 1964.

(3) Fama, E. F., "Efficient Capital Markets: A Review of Theory and Empirical Work," Journal of Finance 25, 383-417, 1970.

(4) Levy, Robert A., "Random Walks: Reality or Myth," Financial Analysts Journal, 1967.

(5) Levy, Robert A., "Relative Strength as a Criterion for Investment Selection," Journal of Finance, XXII, 595-610, 1967.

(6) ________, "The Principle of Portfolio Upgrading," The Industrial Management Review, 82-96, 1967.

(7) ________, "Random Walks: Rality or Myth — Reply," Financial Analysts Journal, 129-132, 1968.

8.2 Bildung als ökonomisches Signal

Abgesehen von den hehren Zielen, eine intelligente Bevölkerung heranzubilden, die gerüstet ist, mit einer komplexen Welt umzugehen, ist Bildung nützlich wegen der Signale, die sie übermittelt. Die Signale werden während des ganzen Schullebens eines Individuums erzeugt und offenbaren Fähigkeiten, Interessen und andere Informationstypen, die den Individuen helfen, sich während dieser Periode ihres Lebens auszuformen. Diese Signale gehören auch zum Arbeitsmarkt, auf den die Menschen nach ihrer Schulausbildung treten, weil sie dem potentiellen Arbeitgeber einige Information geben, wonach er die Fähigkeit eines Bewerbers beurteilen kann. Das Wissen des Arbeitgebers wird durch die Wahrnehmung des Signals nicht vollkommen, aber es wird typischerweise anstelle von teuren Interviews, Tests und probeweiser Einstellung eingesetzt. Während diese Beobachtung keinesfalls neu ist, hat sich doch ein erheblicher Teil der jüngeren Literatur darauf konzentriert, speziell nach der Veröffentlichung der Dissertation von Spence (4) im Jahre 1974. Der Leser wird auf Arrow (1), Fields (2) und Thurow (6) wegen vorangegangener Arbeiten verwiesen, aber die vorliegende Aufgabe ist von Stiglitz (5) abgeleitet. Die Arbeit von Stiglitz ist eine vollständige Abhandlung über die Literatur zu den Bildungssignalen bis 1975. Damit deckt die vorliegende Übungsaufgabe nur einen kleinen Teil davon ab. Der interessierte Leser sollte daher zu der Originalarbeit greifen, ist doch dort eine gründliche Darstellung zu finden.

Sei $h(\theta)$ die Verteilung der Fähigkeit (θ) über die Bevölkerung und λ die Intensität der erhaltenen Ausbildung. Die Produktivität wird sowohl von λ als auch von θ abhängen; ihre Darstellung erfolgt durch multiplikative Verknüpfung durch $m(\lambda)\,\theta$, wobei $(dm/d\lambda) \geq 0$ und $(d^2m/d\lambda^2) \leq 0$. Das "Screening" läßt sich stochastisch durch $e(\theta, \hat{\theta}, \lambda)$ angeben, die Wahrscheinlichkeit für jemand Befähigten, derart beurteilt zu werden, daß er eine Fähigkeit $\hat{\theta}$ in einem Bildungssystem der Intensität λ aufweise. Man definiere

$$e(\theta,\hat{\theta},\lambda) \equiv f[(\theta-\hat{\theta}),\lambda] \equiv f(\varepsilon,\lambda). \qquad (1)$$

Die Variable ε reflektiert somit den Fehler bei der Beurteilung der Fähigkeit; sei angenommen, daß ε einen Mittelwert von Null besitze, eine Varianz von $\sigma^2(\lambda)$ und daß $(d\sigma^2(\lambda)/d\lambda) \leq 0$. Höhere Bildungsniveaus vermindern danach die Fehlerdispersion. Schließlich seien die Kosten der Ausbildung durch $c(\lambda)$ mit $(dc/d\lambda) > 0$ und $(d^2c/d\lambda^2) > 0$ angegeben.

(a) Sei angenommen, daß jedermann, dessen Produktivität mit $\hat{\theta}$ eingeschätzt wird, einen Lohn von $w(\hat{\theta})$ entsprechend seiner erwarteten Produktivität erhält. Zeige, daß

$$w(\hat{\theta}) \doteq m(\lambda) \left\{\frac{h'(\hat{\theta})\,\sigma^2(\lambda)}{h(\hat{\theta})} + \hat{\theta}\right\}. \qquad (2)$$

Verwende (2) zur Argumentation, daß ein Individuum mit einer Fähigkeit θ über-(unter-)bezahlt ist, wenn $h'(\theta) < 0$ bzw. $h'(\theta) > 0$. Mit anderen Worten: Menschen unterhalb des Modus (oberhalb des Modus) einer eingipfeligen Fähigkeitsverteilung werden überbezahlt (unterbezahlt).

(b) Charakterisiere die output-maximierende Versorgung mit Ausbildungsintensität λ^*.

(c) Zeige, daß Bürger, deren Fähigkeiten unterhalb (oberhalb) des Modus liegen, Ausbildungsniveaus unterhalv (oberhalb) von λ^* bevorzugen.

Die Lösungen folgen ziemlich geradlinig aus der Definition des in (a) angegebenen Lohnes und einer Taylor-Expansion erster Ordnung von h(θ). Der einzige Stolperstein liegt darin, wie eine konditionale Verteilung zu formalisieren ist. Schließlich sind die in (b) abgeleiteten Bedingungen noch notwendig, um den sich in (c) ergebenden Ausdruck auszuwerten.

(a) Nach der Spezifikation der Aufgabe wird ein Individuum mit eingeschätzter Fähigkeit $\hat{\theta}$ einen Lohn empfangen, der seinem durchschnittlichen Grenzprodukt entspricht; unter Verwendung der Definition der konditionalen Wahrscheinlichkeit gilt dann

$$w(\hat{\Theta}) = m(\lambda) \int_{\Theta} \Theta e(\Theta,\hat{\Theta},\lambda)h(\Theta)d\Theta \Big/ \int_{\Theta} e(\Theta,\hat{\Theta},\lambda)h(\Theta)d\Theta. \qquad (3)$$

Der erwartete Lohn für jemand mit der Fähigkeit θ beträgt dann

$$w(\Theta) = \int_{\hat{\theta}} w(\hat{\Theta})e(\Theta,\hat{\Theta},\lambda)\, d\hat{\Theta}. \qquad (4)$$

Nun ist es angenehm, wenn man sich an (1) erinnert:

$$e(\Theta,\hat{\Theta},\lambda) \equiv f[(\Theta-\hat{\Theta}),\lambda] \equiv f[\varepsilon,\lambda] \ ,$$

wobei $\varepsilon \equiv \theta - \hat{\theta}$ einen Mittelwert von Null und eine Varianz $\sigma^2(\lambda)$ hat. Zudem ist eine Taylor-Expansion erster Ordnung von h(θ) um $\hat{\theta}$ nützlich:

$$h(\Theta) \simeq h(\hat{\Theta}) + h'(\hat{\Theta})\ (\Theta-\hat{\Theta})$$

$$= h(\hat{\Theta}) + h'(\hat{\Theta})\varepsilon.$$

Gleichung (3) läßt sich nun schreiben

$$w(\hat{\Theta}) \simeq m(\lambda)\left\{\frac{\int_{\varepsilon}(\hat{\Theta}+\varepsilon)f(\varepsilon,\lambda)[h(\hat{\Theta})+h'(\hat{\Theta})\varepsilon]d\varepsilon}{\int_{\varepsilon} f(\varepsilon,\lambda)[h(\hat{\Theta})+h'(\hat{\Theta})\varepsilon]d\varepsilon}\right\}$$

$$= m(\lambda)\left\{\frac{\hat{\Theta}h(\hat{\Theta})+h'(\hat{\Theta})\sigma^2(\lambda)}{h(\hat{\Theta})}\right\}$$

$$= m(\lambda)\left\{\frac{h'(\hat{\Theta})\sigma^2(\lambda)}{h(\hat{\Theta})}+\hat{\Theta}\right\}, \qquad (5)$$

weil

$$E(\varepsilon) = \int \varepsilon f(\varepsilon,\lambda)d\varepsilon = 0$$

für alle λ. Das Ergebnis lautet, daß (5) impliziert, daß

$$w(\Theta) \simeq m(\lambda) \int_{\hat{\Theta}}\left\{\frac{h'(\Theta)\sigma^2(\lambda)}{h(\hat{\Theta})}+\hat{\Theta}\right\}f[(\Theta-\hat{\Theta}),\lambda]d\hat{\Theta}.$$

Verändert man gemäß $\varepsilon = \Theta - \hat{\Theta}$ die Variablen, so erhält man

$$w(\Theta) \simeq m(\lambda) \int_{\varepsilon}\left\{\frac{h'(\Theta-\varepsilon)\sigma^2(\lambda)}{h(\Theta-\varepsilon)}+(\Theta-\varepsilon)\right\} f(\varepsilon,\lambda)d\varepsilon$$

$$\simeq m(\lambda)\left\{\Theta+\frac{h'(\Theta)\sigma^2(\lambda)}{h(\Theta)}\right\}, \qquad (6)$$

wenn die durch ε reflektierten Fehler nicht zu groß sind. In Abhängigkeit von der Größe von $h'(\Theta)$ wird daher eine Person mit der wahren Fähigkeit Θ überbezahlt oder unterbezahlt werden. Wenn, zum Beispiel, $h'(\Theta) > 0$, dann ist $w(\Theta) > m(\lambda)\Theta$ und das Individuum wird überbezahlt. Sie ist im Durchschnitt der anderen Personen enthalten, deren Fähigkeiten besser sind als die besagter Person. Sei angenommen, daß h(θ) unimodal ist; dies wird in Abbildung 8.2 durch θ_1 deutlich. Man beachte einfach, daß die Fläche unterhalb h(θ) von θ_1 bis ($\theta_1 + \varepsilon$) größer ist als die Fläche zwischen θ_1 und ($\theta_1 - \varepsilon$). Wenn jedoch $h'(\theta) < 0$, dann $w(\theta) < m(\lambda)\,\theta$,weil mehr Menschen mit geringeren Fähigkeiten in $w(\theta)$ eingeschlossen sind. Dieser Fall wird durch θ_2 in Abbildung 8.2 gezeigt, ein Fall der Unterzahlung. Die Ungewißheit erzeugt auch ähnliche Ergebnisse im Hinblick auf die eingeschätzte Befähigung des Arbeitnehmers. Nach (6) wird ein Arbeitnehmer mehr (weniger) bezahlt erhalten als sein geschätztes Grenzprodukt, wenn $h'(\hat{\theta}) > 0$ ($h'(\hat{\theta}) < 0$), weil der Arbeitgeber eine Korrektur wegen tendentieller Unterschätzung (Überschätzung) der tatsächlichen Fähigkeit in diesem Bereich der Verteilung vornehmen wird.

(b) Die Maximierung des Sozialprodukts bedeutet die Lösung folgenden Problems:

$$\max_{\lambda} \; \{m(\lambda) \int_{\Theta} \Theta h(\Theta) d\Theta \; - c(\lambda)\}.$$

Die dazugehörige Bedingung erster Ordnung ist daher

$$\frac{dm(\lambda)}{d\lambda}\,\bar{\Theta} = \frac{dc(\lambda)}{d\lambda} \quad \text{or} \quad m'(\lambda^*)\bar{\Theta} = c'(\lambda^*), \qquad (7)$$

wobei $\bar{\Theta} \equiv \int \Theta h(\Theta) d\Theta$ die mittlere Fähigkeit der arbeitenden Bevölkerung ist.

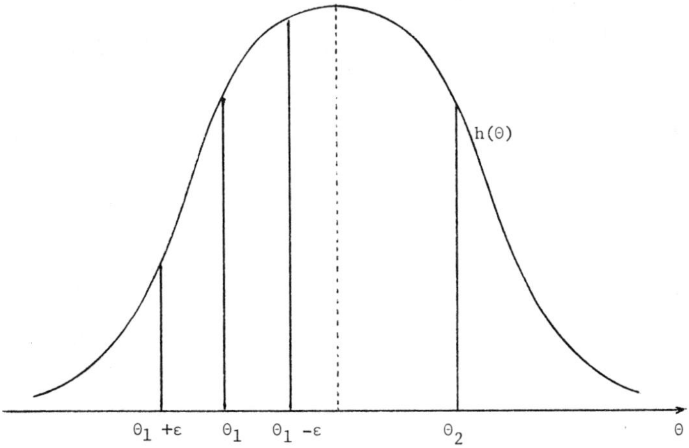

Abbildung 8.2

(c) Bei einem proportionalen Steuersatz verlangt die Budgetbeschränkung der Regierung, daß

$$c(\lambda) = \int_{\Theta} \tau m(\lambda)\Theta h(\Theta)d\Theta = \tau m(\lambda)\bar{\Theta} . \qquad (8)$$

Der Durchschnittslohn nach Steuer einer Person mit der Fähigkeit θ ist indessen

$$(1-\tau)w(\Theta) \simeq (1-\tau)m(\lambda) \{ \Theta + \frac{h'(\Theta)\sigma^2(\lambda)}{h(\Theta)}\} \qquad (9)$$

wegen (6) . Die Kombination von (8) und (9) ergibt

$$(1-\tau)w(\Theta) = \{\Theta + \frac{h'(\Theta)\sigma^2(\lambda)}{h(\Theta)}\} (1-[c(\lambda)/m(\lambda)\bar{\Theta}])m(\lambda) \qquad (10)$$

$$= \{\Theta + \frac{h'(\Theta)\sigma^2(\lambda)}{h(\Theta)}\} \{m(\lambda) - \frac{c(\lambda)}{\bar{\Theta}}\}.$$

Die Differentiation von (10) im Blick auf (8) und (9) führt nun zu der Beantwortung:

$$\frac{d(1-\tau)w(\Theta)}{d\lambda} = \{ \Theta + \frac{h'(\Theta)\sigma^2(\lambda)}{h(\Theta)}\} \{(1-\tau)m'(\lambda) - \frac{m(\lambda)}{\bar{\Theta}} [\frac{m(\lambda)c'(\lambda)-c(\lambda)m'(\lambda)}{(m(\lambda))^2}]\}$$

$$+ (1-\tau)m(\lambda)\{\frac{h'(\Theta)}{h(\Theta)} \frac{d\sigma^2(\lambda)}{d\lambda}\}$$

$$= \frac{w(\Theta)}{m(\lambda)} \{(1-\tau)m'(\lambda)m(\lambda) - \frac{1}{\bar{\Theta}} [m(\lambda)c'(\lambda) - \tau m(\lambda)\bar{\Theta}m'(\lambda)]$$

$$+ (1-\tau)m(\lambda) \{\frac{h'(\Theta)}{h(\Theta)} \frac{d\sigma^2(\lambda)}{d\lambda}\}$$

$$= w(\Theta)\ \{m'(\lambda) - \frac{c'(\lambda)}{\bar{\Theta}}\} + (1-\tau)m(\lambda)\ \{\frac{h'(\Theta)}{h(\Theta)}\ \frac{d\sigma^2(\lambda)}{d\lambda}\}\ . \qquad (11)$$

Dieser Ausdruck hängt sowohl von λ als auch von θ ab, aber er enthält einige Information. Sei angenommen, daß das durch (7) charakterisierte, optimale λ^* bereit gestellt wird. In diesem Fall gilt

$$\left.\frac{d(1-\tau)w(\Theta)}{d\lambda}\right|_{\lambda=\lambda^*} = (1-\tau)m(\lambda^*)\ \{\frac{h'(\Theta)}{h(\Theta)}\ \frac{d\sigma^2(\Theta)}{d\lambda}\}\ , \qquad (12)$$

weil der erste Ausdruck in (11) bei λ^* verschwindet. Für diejenigen, deren Fähigkeit oberhalb des Modus liegt, ist $h'(\Theta) < 0$ und (12) weist ein positives Vorzeichen auf, weil $[d\sigma^2(\lambda)/d\lambda] \leq 0$. Diese Bürger würden demnach ein höheres λ - a -Niveau der Ausbildung oberhalb des Optimums bevorzugen. Dies würde ihren erwarteten Lohn nach Steuer erhöhen. Andere, deren Fähigkeit unterhalb des Modus liegt, zeigen $h'(\theta) > 0$ und würden weniger Ausbildung präferieren.

Als Ausschnitt der gründlicheren Darstellung über Bildung und Signalisierung bei Stiglitz (5) legt das vorgeführte Modell nahe, daß dann, wenn der Lohneffekt die Ausbildungspräferenzen der Menschen dominiert, die Mehrheitsregel eine Überinvestition im Bildungssektor hervorruft. Um dies zu erkennen, erinnere man sich an Aufgabe 7.2, in der der Median-Wähler die Mehrheitsbildung in der Lösung diktiert hat. Gleichung (6) freilich zeigt, daß Wähler, deren Fähigkeit oberhalb des Modus liegt, zu viel

Ausbildung präferieren. Es läßt sich somit argumentieren, daß dann, wenn die Fähigkeit wie das Einkommen lognormal verteilt ist, der Median den Modus übersteigt. Die Wahl bringt deshalb eine Investition im Bildungssektor, welche das in (b) definierte λ^* übersteigt. Das Modell unterliegt klarerweise erheblichen Beschränkungen und Grenzen (wie die Annahme, daß jedermann seine Fähigkeit exakt kennt), aber es ist äußerst suggestiv.

LITERATURHINWEISE

(1) Arrow, K., "Higher Education as a Filler," *Journal of Public Economics* 2:193-216, 1973.

(2) Fields, G., "Towards a Model of Education and Labor Markets in Labor Surplus Economics," Yale University mimeo, 1973.

(3) Spence, M., "Job Market Signaling," *Quarterly Journal of Economics* 87:355-379, 1973.

(4) _________, *Market Signaling*, Cambridge, Harvard University Press, 1974.

(5) Stiglitz, J.E., "The Theory of 'Screening,' Education and the Distribution of Income," *American Economic Review* 65:283-300, 1975.

(6) Thurow, L., "Education and Economic Equality," *Public Interest* 20:61-81, 1972.

Hinweisliste zu Varian's Mikroökonomie, 2. A.

Hinweis-Nr.	Fundstelle bei Varian
1	Abschnitt 1.5
2	Seite 56
3	Seite 31
4	Seite 32 f.
5	Abschnitt 1.13
6	Abschnitte 1.5–13
7	Abschnitt 3.15
8	Abschnitt 2.1
9	Abschnitt 2.3
10	Abschnitt 2.3
11	Abschnitt 2.3
12	Anhang A.9
13	Seite 87 f.
14	Abb. 2.13, Seite 102
15	Seite 270–276
16	Seite 128
17	Seite 121
18	Seite 131 f.
19	Seite 135 ff.
20	Eigenschaft 2, Seite 139
21	Seite 128
22	Problem 3.29
23	Seite 128 ff.
24	Eigenschaft 5, Seite 128
25	Seite 126
26	Abschnitt 3.2
27	Seite 121
28	Seite 135
29	Beispiel 3.4
30	Beispiel 3.5
31	Beispiel 3.15
32	Seite 144 f.
33	Abschnitt 4.4
34	Abschnitt 4.4
35	Abschnitt 1.4
36	Eigenschaft 2, Seite 46
37	Seite 56
38	Beispiel 4.2
39	Abschnitt 5.3
40	Abschnitte 6.7 bis 6.10
41	Kapitel 6
42	Seite 249
43	Abschnitt 6.7
44	Abschnitt 5.6
45	Seite 198
46	Abschnitt 5.6
47	Seite 275
48	Seite 135
49	Seite 262 f.
50	Seite 270 ff.
51	Seite 131 f.

Oldenbourg · Wirtschafts- und Sozialwissenschaften · Steuer · Recht

Oldenbourg · Wirtschafts- und Sozialwissenschaften · Steuer · Recht

Oldenbourg · Wirtschafts- und Sozialwissenschaften · Steuer · Recht